Es geht nicht um Glück!

Es geht nicht um Glück!

Ein Leitfaden für die sogenannten ‚Vorbereitenden Übungen'

Ein Plagiat von
Dzongsar Jamyang Khyentse

Übersetzung von
Arne Schelling und Anja Quathamer

Manjughosha Edition
Berlin 2013

MANJUGHOSHA
EDITION

Impressum
Die Originalausgabe erschien unter dem Titel:
Not for Happiness
bei Shambhala Publications, Boston, USA
www.shambhala.com

Übersetzung ins Deutsche:
Arne Schelling und Anja Quathamer

Lektorat: Doris Wolter

Manjughosha Edition Verlagsgesellschaft m.b.H
Eislebener Str. 16
10789 Berlin
www.manjughosha.de

1. Auflage 2013 – Print on Demand

Umschlagentwurf: Dzongsar Jamyang Khyentse
Umsetzung: Vladimir Vimir
Layout: karadesign, Andreas Schulz
Gesetzt in Adobe Garamond
Gesamtherstellung:
Manjughosha Edition, Berlin
Druck:
ILSS, Berlin
Gedruckt auf 80g Design Offset

Printed in Germany – ISBN 978-3-9815371-2-3

Inhalt

Ehre sei Tashi Paljor!
Sei schnell!
Wirf dein Netz des grenzenlosen Mitgefühls weit aus,
Versammle in deiner sanften Umarmung alle leidenden Wesen,
deren unaufhörliche Jagd nach Glück
nichts bringt als Elend und Leid.

Vorwort

Bevor man irgendein neues Projekt – wie das Erlernen einer neuen Sprache – beginnt, ist es hilfreich, frei von Zweifeln zu wissen, *warum* man es macht, um sicher zu sein, dass sich die Vollendung dieses Projektes auch lohnt. Sobald diese Grundlage geklärt wurde, ist es ganz natürlich zu fragen: „Womit soll ich anfangen?" Das ist eine gute und leicht zu beantwortende Frage, wenn wir zum Beispiel eine neue Sprache lernen wollen. Anfänger beginnen ganz offensichtlich damit, das Alphabet zu lernen. Aber wenn es um ein so viel ehrgeizigeres und weitreichenderes Projekt geht, wie das vollständige Vollenden eines spirituellen Pfades, wird es etwas heikel. Obwohl die gleiche Frage gestellt werden muss, impliziert sie hier eine Reihe von Recherchen, die für einen Möchtegern-Buddhisten viel gefährlicher ist als es jemals für einen Sprachschüler werden könnte. Warum? Weil in der buddhistischen Welt sowohl die Frage als auch die Antwort institutionalisiert wurden.

Theoretisch – da die jeweilige individuelle spirituelle Reise notwendigerweise verschieden von den Reisen anderer ist – könnte das „Womit anfangen?" eine Vielzahl von Antworten hervorbringen. Unglücklicherweise kann nur ein vollkommen verwirklichter Buddha oder ein Bodhisattva auf den höheren Stufen eine explizite, individuell zugeschnittene Anweisung geben, womit die jeweilige Person beginnen sollte. Die Chancen, im Rahmen unseres Tagesgeschäfts auf solch erhabene Wesen zu treffen, sind sehr gering. Wie sollten wir also an die Sache herangehen? Was sollten wir tun, und wann? Und gibt es da eigentlich irgendetwas, das wir auslassen könnten?

Ohne den persönlichen Ratschlag des Buddha basiert unsere Meinung bloß auf den vorhandenen Verallgemeinerungen des Dharma, die selbst das Ergebnis jahrhundertelanger Annahmen sind. Das ist keine sehr ermutigende Neuigkeit, doch verzweifle nicht! Diese Annahmen mögen hunderte von Jahren alt sein, aber sie wurden ursprünglich von einigen der großartigsten Gelehrten und Praktizierenden entwickelt, die jemals auf dieser Erde umherwanderten. Du kannst also sicher sein, dass du nicht völlig falsch liegst, wenn als Antwort auf deine Frage „Was muss ich machen, wenn ich dem Dharma-Pfad folgen möchte?“ Shamatha-Meditation und die vier Grundlagen auftauchen.

Eines unserer Probleme ist heutzutage, dass die Ngöndro-Praxis zunehmend als eine Art Brauch wahrgenommen wird. Das ist kein neues Phänomen. Bräuche und Traditionen sind immer in der Umgebung von spirituellen Methoden gewachsen. Tatsächlich ist es schwierig zu sehen, ob diese vermieden werden können oder gar sollten. In Ländern wie Burma, Japan und Thailand war das Lokalkolorit, welches heutzutage die Weisheit Buddhas schmückt, wesentlich für das Wurzelnschlagen und erfolgreiche Erblühen der Unterweisungen. Aber heutzutage bekommt eine Schülerin, die Vajrayana praktizieren möchte und an einer Unterweisung teilnimmt, fast im gleichen Moment zu hören, dass sie zunächst ihr Ngöndro abschließen muss, bevor sie irgendetwas anderes praktizieren kann. Dennoch ist es die Absicht hinter allen Lehren des Buddha, menschengemachte Sitten und Kulturen zu transzendieren, die sich in Abhängigkeit von den Zeiten, in denen wir leben, den geographischen Gegebenheiten des Landes und den vorherrschenden Haltungen verändert. Wäre Vinaya in einer staubigen, windigen Gegend gelehrt worden, hätte Buddha zweifellos den Mönchen als Gesichtsschutz eine sogenannte ‚Burka‘ empfohlen. Wäre dann diese Tradition in einen feuchten und völlig windstillen tropischen Wald verpflanzt worden, wäre es sehr unwahrscheinlich, dass die dort lebenden Mönche dies inspirierend gefunden hätten.

Wenn sich deine Studien vertiefen, wirst du erkennen, dass Ngöndro das herausragende Element innerhalb des Vajrayana ist. Leider ist es heutzutage Mode geworden, das Ngöndro so schnell wie möglich hinter sich zu lassen. Neue Vajrayana-Schüler lernen Ngöndro als eine Hürde wahrzunehmen, die es zu überwinden gilt, um höhere Unterweisungen empfangen zu können. Das ist so ein großer Fehler! Und auch ein potentiell gefährlicher, denn das ist tatsächlich unwiderlegbar.

Dennoch halten viele an dieser Sichtweise fest und die daraus folgenden Konsequenzen beginnen sich wie Pilze völlig unkontrolliert zu vermehren. In buddhistischen Kreisen zum Beispiel, wo eine gewisse spirituell-politische Korrektheit am Werke ist, ist selbst der zaghafteste Hinweis, dass nicht jeder 100.000 Verbeugungen[1] ansammeln müsste, überhaupt nicht willkommen. Je mehr Leute so denken, desto größer ist das Risiko, dass diese kostbare Praxis zu einem bedeutungslosen Ritual verkümmert.

Natürlich kann das Befolgen eines schrittweisen Pfades nutz- und fruchtbringend sein, das Problem ist jedoch, dass Dharma-Schüler heutzutage dazu neigen, die empfohlenen Praktiken viel zu sklavisch zu befolgen. Die Bedürfnisse eines jeden Schülers sind unterschiedlich und ein geschickter Lehrer sollte erkennen können, welche Methoden den Fähigkeiten des Schülers am besten entsprechen.

Stell dir zum Beispiel vor, dir wurde die Aufgabe übertragen, deiner Nachbarin das Fahrradfahren beizubringen. Als erstes, fällt dir an ihr auf, dass sie sich früh morgens sehr schwer konzentrieren kann. Und gerade das ist der Zeitpunkt, an dem sie mit dem Fahrrad zur Arbeit fahren muss. Als ihr Lehrer wirst du ihr vorschlagen, dass sie sich durch eine Tasse Kaffee wach macht, bevor sie das Haus verlässt. Das funktioniert wie Zauberei und innerhalb von wenigen Tagen radelt deine Schülerin jeden Morgen sicher zur Arbeit. Schon kurze Zeit später wird sie von ihrem Vetter gebeten, ihm das Fahrradfahren beizubringen, und da die Tasse Kaffe bei ihr selbst in Bezug auf die Erfahrung des Fahrradfahrens solch einen Unterschied gemacht hat, überträgt sie diesen Ratschlag – ohne darüber nachzudenken, ob er es wirklich braucht oder nicht. Der Vetter überträgt dann dieselbe Information auf seinen Bruder, der es wieder seiner Tochter übermittelt, und so weiter und so fort

1 Der englische Begriff 'prostrations' wird oft auch mit ‚Niederwerfungen' übersetzt.

bis schließlich, 500 Jahre später, ein kleinkarierter Fahrradfahrer-Kult daraus erwachsen ist, deren Mitglieder nur nach dem Kaffeetrinken Fahrrad fahren, und wo keiner Fahrrad fährt, der nicht Kaffee trinkt.

Wie sinnvoll sind kulturelle Nebensächlichkeiten?

Spirituelle Pfade asiatischen Ursprungs, wie Buddhismus und Hinduismus, sind eingehüllt in verschiedene Arten von kulturellen Nebensächlichkeiten und bedienen sich der Rituale, die kundenfreundlich auf die Bedürfnisse der verschiedenen ethnischen Gruppen zugeschnitten wurden. Asiaten lieben all das Pompöse und die Zeremonien des Buddha-Dharma (und bis zum heutigen Tage nützt das Theatralische den Praktizierenden weiterhin). Wie auch immer, da jetzt die buddhistische Philosophie jenseits der asiatischen Grenzen gelehrt wird, treffen wir auf eine Vielzahl von Herausforderungen. Während viele alte buddhistische Rituale sehr gut für Asiaten funktionieren, sind sie für Europäer, Amerikaner und Australier weniger leicht verdaulich. Selbst junge Leute, die in die traditionellen buddhistischen Gesellschaften in Nepal, Bhutan und Tibet hineingeboren wurden, finden es schwer, manche der mehr rituellen Aspekte des Dharma zu verstehen.

Aber nur weil viele altehrwürdige östlichen Traditionen in der heutigen, sich verändernden Welt ein bisschen veraltet erscheinen, sollten wir nicht allzu schnell schlussfolgern, dass sie jetzt überholt sind. Obwohl manche Aspekte sich nicht mehr länger als nützlich erweisen, ist viel der sogenannten Religiosität des Buddha-Dharma noch immer extrem wertvoll. Da eine Kultur weder unabhängig noch unveränderlich ist, ist es immer noch möglich, die zeremoniellen Aspekte zu lehren und zu manipulieren. Das bedeutet, dass diese Elemente der alten Kulturen, die ein unerlässlicher Teil buddhistischer Praxis sind, ganz ohne Zweifel an die modernen Menschen weiter gegeben werden sollten.

Die Anjali-Mudra des Zusammenlegens der Handflächen als Zeichen von Respekt und zur Begrüßung ist eine schöne und weitbekannte Geste, die im Rahmen der Verbeugungen als eine Form der Praxis anerkannt ist. Stell dir vor, dass diese Praxis auf den neuesten Stand gebracht würde und uns gelehrt würde, dass wir stattdessen 100.000mal die Hände schütteln sollten. Dies hätte wohl kaum die gleiche Wirkung, obwohl theoretisch kein logischer Grund dagegen sprechen würde. Aber starke und alte Gewohnheiten überwinden fast immer die Logik, und oft sind die alten Arten und Weisen wirklich die besten, da sie von der außergewöhnlicher Einsicht und Vision der Meister der Vergangenheit zeugen. Sie haben viele universell anwendbare Praktiken hervorgebracht: so das Sitzen mit aufrechtem Rücken in der Meditationspraxis, was weiterhin für alle Menschen ungeachtet ihres Hintergrundes angemessen bleibt.

Gewiss sind die Bräuche und Traditionen, die mit den Ngöndro-Ansammlungen in Verbindung stehen, immer noch relevant für die Praktizierenden von heute. Menschen wie ich finden zum Beispiel eine gebrauchsfertige Struktur und ein messbares Ziel sowohl ermutigend als auch inspirierend – als sprichwörtliche Möhre, die am Kopf eines Esels festgebunden ist. Aber wir leben in degenerierten Zeiten und es ist nicht leicht herauszufinden, welche der vielen vorhandenen geschickten Methoden heute für moderne Menschen noch funktionieren. Die Vernunft legt uns nahe, dass in solch harten Zeiten wie heute jedes Ngöndro-Element nicht nur wie gewohnt 100.000mal, sondern 300.000mal wiederholt werden sollte, wenn nicht sogar noch häufiger. Aber es gibt auch viele, die sich für die Reduzierung solcher Wiederholungen auf 10.000 aussprechen, um diejenigen zu ermutigen, für die große Zahlen demotivierend sind.

Lama Shang Rinpoche sagte, wer Mahamudra praktizieren wolle, sollte keine große Sache daraus machen, zunächst die Ngöndro-Praktiken anzusammeln. Ngöndro und die sogenannte Hauptpraxis müssen beide stets gleichermaßen praktiziert werden. Der Kernpunkt hier ist, dass das Ziel des Ngöndro nicht das bloße Ansammeln von Zahlen ist, sondern in unseren Geist einzudringen, unseren Stolz zu verärgern und eine ordentliche Kerbe in unsere Egos zu schlagen.

Das Longchen Nyingthik Ngöndro

Viele der sogenannten vorbereitenden Übungen im Buddha-Dharma beinhalten einzigartige und tiefgründige Unterweisungen, die mit ganz spezifischen Termini beschrieben werden. Nehmen wir zum Beispiel das Longchen Nyingthik Ngöndro. Es ist gut bekannt als eine ‚vorbereitende' Übung, dennoch beinhaltet es eine der tiefgründigen Sprachen innerhalb des Buddha-Dharma. Worte wie *Prana*, *Bindu* und *Nadi* erscheinen direkt zu Beginn des Texts und werden ständig wiederholt. Die Mahasandhi- oder Dzogchen-Tradition ist die große Inspiration hinter dem Longchen Nyingthik Ngöndro und schließt einige der ältesten und direktesten Weisheitslehren des tibetischen Buddhismus ein. In der Guru-Yoga-Praxis zum Beispiel beinhaltet der Abschnitt über die Ermächtigung Bezugspunkte zu den vier Vidyadhara-Stufen, und für viele ist das bloße Lesen der Namen der Vidyadharas äußerst ermutigend.

Wie überwältigend diese Konzepte auch zunächst für einen Anfänger erscheinen mögen – sie werden nicht für den Abschluss des Pfades aufgespart, sondern direkt zu Beginn der Ebene des Ngöndro benannt, damit den Schülern ermöglicht wird, sich sowohl mit den Begriffen als auch den dahinter steckenden radikalen Vorstellungen vertraut zu machen. Hingebungsvolle und ausdauernde Praktizierende wiederholen solche Worte täglich zehn oder vielleicht sogar zwanzig Jahre lang, bevor sie allmählich – mit großer Freude – die tiefgründige Bedeutung dieser Worte entdecken. Das Wort *Bodhicitta* zum Beispiel ist den meisten Dharma-Praktizierenden vertraut. Die meisten von uns sind sich ziemlich sicher, dass es etwas mit guten, gütigen Gedanken zu tun hat, die wir unserem Geist einflößen wollen, aber die wirkliche Bedeutung von Bodhicitta wird sich erst nach vielen, vielen Jahren der Praxis klären.

Über dieses Buch

Dieses Buch wurde nicht für diejenigen geschrieben, die im Buddhismus völlig neu sind. Dieses Buch wurde nicht für diejenigen geschrieben, für die der Buddhismus völlig neu ist. Es richtet sich an Menschen, die sich bereits ein gewisses Verständnis des Buddha-Dharma erworben haben, sich dem Verstehen der Sprache des Dharma vollständig widmen wollen – wie lange es auch dauern mag –, oder ein starkes Verlangen zum Praktizieren haben. Mein Wunsch ist, dass *„Es geht nicht um Glück“ all* jenen nutzen wird, die den Vajrayana-Pfad der tibetisch-buddhistischen Tradition praktizieren wollen. Aber ihr werdet sehen, dass – obwohl all diese Seiten mit Verallgemeinerungen vollgestopft sind – das Longchen Nyingthik Ngöndro mein Hauptbezugspunkt ist und ich mich auf den Jargon und die Erklärungen stütze, wie sie in der Nyingma-Schule entwickelt wurden.

Ich muss dennoch zugeben, dass sich ein Teil von mir sorgt, ich könnte dadurch allen anderen tiefgründigen Vajrayana-Überlieferungslinien nicht gerecht werden, denn jede einzelne hat ein einzigartiges Vokabular von mühevoll erschaffenen Worten und Ausdrücken. Warum habe ich dann nicht die Sprachen dieser anderen Überlieferungslinien mit einbezogen, insbesondere, da wir immer dazu ermutigt werden, eine nicht-sektiererische Haltung zu kultivieren und alle Traditionen als rein zu betrachten? Einzelne Begriffe aus einer Vielzahl von Termini herauszupicken, die in verschiedenen Überlieferungslinien benutzt werden, und diese dann in einer Art linguistischem Hackepeter zu vermischen, ist so weit von einer nicht-sektiererischen Haltung entfernt wie es nur möglich ist – und es hilft auch nichts. Der Begriff ‚gewöhnlicher Geist‘ hat zum Beispiel für einen Praktizierenden des Mahamudra oder des Mahasandhi je unterschiedliche Bedeutung. Ebenso hat „Sei nicht abgelenkt!“ in der Shravaka-Tradition eine ganz andere Bedeutung als im Vajrayana-Kontext. Daher habe ich versucht, mich bei diesen Praktiken an die Erklärungsweise der Nyingma zu halten. Deswegen muss ich euch auch bitten, in der Zukunft nicht irgendwelche Terminologien vorschnell über Bord zu werfen, nur weil sie nicht auf diesen Seiten erscheinen.

Obwohl ich mich meistens auf Jamyang Khyentse Wangpos Kommentar zum Longchen Nyingthik Ngöndro und zum Mahamudra-Ngöndro der Kagyü-Tradition beziehe, ist eine Fülle hervorragender erklärender Literatur verfügbar, ganz gleich welcher Ngöndro-Tradition du folgst. Praktizierende des Longchen Nyingthik Ngöndro können sich auf einen der bedeutendsten Ngöndro-Kommentare stützen, Patrul Rinpoches berühmtes Werk ‚Die Worte meines vollendeten Lehrers', das eine Reihe von direkten, auf Erfahrung basierenden Kernanweisungen beinhaltet. Praktizierende des Mahamudra-Ngöndro können sich mit dem ‚Juwelenschmuck der Befreiung' von Gampopa und weiteren Werken bereichern. Praktizierende des Lamdre (Pfad und Frucht) können die verschiedenen Unterweisungen über ‚Die drei Wahrnehmungen' der Sakya-Tradition zu Rate ziehen. Zudem dürfen wir nicht die tiefgründigen und exzellenten Lamrim-Unterweisungen über den Stufenpfad von Tsongkhapa vergessen.

Andere Text, die sich zu lesen lohnen, sind das ‚Lankavatara-Sutra', Shantidevas ‚Bodhicharyavatara', Kamalashilas ‚Stufen der Madhyamaka-Meditation' und Atisha Dipamkaras ‚Lampe auf dem Pfad zur Erleuchtung'.

Ihr werdet feststellen, dass ich viele Zitate in diesem Text frei wiedergegeben habe. Ich habe mich dazu aus schierer Faulheit entschieden, und habe seitdem ein paar seltsame Schuldgefühle entwickelt. Aber letztendlich kann die Information, die wir an andere weitergeben, immer nur auf unserer eigenen Interpretation des Gelernten basieren. Daher halte ich es für sinnvoll, die großen Meister frei übersetzt wiederzugeben, anstatt sich monatelang mit einer exakten Übersetzung abzumühen – denn wie gut so eine Übersetzung auch sein mag, sie wäre auch wieder nur aus meiner Sicht korrekt.

Nur ~~Gott~~ Karma weiß, warum die moderne Welt so besessen ist von der Geschlechterfrage. Daher möchte ich dich vorwarnen, denn du könntest dich durch meine Anwendung der Geschlechtszuordnung in deinen eigenen Ansichten der ‚Korrektheit' – politisch oder in Bezug auf andere Themen – angegriffen fühlen. Wie auch immer, es war keine bewusste Entscheidung, warum ‚er' oder ‚sie' in dem jeweiligen Beispiel angemessener schien.

Was die Details der verschiedenen Visualisierungen angeht, erscheinen manche zu übertrieben ausführlich, während andere vielleicht so wirken, als wäre ich zu rasch hindurch galoppiert. Daher rate ich euch, euch nicht ausschließlich auf die Informationen in diesem Buch zu stützen, sondern auf die Originalkommentare der Meister eurer jeweiligen Tradition.

Wenn ihr mehr über die Meister, Unterweisungen oder Terminologien, die in diesem Buch erwähnt werden, wissen möchtet, rate ich euch, die exzellenten (englischsprachigen) Quellen zu Rate zu ziehen, die es heutzutage im Internet, in Glossaren und Literaturverzeichnissen gibt: Empfehlenswert sind die Nachschlagewerke der Padamakara Translation Group, des Tibetan Buddhist Resource Centre, von Rigpa Translations und Rigpawiki, des Nalanda Translation Comittee und von Rangjung Yeshe Publication, um nur einige zu nennen.

Maitreya sagte, das Hören des Dharma öffne die Tür zur Befreiung, und viele Schüler meinen, dass das Studium des Dharma in der Form von Hören und Kontemplation ausreicht, um als Dharma-Praxis zu gelten. Es ist wahr: Für diejenigen, die an der Schwelle der spirituellen Praxis stehen, zahlt sich das Hören und Lesen des Dharma ganz besonders aus – und stellt eine Aktivität dar, die von gereifteren Praktizierenden nicht aufgegeben werden sollte – aber Worte sind Abstraktionen, die auf Jahrhunderte alten Annahmen basieren und so die Sprache, die wir benutzen müssen, verschleiern und vage werden lassen. Letztendlich ist es nicht genug, den Dharma lediglich zu hören oder darüber nachzudenken, wir müssen ihn auch praktizieren. Daher sind alle: das Hören, Kontemplieren und Meditieren über den Dharma lebenswichtig für unseren spirituellen Pfad – wobei Meditation seine Herzessenz ausmacht.

Dzongsar Jamyang Khyentse Rinpoche
Bir, Indien, Oktober 2011

Einführung

Richte deinen Geist aus

Das Herz des Dharma liegt in der alltäglichen Aktivität

Viele zeitgenössische Dharma-Praktizierende, mich eingeschlossen, haben schon seit Ewigkeiten an Dharma-Unterweisungen teilgenommen, und dennoch ist unser Geist rigide geblieben wie ein Holzblock. Wenn das Leben gut läuft, fühlen wir uns glücklich, aber wenn unsere Pläne schief gehen, fühlen wir uns verletzt und lassen oft einen Sturm von ungezügelten Emotionen frei – ein beunruhigendes Anzeichen dafür, dass die Unterweisungen ins eine Ohr hinein und geradewegs aus dem anderen Ohr wieder hinaus gegangen sind. Wir fragen uns: „Ist es wirklich möglich, all meine Gewohnheiten auszurotten? Oder sie sogar ein wenig anzupassen? Klingt es plausibel, mir vorzustellen, dass ich zu dem Punkt gelangen könnte, wo jede meiner Bewegungen Dharma-Praxis ist?" Wir sind wie Fahrschüler, die unserem Fahrlehrer zuschauen, während er schnell hintereinander die Gänge schaltet, in den Rückspiegel schaut und die Bremse tritt und uns selbst fragen: „Wie werde ich jemals Fahren lernen?"

Im dem vom Matisgara erbetendem Mahayana-Sutra wurde Buddha eine interessante Frage gestellt: Wenn ‚Wahrheit' und ‚Erleuchtung' wirklich unbeschreibliche Vorstellungen sind, wie können dann so gewöhnliche, verblendete Wesen wie wir uns überhaupt wünschen, Schüler des Erleuchtungspfades zu werden? Buddhas Antwort war: Indem wir denjenigen, die diesen unbeschreiblichen Pfad lehren, Respekt erweisen. Stehe wenn sie stehen, lobpreise und ehre sie mit höflichen und zuvorkommenden Worten, gewähre ihnen Schutz, eifere ihnen nach, bringe ihnen Kleidung, Speise, Bettzeug, Medizin und andere materielle Güter dar. Oder bewundere einfach ihre Aktivität, erfreue dich an ihren Tugenden und ignoriere ihre Fehler. So hält man ‚die Praxis des Unbeschreiblichen' aufrecht und so wird gezeigt, dass das Herz der Dharma-Praxis nicht in der Anzahl der rezitierten Mantren oder in der Länge unserer Meditation ruht, sondern in der einfachen, alltäglichen Aktivität.

Nehmen wir als Beispiel unsere Art und Weise, wie wir mit Menschen umgehen, die wir nicht mögen. Obwohl wenige von uns wirklich schlimme Feinde anziehen, müssen wir uns immer mit Leuten beschäftigen, die uns irritieren. Für Anfänger kann das stille Vermeiden von Konfrontation als Praxis angesehen werden. Aber wenn du nun doch mit dem Weltmeister derer, die dich auf die Palme bringen, zusammen sein musst, schneide dir eine Scheibe von Je Atisha ab. Als er nach Tibet reiste, nahm er als engen Begleiter die Person mit sich, die ihm als nervigste und haarsträubendste bekannt war, nur um sicherzustellen, dass er genug Möglichkeiten haben würde, um Geduld zu praktizieren. So weit zu gehen schaffen wir vielleicht nicht, aber wenn wir auf solch einen Gefährten treffen, bei dem es unvermeidlich ist, dass er uns zur Verzweiflung bringt, können wir diese Möglichkeit nutzen, die Irritation zum Objekt unserer Praxis zu machen.

Buddha wollte jedoch tatsächlich betonen, dass unser Geisteszustand sich unausweichlich in unseren alltäglichen Reaktionen reflektiert. Wie schnell ändert sich zum Beispiel deine Laune, wenn deine Pläne durchkreuzt werden? Zu einem Zeitpunkt fühlst du dich wohl, dann erhebt ein steifer Wind eine ganze Fülle von Erinnerungen an vergangene Krisen und du durchlebst all diese schmerzvollen Details wieder und wieder. Du kommst in einen Zustand, in dem du all dein Unglück nicht mehr für dich behalten kannst und rufst einen Freund an. Dieser hört dir ganz aufmerksam zu, wie du ohne Nachdenken über die Auswirkung deinen Schmerz vor ihm ausbreitest, und schon bald ist dein Freund genauso deprimiert und aufgewühlt wie du. Wozu das alles? Wenn du Bodhisattva werden willst und den Drang verspürst, dich in deinem Leiden zu suhlen, mach das alleine! Zieh andere nicht in deine emotionalen Extravaganzen hinein, insbesondere wenn du ein Tonglen-Praktizierender bist, der sich vorgenommen hat, das Leiden aller fühlenden Lebewesen auf sich zunehmen, anstatt dein eigenes noch an andere auszuteilen.

Im Grunde ist es wirklich an der Zeit, dass der Dharma tatsächlich den Geist der Dharma-Schüler durchdringt, insbesondere bei denjenigen, die – wie ich selbst – schon geraume Zeit dabei sind. Und selbst wenn dir diese Durchdringung nur bei jedem hundertsten Versuch gelingt, ist das eine Errungenschaft, die eine Medaille verdient.

Spirituelle Praxis verändert sich ständig

Was immer du machst, sei es eine tägliche Shamatha-Meditation oder lange Retreats, deine Praxis wird sich andauernd verändern. Jeder neue Tag wird unterschiedliche Erfahrungen hervorbringen. Du wirst zum Beispiel feststellen, dass dein Geist morgens ziemlich klar ist, du aber nachmittags immer wieder einnickst – eine Quälerei, an der alle Menschen leiden, da sie auf Grund des Gefangenseins in den Schalen von Körper, Sprache davon abhängig sind, dass die eigenen Daseinsfaktoren[2] und Elemente sie verschonen. Oder du erfährst große Stimmungsschwankungen, während du von einem emotionalen Extrem zum nächsten schwankst, sehr froh und stabil am Dienstagabend, aber so schlecht gelaunt am Mittwochmorgen, dass dich selbst das Rascheln des Laubes deprimiert. So etwas geschieht jedem von uns gelegentlich. Was uns heute inspiriert, zieht uns morgen runter; was uns heute traurig macht und dazu bringt der Welt zu entsagen, führt uns morgen zu einer Sehnsucht, in die Tiefen der samsarischen Existenz einzutauchen. Der Sündenbock für diese Stimmungsschwankungen sind unsere Daseinsfaktoren (Form, Empfindung, Wahrnehmung, Gestaltungskraft und Bewusstsein), die vollständig von den Elementen (Erde, Wasser,

2 skr: Skandha (Form, Empfindung, Wahrnehmung, Gestaltungskraft und Bewusstsein), engl. aggregates, im Deutschen auch oft mit ‚Aggregate' oder ‚Daseinsgruppen' übersetzt

Feuer, Luft usw.) abhängig sind, und so unsere Praxis alles andere als gleichmäßig werden lassen.

Dieser Mangel an Beständigkeit ist der Grund, warum alle Praktizierende, insbesondere Anfänger, alles Mögliche unternehmen sollten, um sich selbst zur Praxis zu ermutigen. So wie Babies im Allgemeinen mehr als ein Spielzeug zum Spielen bekommen, ist es auch für Praktizierende eine gute Idee, sich nicht nur auf eine Methode zu beschränken. Wenn du heute das Gefühl hast, dass dir die Shravakayana-Unterweisungen helfen, den Nutzen der Entsagung zu erhellen, dann wende sie nach allen Kräften an. Wenn morgen das Kontemplieren über die illusionsgleiche Natur der Phänomene inspirierender ist, da es dir wertschätzen hilft, dass du eigentlich fast nichts entsagen musst, dann zögere nicht, diese Sichtweise anzuwenden. Sei geschickt und praktiziere die Methode, die genau in diesem Moment richtig für dich ist. Beschränke dich nicht, denn insbesondere als Anfänger ist es so wichtig, einen Geschmack an der Praxis oder ein Gespür für die Praxis zu entwickeln. Sobald du ein, zwei Praktiken gefunden hast, die für dich am besten funktionieren, konzentriere dich auf sie. Es ist als würdest du in die Stadt ziehen. Zunächst läufst du überall herum, probierst alle möglichen Wege von dir zuhause zur Arbeit aus, bis du schließlich den angenehmsten Weg herausgefunden hast, und bei dem bleibst du dann.

Es wird Zeiten geben, zu denen die normale Vernunft nicht mehr funktioniert und du bemerkst, dass du selbst nicht einmal mehr die völlig offensichtliche Wahrheit akzeptieren kannst: dass der Tod bevorsteht, unausweichlich ist und kein Lebewesen – Freunde, Familie oder gar du selbst – sich dem entziehen können. Wenn solche starrsinnigen Verblendungen von deinem Geist Besitz ergreifen, bete zu deinem Guru, den Buddhas und Bodhisattvas und flehe sie an, dich dabei zu unterstützen, die Unerbittlichkeit des Todes wirklich zu akzeptieren. Gerate nicht in die Falle zu denken, du müsstest zunächst lernen, Samsara zu verabscheuen und einen starken ‚Entsagungsgeist' entwickeln *bevor* du auf so ein Gebet zurückgreifen kannst. Wie der große Meister Jamgön Kongtrul Lodrö Thaye sagte, solltest du dich *in jeder Hinsicht auf deinen Guru stützen*, den Segen eingeschlossen, nicht länger nach Samsara zu schmachten. Du solltest tatsächlich zu deinem Guru beten und ihn sogar bitten, sicher zu stellen, dass du betest.

Eine verbreitete Fehleinschätzung innerhalb der Praktizierenden ist die Annahme, man müsse zunächst nach Kathmandu oder in eine Höhle ziehen, um ernsthaft praktizieren zu können, und nur so würde die entsprechende Praxis automatisch vervollkommnet werden. Das stimmt so einfach nicht! Du musst dir nur die Dharma-Schüler anschauen, die gegenwärtig in Indien und Nepal leben, um zu erkennen, dass eine geographische Lage kein Garant für spirituellen Fortschritt ist. Manche dieser Dharma-Faulenzer wohnen seit 30 oder mehr Jahren in Kathmandu, verändern sich aber nie. Ihr Geist ist genauso unflexibel wie bei ihrer Ankunft, manchmal sogar noch schlimmer. Sie tragen weiterhin den gleichem Müll mit sich herum wie weltliche Leute, aber verbergen ihn unter dem Deckmantel eines Dharma-Praktizierenden. Auch wenn es nicht schwierig ist, ihre Tarnung zu durchschauen, können sie die Demütigung nur schwer ertragen, wenn jemand das macht. Lasst euch deshalb versichern: Es ist nicht nötig, euer Zuhause zu verlassen, um effektiv zu praktizieren!

Dharma-Anweisungen

Buddhistische Praktiken sind Techniken, die wir benutzen, um unsere Gewohnheit der Selbstverliebtheit anzugreifen. All diese Techniken sind derart beschaffen, individuelle Gewohnheiten zu attackieren, bis der Zwang des Festhaltens am ‚Selbst' vollständig ausradiert wurde. Wenn also eine Praxis buddhistisch aussieht, jedoch das Greifen nach dem ‚Selbst' stärkt, ist sie tatsächlich viel gefährlicher als eine offenkundig nicht-buddhistisches Praxis.

Das Ziel viel zu vieler Unterweisungen ist es heutzutage, dass wir uns ‚gut fühlen', und selbst manche buddhistischen Meister klingen wie New-Age-Apostel. Deren Vorträge sind vollständig der Anerkennung der Manifestation des Ego und dem Bestätigen der ‚Richtigkeit' unser Gefühle gewidmet. Nichts davon hat irgendetwas mit den Unterweisungen zu tun, die wir in den Kernanweisungen finden. Wenn es dir also nur darum geht, dich gut zu fühlen, bist du viel besser damit bedient, eine Ganzkörpermassage zu bekommen oder erhebende oder lebensbejahende Musik zu hören, als dir Dharma-Unterweisungen anzuhören, die dich nämlich sicherlich nicht wirklich aufbauen werden. Ganz im Gegenteil: Der Dharma wurde speziell dafür entwickelt, deine Mängel aufzudecken und damit du dich schrecklich fühlst.

Versuche *Die Worte meines vollendeten Lehrers* zu lesen. Wenn es dich deprimiert, wie Patrul Rinpoches unangenehme Wahrheit dein weltliches Selbstvertrauen durcheinanderbringt, dann sei froh darüber. Das ist ein Zeichen dafür, dass du letztendlich doch noch beginnst, etwas vom Dharma zu verstehen. Und ganz nebenbei bemerkt: Sich deprimiert zu fühlen ist nicht immer etwas Schlechtes. Es ist völlig verständlich, wenn sich jemand deprimiert und ernüchtert fühlt, weil seine beschämenden Fehler enthüllt werden. Wer würde sich in solch einer Situation nicht ein wenig roh anfühlen? Aber ist es nicht besser, eines Fehlers schmerzlich gewahr zu werden, anstatt ihm gegenüber völlig blind zu sein? Wenn deine Charakterschwäche verborgen bleibt, wie kannst du dann je etwas dagegen unternehmen? Obwohl dich Kernanweisungen vorübergehend deprimieren könnten, helfen sie, deine Mängel zu entwurzeln, indem sie ans Tageslicht gebracht werden. Das ist mit dem Ausdruck ‚der Dharma durchdringt den Geist' gemeint, oder wie Kongtrul Rinpoche es formuliert hat: „Die Dharma-Praxis trägt Früchte", anstatt nur sogenannte gute Erfahrungen zu erleben, auf die wir alle hoffen, wie gute Träume, glückselige Empfindungen, Ekstase, Klarsicht oder verbesserte Intuition.

Wenn eine Praktizierende nicht mehr so viel Aufhebens um die Dinge macht, wegen der sie sonst unaufhörlich einen großen Wirbel veranstaltet hat, dann ist das für Kongtrul Rinpoche ein Zeichen dafür, dass die Dharma-Praxis Früchte trägt. Bevor du eine authentische Dharma-Praktizierende wurdest, hat dich ein Kompliment über deine Haare mit einem Hochgefühl berauscht und jeder noch so kleine Hinweis, dass dein Haar nicht ganz perfekt sitzt, hat dich in den Strudel einer tiefen Depression gesogen. In beiden Situationen überhaupt nicht zu reagieren ist ein Zeichen dafür, dass deine Praxis Früchte trägt und du eine authentische Dharma-Praktizierende geworden bist. Das ist der

Erfahrung von Millionen Befriedigungen, ermutigenden Träumen oder glückseligen Empfindungen bei weitem vorzuziehen.

Ob ein Traum ein gutes oder schlechtes Zeichen ist, ist schwer zu sagen. Patrul Rinpoche sagte, dass ein scheinbar guter Traum ebenso die Manifestation eines Hindernisses oder von Mara sein könnte, denn wenn du es als ein Zeichen des erreichten Zieles ansiehst, hörst du vielleicht mit der Praxis auf, wirst aufgeblasen und arrogant bezüglich deiner Fähigkeiten. Selbst wenn du von einem Abendessen mit Buddha geträumt hast, behandle es wie einen Klumpen Rotz; denk noch nicht einmal darüber nach, schreib es auf keinen Fall auf oder rede auch nicht darüber. Das Wichtigste ist: Verhalte dich dem gegenüber eher skeptisch, genauso wie du einem Gefühl gegenüber skeptisch und vorsichtig sein solltest, das dir andeutet, du hättest ein bisschen mehr Mitgefühl oder Hingabe als gewöhnlich, oder irgendetwas anderes, das dich dazu bringen könnte, deine Disziplin zum Studieren oder Praktizieren zu lockern.

Das ‚Herz der Traurigkeit'

Kongtrul Rinpoche empfahl, dass wir zum Guru, den Buddhas und Bodhisattvas beten und um deren Segen bitten sollten, „auf dass ich das Herz der Traurigkeit entwickeln möge." Was aber ist ein ‚Herz der Traurigkeit'? Stell dir vor, du hast eines Nachts einen Traum. Obwohl es ein guter Traum ist, weißt du tief im Inneren, dass du irgendwann aufwachen musst und er zu Ende sein wird. Ebenso ist es im Leben – sei es unser Beziehungsstatus, unsere Gesundheit, unsere Arbeit und jeder weitere Aspekt unseres Lebens: Alles, wirklich alles, wird sich verändern. Und diese kleine klingende Glocke in unserem Hinterkopf, die uns an diese Unausweichlichkeit erinnert, wird ‚das Herz der Traurigkeit' genannt. Du erkennst, dass das Leben ein Rennen gegen die Zeit ist, daher sollten wir die Dharma-Praxis niemals auf das nächste Jahr, den nächsten Monat oder auch nur auf morgen verschieben, denn vielleicht tritt diese Zukunft niemals ein.

Diese Haltung des Rennens gegen die Zeit ist so wichtig, insbesondere wenn es um Praxis geht. Meine eigene Erfahrung hat mir gezeigt, dass mein Versprechen, nächste Woche mit der Praxis anzufangen mehr oder weniger eine Garantie dafür ist, dass ich sie nicht machen werde. Und ich glaube nicht, dass ich da der Einzige bin. Sobald du verstehst, dass wahre Dharma-Praxis nicht bloß formelle Sitz-Meditation ist, sondern eine unaufhörliche Konfrontation mit und Opposition zu Stolz und Ego, als auch eine Lektion zum Akzeptieren von Veränderung, wirst du in der Lage sein, jetzt direkt zu praktizieren. Stell dir zum Beispiel vor, dass du am Strand sitzt und dich am Sonnenuntergang erfreust. Es ist nichts Schlimmes passiert und du bist zufrieden, vielleicht sogar glücklich. Plötzlich beginnt die kleine Glocke in deinem Kopf zu läuten und erinnert dich, dass dies der letzte Sonnenuntergang sein könnte, den du erlebst. Du erkennst, wenn du stirbst und dann wiedergeboren wirst, wirst du vielleicht nicht wieder die Möglichkeit haben, dich an einem Sonnenuntergang zu erfreuen, mal ganz abgesehen davon, dass du vielleicht nicht einmal in der Lage dazu sein wirst zu verstehen, was ein Sonnenuntergang überhaupt ist. Allein dieser Gedanke hilft dir, deinen Geist auf die Praxis auszurichten.

Die Gewissheit des Todes

Wir müssen zum Guru, zu den Buddhas und Bodhisattvas beten, damit sie uns ihren Segen gewähren, so dass wir uns die Gewissheit des Todes zu Herzen nehmen. Erinnere dich immer und immer wieder an die Wirklichkeit, dass du und jeder, den du kennst, sich unaufhörlich dem Tode nähert. Natürlich sind wir nicht völlige Dummköpfe, wir wissen alle, dass wir sterben müssen. Aber wir müssen auch mit etwas leben, dass noch viel schlimmer als die Tatsache des Todes ist: die Unwissenheit darüber, wann und auf welche Weise der Tod eintreten wird. Über diese Ungewissheit müssen wir immer und immer wieder kontemplieren, während wir unser Vertrauen und unsere Hingabe in Bezug auf Ursache, Bedingung und Wirkung stärken.

Erinnere dich fortwährend an den Tod und das Karma, denn viele von uns vergessen dies, auch wenn es vielleicht überraschend scheint. Ein Zeichen dafür, dass wir Karma vergessen haben, ist es, wenn wir niemals aufhören, uns über alle zu beschweren, vom Buddha und unserem Guru angefangen bis hin zu unseren Ehemännern, Ehefrauen, Freunden und Fremden auf der Straße. Stell dir zum Beispiel einen sehr sturen Menschen vor, der darauf besteht, auf einem Feldweg am Rande eines tiefen Abgrundes zu fahren. Ihm wurde gesagt, wie gefährlich diese besondere Strecke ist und dass man sich durch Fahren mit betrunkenem Kopf sicher Ärger einhandelt; aber er ignoriert all diese Warnungen. Ganz unausweichlich ist er eines Tages vom Alkohol so benebelt, dass er Richtung Abhang zu sehr beschleunigt und sein Auto auf den darunter liegenden Felsen stürzt. Selbst dann verbringt er seine letzten Sekunden mit dem Jammern, wie ungerecht das alles sei. So führen wir Menschen unser Leben. Untersuchten wir die Ursachen all der vielen Tragödien in unserem Leben, würden wir feststellen, dass wir persönlich und systematisch ganz genau die Ursachen und Bedingungen organisieren, die garantiert zu genau den Resultaten führen, die wir erfahren. Dennoch beschweren wir uns nur! Dies zeigt, wie wenig wir von Ursache, Bedingung und Wirkung verstehen und wie wenig wir in Buddha, Dharma und Sangha vertrauen.

Patrul Rinpoche sagte, dass es niemanden gibt, der sowohl die Dharma-Praxis als auch das weltliche Leben perfektioniert hat, und falls wir jemals so jemanden finden, der auf beiden Ebenen gut zu sein scheint, ist es sehr wahrscheinlich, dass sein Geschick auf weltlichen Werten begründet ist.

Es ist ein sehr großer Fehler anzunehmen, Dharma-Praxis würde uns beruhigen und ein Leben ohne Turbulenzen bescheren. Nichts ist von der Wahrheit weiter entfernt. Dharma ist keine Therapie. Ganz im Gegensatz dazu ist Dharma tatsächlich extra so gestrickt, dass es unser Leben auf den Kopf stellt. Darum hattest du gebeten! Wenn also dein Leben völlig daneben geht, worüber beschwerst du dich? Wenn du praktizierst, aber dein Leben nicht zum Kentern gebracht wird, ist dies ein Zeichen, dass das, was du machst, nicht funktioniert. Das unterscheidet den Dharma von den New Age-Methoden mit Auras, Beziehungen, Kommunikation, Wohlgefühl, dem ‚Inneren Kind', eins mit dem Universum sein und Bäume umarmen. Aus der Sicht des Dharma sind solche Interessen Spielzeuge samsarischer Wesen – Spielzeuge, die uns bald bis zur Bewusstlosigkeit langweilen werden.

Über Konzepte hinausgehen

Ein echter Wunsch zum Praktizieren des Dharma entsteht nicht aus dem Wunsch, persönliches Glück zu erreichen oder als ein ‚guter Mensch' wahrgenommen zu werden. Wir praktizieren aber auch nicht, weil wir unglücklich oder ein ‚schlechter' Mensch' werden wollen. Ein authentischer Wunsch zur Praxis des Dharma entsteht aus dem Sehnen nach Erleuchtung.

Im Allgemeinen neigen die Menschen dazu, sich lieber in die Gesellschaft einzufügen, indem sie gängigen Anstandsregeln folgen und sanft, höflich und respektvoll sind. Es entbehrt dabei nicht einer gewissen Ironie, dass die meisten Leute glauben, auch eine spirituelle Person müsse sich so verhalten. Wenn sich eine sogenannte Dharma-Praktizierende scheinbar schlecht verhält, dann schütteln wir unsere Köpfe über ihre Dreistigkeit, sich selbst als Anhängerin des Buddha so zu zeigen. Dennoch sollten wir solche Beurteilungen besser vermeiden, denn ‚sich anzupassen' ist nicht das, wonach eine authentische Dharma-Praktizierende strebt. Denkt einmal an Tilopa. Er sieht so haarsträubend aus, dass du ihn nicht eintreten lassen würdest, wenn er an deiner Türschwelle stünde. Und das wäre verständlich. Er wäre vermutlich fast nackt; wenn du Glück hättest, trüge er eine Art String-Tanga, sein Haar hätte niemals die Bekanntschaft mit Shampoo gemacht und aus seinem Mund würde die zitternde Schwanzflosse eines lebendigen Fisches heraushängen. Wie würden wir so jemanden moralisch beurteilen? „Das soll ein Buddhist sein? Er quält doch dieses arme Geschöpf, indem er es bei lebendigem Leibe verspeist!" So funktioniert unser theistischer, moralisierender und beurteilender Geist. Unser Geist funktioniert tatsächlich auf sehr ähnliche Weise wie der Geist der puritanischen und zerstörerischen Religionen der Welt. Natürlich ist nicht unbedingt etwas falsch an Moral, aber der springende Punkt bei spiritueller Praxis ist gemäß den Vajrayana-Unterweisungen, über *alle* Konzepte hinaus zu gehen, einschließlich der von Moral.

Zurzeit können sich die meisten von uns nur leisten, ein bisschen unangepasst zu sein, aber wir sollten alle danach streben, so wie Tilopa zu sein. Wir sollten beten, dass wir eines Tages den Mut haben, ebenso verrückt zu sein, indem wir uns trauen, über die acht weltlichen Dharmas[3] hinauszugehen und uns um keinen Deut zu scheren, ob wir gelobt oder kritisiert werden. In der heutigen Welt ist solch eine Haltung die letztendliche Verrücktheit. Die Leute erwarten mehr als sonst glücklich zu sein, wenn sie bewundert und gelobt werden – und unglücklich zu sein, wenn sie verspottet und kritisiert werden. Daher ist es unwahrscheinlich, dass diejenigen, die von der Welt als gesund angesehen werden wollen, es riskieren aus dem Nest der acht weltlichen Dharmas heraus zu fliegen. Erhabenen Wesen ist beides gleichermaßen egal, und daher sehen wir sie aus weltlicher Sicht als Verrückte an.

3 Hoffnung auf Gewinn, Freude, Anerkennung und Ruhm sowie Furcht vor Verlust, Leid, Kritik und Verachtung.

ERSTER TEIL

Warum wir Ngöndro praktizieren

1

Wofür ist Dharma gut?

Wird Dharma mich glücklich machen?

Das Wort ‚Glück' ist ein allgemeiner Begriff, den wir benutzen, um das gemeinsame Ziel aller Menschen zu beschreiben. Jeder einzelne von uns möchte glücklich sein. Was ‚Glück' jedoch genau bedeutet und wie wir es am besten erreichen können, darüber kann man unterschiedlicher Meinung sein.

Millionen und Abermillionen von Menschen überall auf der Welt glauben gut und gerne, dass ihr Glück von der Größe ihres materiellen Reichtums abhängig sei. Sie träumen davon, ein Leben eines Superstars aus Hollywood zu führen, mit all den damit verbundenen Fallen, wie ein riesiges Haus in Beverly Hills und der Möglichkeit, ein einzelnes Taschentuch in einer Trockenmaschine zu trocknen. Genau genommen könnte sich aber nur ein Bruchteil dieser Träumer in Los Angeles hinein quetschen. Und selbst wenn andere ähnlich begehrte Orte gefunden werden könnten, wo Millionen und Abermillionen Menschen wirklich solch ein luxuriöses und verschwenderisches Leben führen könnten, allein die ökologischen Konsequenzen wären erschütternd. Weder die Träumer noch irgendjemand sonst auf dieser Erde könnte jemals wieder einen einzigen Moment des Glückes genießen.

Eine andere Version des Glücks wird durch meinen australischen Schüler Douglas verkörpert. Douglas lebt von der staatlichen Arbeitslosenunterstützung und fühlt dafür keinerlei Dankbarkeit. Douglas benutzt ‚Entsagung' und ‚Abkehr von Samsara' als Ausreden, um Arbeit zu vermeiden. Und obwohl er angeblich ein Dharma-Schüler ist, führt ihn seine tiefverwurzelte Faulheit und sein Mangel an persönlicher Verantwortung dazu, dass er – obwohl ihm viel Zeit zur Verfügung steht – nicht praktiziert. Nicht selbst arbeiten und auf Kosten des Wohlwollens anderer zu leben scheint ihm eine gewisse Glückseligkeit und ein wenig Glück zu verschaffen. Aber das Problem mit Leuten wie Douglas, die sich so daran gewöhnt haben, von staatlichen Almosen zu leben, ist, dass sie eine Art Hornhaut entwickeln und davon ausgehen, dass ihnen unbegrenzte finanzielle Unterstützung zustünde. Viele sogenannte Dharma-Praktizierende fallen in diese Kategorie, insbesondere in den liberalen westlichen Ländern mit großzügigem Sozialsystem. Ebenso wie Douglas benutzen sie den Dharma als Ausrede, um Arbeit und Verantwortung vollständig zu vermeiden. Das ist falsch. In Wirklichkeit ist die Version von ‚Samsara', die sie sich für sich selbst zusammengebraut haben, viel schlimmer als die eines Hummer-liebenden Materialisten, einfach deshalb, weil sie es so geschickt mit Dharma getarnt haben.

Bevor wir beginnen, unserem Glück nachzujagen, ist es zunächst wichtig zu definieren, was ‚glücklich sein' wirklich bedeutet. Und denjenigen, die zu der luxusliebenden A-Promi-Kategorie oder zu den ach so entspannten Schmarotzern gehören, kann ich kategorisch sagen, dass der Dharma euch in keiner Weise helfen wird, eure Vorstellung von Glück zu erreichen. Wenn eure Vorstellung von Glück mehr damit zu tun hat, alle weltlichen Belange und Begierden zu transzendieren anstatt Reichtum und Berühmtheit zu erreichen, dann mag der Dharma genau das sein, wonach ihr gesucht habt.

Entwickle den ‚Entsagungsgeist'

Wenn weltliches Glück nicht das Ziel des Dharma ist, was veranlasst eine Person dann dazu, praktizieren zu wollen? Es ist durchaus möglich, dass jemand, der reich ist und sein Leben mit einem starken Gefühl persönlicher Sicherheit genießt, nicht einmal daran denkt, einem spirituellen Pfad zu folgen. Natürlich empfinden wir alle, selbst die Reichen, Momente der Traurigkeit und Hoffnungslosigkeit und eventuell haben wir vorübergehend auch den Drang all dem, was die Welt zu bieten hat, den Rücken zuzukehren. Dies ist jedoch keine echte Erfahrung des Entsagungsgeistes, denn dies hat – statt mit Entsagung – vielmehr mit Überdruss und Langeweile zu tun, und oft ist es ein Zeichen dafür, dass wir wie ein verwöhntes Kind gelangweilt von unserem Spielzeug sind und reif für eine Veränderung.

Jamgön Kongtrul Lodrö Thaye sagte, wenn wir irgendwo ganz tief in uns weiterhin glauben, dass ein winziges Eckchen von Samsara nützlich sei bzw. eine letztendliche Lösung für all unsere weltlichen Probleme existiere, dann wird es extrem schwierig sein, ein authentischer spirituell Suchender zu werden. Zu glauben, dass die Probleme im Leben sich schon irgendwie selbst lösen werden, dass alles Schlechte reparierbar ist und dass es sich lohnt, für etwas Samsarisches zu kämpfen, all das macht es praktisch unmöglich, einen authentischen, uns vollständig einnehmenden Wunsch zu nähren, den Dharma zu praktizieren. Die einzige Sichtweise, die wirklich für einen Dharma-Praktizierenden funktioniert, ist diese: dass es keine Lösungen für das Leid in Samsara gibt und dass man es nicht reparieren kann.

Diese Sicht kann einfach aufrechterhalten werden, wenn man über den Tod nachdenkt, vor dem sich die überwiegende Mehrheit der Menschen über alles fürchtet. Geburt jedoch scheint eine ganz andere Reaktion zu provozieren. Ist nicht letzten Endes die Geburt eine Hoffnung und ein Versprechen für eine bessere Zukunft? Die erhabenen Wesen wie der große indische Gelehrte Nagarjuna waren nicht dieser Meinung. Nagarjuna betrachtete die Geburt als genauso schreckenerregend wie den Tod, denn sie signalisiert eine Wiederkehr in Samsara, die Dharma-Praktizierende genauso erschrecken sollte wie ein nahe bevorstehender Tod.

Nagarjuna schrieb in seinem ‚Brief an einen Freund‘:

So ist Samsara und so werden wir wiedergeboren
als Götter, Menschen, Höllenwesen,
Geister oder Tiere; aber wisse,
Geburt ist nichts Gutes, sondern ein Topf vieler Übel.

Wenn da erst Geburt ist, folgt unsägliches Elend,
Krankheit, Altern, Frustration, Tod,
Niedergang – in Kürze: die ganze, riesige Menge Schmerz.
Wenn Geburt gestoppt ist, wird all dies nicht mehr sein.[4]

Auch wenn dieses weltliche Leben – oder auch nur ein kleiner Teil davon – positiv ausschauen mag, ist es wichtig zu verstehen, dass es letztendlich versagen wird, denn in Samsara funktioniert wirklich absolut nichts. Dies ist eine sehr schwer anzunehmende Haltung, aber wenn wir dies wenigstens auf einer intellektuellen Ebene akzeptieren könnten, wird uns das mit genau dem Impuls ausstatten, den wir zum Eintritt in den spirituellen Pfad brauchen. (Weitere Impulse beinhalten, sich selbst zum Narren zu halten oder sich in weltliche Bereiche zu verstricken, indem man versucht sie zu reparieren.) Entscheidend jedoch ist: Erst wenn ein Anfänger wirklich wertschätzt, wie hoffnungslos und sinnlos Samsara wirklich ist, nur dann wird in seinem Geist ein authentischer Wunsch entstehen, einem spirituellen Pfad zu folgen. Wie Buddha Shakyamuni einem autokratischen König mitfühlend und mit großem Mut erklärte, gibt es vier unausweichliche Wirklichkeiten, die früher oder später alle fühlenden Wesen zerstören:

1. Wir werden alle alt und gebrechlich werden.
2. Es ist absolut sicher, dass sich alles andauernd verändert.
3. Alles Erreichte oder Angesammelte wird früher oder später auseinander und zu Staub zerfallen.
4. Wir müssen alle sterben.

Dennoch sind unsere Emotionen und Gewohnheiten so stark, dass wir nicht in der Lage sind, die Wahrheit zu sehen – selbst wenn sie uns direkt ins Gesicht starrt.

---

4 Aus: Padmakara Translation Group (Übersetzer), Letter to a Friend (Snow Lion Publications, Ithaca, N.Y., 2005) Strophen 103 und 111

Zusätzlich zu der Erkenntnis über die Sinnlosigkeit von Samsara geht es in der Dharma-Praxis darum, dass sie unseren Geist durchdringt und unsere Zuneigung zu unserem Ego und dem weltlichen Leben verringert, indem sie uns zwingt, uns von den acht weltlichen Dharmas zu lösen. Die Praxis sollte unsere Hingabe gegenüber der Wahrheit intensivieren, allem mehr Wert beimessen, was über das weltliche hinausgeht, niemals den essentiellen Unterweisungen des Buddha widersprechen und vollständig in Harmonie mit seinen letztendlichen Unterweisungen sein. Wenn unsere Version der Praxis nicht in der Lage ist, all das zu erreichen, dann ist es keine wirkliche Dharma-Praxis.

Ganz gleich wie nutzbringend, ganz gleich wie politisch korrekt oder aufregend unsere Praxis auch scheinen mag, wenn sie nicht gegen unsere Gewohnheiten des Festhaltens an Unveränderlichkeit arbeitet, oder aber ganz harmlos daher kommt, uns aber auf heimtückische Weise ermutigt, die Wahrheit der Vergänglichkeit und der illusionsgleichen Natur der Phänomene zu vergessen, dann wird uns eine solche ‚Praxis' unausweichlich nicht in Richtung des Dharma führen, sondern in die entgegengesetzte.

Der große Jigme Lingpa empfahl für Dharma-Praktizierende, die ganz mühelos reich werden, eine Feuer-Puja, Wasser- bzw. Tsok-Opfergaben darzubringen. Und wenn du berühmt wirst und viele Anhänger anziehst, solltest du deine Anhänger zur Dharma-Praxis führen. Auch wenn es wenig Sinn macht, sich schier zu überschlagen, um jemanden, der reich oder adelig ist, zufriedenzustellen – wenn dadurch dem Dharma auf irgendeine Art genutzt wird bzw. etwas Gutes daraus entsteht, dann gibt es auch keinen Grund, solche Leute zu verärgern. Genau genommen ist man mit einem König vergleichbar, wenn man vom erhabenen Dharma angeleitet wird. Ausschließlich an den Dharma zu denken macht eine gewöhnliche menschliche Existenz außergewöhnlich, die Bodhicitta-Praxis kann nicht mit der Praxis gewöhnlicher Religionen verglichen werden und im natürlichen Zustand zu verweilen übertrifft gewöhnliche Sichtweisen bei weitem.

Jigme Lingpa zeigte zudem auch auf, dass zwar das Erlangen eines menschlichen Körpers wie das Finden eines wunscherfüllenden Juwels ist, wir aber dennoch bemerkt haben sollten, dass manche Leute das ‚Herz der Traurigkeit' niemals erfahren haben und daher ihr kostbares Leben verschwenden. Obwohl das Treffen eines Guru viel mehr Anlass zum Feiern gibt würde man selbst als zum König inthronisiert, müssen wir doch diejenigen bemerkt haben, denen es an Hingabe mangelt und die ihr Glück verschwenden, indem sie ihn unrein wahrnehmen. Und obwohl das Erhaschen eines Funkens dieses ‚gegenwärtigen Geistmomentes' wie das Schauen eines Buddha ist, müssen wir auch diejenigen bemerkt haben, die aus Mangel an Ausdauer und Anstrengung ihrem Geist das Abschweifen erlauben.

Entwickle die Entschlossenheit, der Wahrheit ins Auge zu sehen

Viele von uns neigen dazu, verärgert zu sein, wenn wir mit der Wahrheit konfrontiert werden, und aus so einer Verstimmung entsteht Verleugnung. Das offensichtlichste Beispiel ist, dass wir genervt davon sind, wenn wir gezwungen sind, die illusionsgleiche Natur unseres Lebens und die Wirklichkeit des Todes anzuerkennen. Wir haben sogar Einwände, wenn es darum geht, darüber zu kontemplieren, obwohl der Tod eine unwiderlegbare, universelle Wahrheit ist. Unsere gewohnheitsmäßige Reaktion ist, so zu tun, als würde der Tod niemals eintreten – und genau so gehen wir mit den meisten der ungemütlichen Wahrheiten um, die wir für schwer verdaulich halten.

Anstatt verärgert zu sein, ist es jedoch wichtig für jeden ernsthaften Dharma-Praktizierenden, eine Bereitschaft und Offenheit zu entwickeln, die Wahrheit zu erfassen, denn *Dharma ist die Wahrheit*. Der Buddha selbst hat daraus keinen Hehl gemacht. Er hat seinen Schülern niemals rosa-rote Brillen verpasst, um dem Entsetzen an der Wahrheit der Vergänglichkeit die Schärfe zu nehmen – oder den Qualen der ‚Emotionen', der illusionsgleichen Natur unserer Welt und vor allem: der weitreichenden und tiefgründigen Wahrheit von Shunyata. Keine dieser Wahrheiten sind leicht zu verstehen, insbesondere für einen Geist, der durch die Gewohnheit programmiert wurde, sich nach emotionaler Befriedigung und gewöhnlicher Glückseligkeit zu sehnen. Und wenn jemand in der Lage ist, die Unterweisungen über Leerheit zu hören und diese intellektuell, praktisch und emotional auch zu tolerieren, dann ist es ein Zeichen, dass diese Person eine wirkliche Affinität mit dem Dharma hat.

Wie man den wahren Wert des Dharma wertschätzt

Der erste Schritt zur Wertschätzung des wahren Wertes des Dharma besteht darin, aufrichtig zuzugeben und vollständig zu akzeptieren, dass Samsara eine tödliche Krankheit ist, an der wir alle leiden. Diese Krankheit macht uns schwach und lethargisch und nimmt uns jegliche Art der Selbstkontrolle; dennoch bleiben wir der festen Überzeugung, dass wir in der Lage seien, jeden Aspekt unseres Lebens regeln und lenken zu können. Wir glauben wirklich, dass wir die Kontrolle hätten. Die Wirklichkeit ist natürlich, dass wir nicht die geringste Macht haben. Solange wir nicht verstehen und anerkennen, wie krank wir sind, gibt es keine Hoffnung für uns, den Dharma wirklich wertzuschätzen. Es ist eine gute Idee, sich selbst täglich an diese beiden Wirklichkeiten zu erinnern, wie ein Patient, der sich einer von dem Doktor verschriebenen Behandlung hingibt. Auf diese Art und Weise wirst du die Grundlage für Demut legen.

Sobald wir ehrlich akzeptiert haben, dass wir krank und gebrechlich sind, entsteht ganz natürlich der Drang, ein Heilmittel zu finden und das führt uns dazu, einen ‚suchenden Geist' zu entwickeln. Aktiv nach einem Heilmittel zu suchen ist extrem wichtig, insbesondere zu Beginn unserer spirituellen Reise, wenn das ‚Suchen' viel wichtiger ist als das ‚Finden'. Innerhalb dieses gesamten Prozesses ist unserer Lehrer der Arzt, auf dessen Krankheitsdiagnose wir uns stützen und seine Unterweisungen sind die verschriebenen Medikamente, um uns zu heilen. Aber in diesen degenerierten Zeiten sind nur wenige von uns in der Lage, unsere Situation auf diese Art und Weise zu betrachten. Stattdessen sind wir sogar stolz auf unsere anscheinend robuste Gesundheit und auch darauf, dass wir es geschafft haben, uns mit allem auszustatten was wir brauchen, und sogar mit noch mehr. Wie Kongtrul Rinpoche aufgezeigt hat, neigen wir dazu, dem Dharma die niedrigste Priorität zu geben. Wenn wir daher vor die Wahl gestellt werden würden, uns zu entscheiden zwischen einem riesigen Koffer übervoll mit Dharma-Unterweisungen und einem kleinen Geldbeutel, der alles Nötige beinhaltet, um uns reich und berühmt zu machen – würden sich die meisten von uns für Letzteren entscheiden.

Sobald wir unsere Krankheit vollständig anerkannt haben, lässt uns der Drang, ein Heilmittel zu finden, nicht viel Zeit für andere Dinge. So hätte man wenigstens denken können. Für manche ist ihr Sehnen nach dem Dharma die Ausrede, um ihr ganzes Leben mit Schaufensterbummeln für einen spirituellen Pfad zu verbringen. Leider sind dies die Menschen, die dazu neigen, Opfer von betrügerischer Werbung zu werden, die sofortige, schmerzlose spirituelle Lösungen versprechen, und mit viel Sorgfalt alles vermeiden, was Buße oder Mühe beinhaltet. Obwohl es wahr ist, dass der glückselige Pfad des Sugata (in anderen Worten: der von Buddha dargelegte spirituelle Pfad) selbstzerstörerische Arten der Buße wie Selbstgeißelung ablehnt, so gibt es dennoch einfach keinen spirituellen Pfad, der völlig frei wäre von jeglicher Mühe und Anstrengung. Bedauerlicherweise neigen diese spirituellen Schaufensterbummler – im Namen der Dharma-Praxis – dazu, achtlos und unterschiedslos in Bezug auf die gehörten bzw. gelesenen Unterweisungen zu sein und weisen keine Neugierde bzw. kein echtes Interesse auf, wenigstens eine Seite eines authentischen Dharma-Textes zu kopieren. Die Idee, man könnte das Gehörte sogar einmal in die Praxis umsetzen, kommt ihnen nie in den Kopf.

Kyabje Dilgo Khyentse Rinpoche sagte, dass sich sowohl gewöhnliche als auch außergewöhnliche Leute so verhalten. Es gibt sogar Lamas und Tulkus, die nach einem einfachen Weg der Dharma-Praxis suchen, auf dem man nicht unter Entbehrung leidet. Und obwohl sie es eigentlich besser wissen müssten, zeigen sie selten irgendeine Wertschätzung gegenüber den kostbaren Lehren, die sie erhalten haben. Sie bringen auch keine Opfergaben dar, ganz zu schweigen von dem Darbringen ihres Köpers, ihrer Sprache, ihres Geistes und ihres gesamten Lebens. Sie mögen Unterweisungen, bei denen sie keine Versprechen ablegen müssen und anstatt aktiv nach einem Lama und den notwendigen Praxis-Bedingungen zu suchen, erwarten sie, dass beides ihnen mühelos in den Schoß fällt.

Die Armuts-Mentalität überwinden

Viele von uns fühlen sich spirituell verarmt. Gemäß Kongtrul Rinpoche kommt das daher, dass wir niemals aufhören, Komfort und Glück zu begehren. Solange diese Art der Armuts-Mentalität nicht überwunden ist, wird ein großer Teil unseres Geistes immer damit beschäftigt sein, persönlichen Komfort und persönliches Glück zu suchen, so dass es extrem schwierig wird, wirklich alles loszulassen. Selbst diejenigen, die sich als spirituelle Praktizierende präsentieren, schaffen es nicht, die notwendige übermenschliche Anstrengung zu unternehmen.

Das Problem hier ist, dass auf einer oberflächlichen, weltlichen Ebene alles spirituelle, insbesondere der Buddha-Dharma, als völlig nutzlos und totale Zeitverschwendung erscheint. Wir sind praktisch veranlagte Wesen, die gerne Häuser bauen, um sich wohl und glücklich zu fühlen. Die Anstrengung, einen Stupa ohne Schlafzimmer oder irgendwas Funktionales zu errichten, macht auf uns einen sehr verschwenderischen Eindruck. Aber wie Kongtrul Rinpoche aufzeigte, durch das Festhalten an einer noch so kleinen Vorstellung, dass weltliche Werte und Ideale auf irgendeine Art nützlich sind, macht es extrem schwer für jeden, der etwas anscheinend so Nutzloses wie eine spirituelle Praxis anpacken will. Dann wird es tatsächlich unmöglich, die Fesseln unserer Gewohnheiten zu durchschneiden, die uns an weltliche Werte binden, insbesondere wenn es sich um materiellen Wohlstand dreht.

Jigme Lingpa sagte, dass in degenerierten Zeiten der Reichtum des Dharma daran gemessen werden könnte, wie viele Schüler einem Meister folgen und daran, welchen Einfluss Klöster auf ihre Schüler haben. ‚Reichtum' wird aus authentischer Dharma-Perspektive komplett anders verstanden. Für einen Dharma-Praktizierenden ist Reichtum kein Gold, Silber oder ein gefülltes Bankkonto; Reichtum ist Zufriedenheit – das Gefühl, dass du genug hast und nicht mehr brauchst. Jigme Lingpa sagte weiterhin, dass die Entsagenden sich nicht notwendigerweise nach Reichtum verzehren, sondern nach Ruhm. Daher warnte er die Praktizierenden, dies sei noch schlimmer als die Gier nach Reichtum.

Sei begierig nach ‚edlem Reichtum'

Ob es nun weltlicher Reichtum oder der ‚edle Reichtum' des Dharma ist, nach dem wir uns sehnen, beide sind schwer zu erlangen. So hart wir auch für den weltlichen Reichtum arbeiten müssen, so viel härter müssen wir für den edlen Reichtum des Entsagungsgeistes, der liebenden Güte, der Hingabe und des Mitgefühls arbeiten, insbesondere in den frühen Stufen des spirituellen Pfades.

Kyabje Dilgo Khyentse Rinpoche sagte, dass Dharma-Praktizierende mit einer Sache niemals zufrieden sein sollten: mit der Menge der Dharma-Unterweisungen, die sie erhalten, studiert und praktiziert haben, denn der Reichtum des Dharma ist der einzige Reichtum, den zu besitzen es lohnt. Dies ist eine Wahrheit, die eine beeindruckende Anzahl früherer Meister, Heiliger und Gelehrter so gut verstanden haben, dass sie bereit waren, ihr Leben für ein einziges Wort des Dharma herzugeben. Sie wussten auch, dass wir beim Sterben zwar unseren Körper, unser Haus und unser Bankkonto zurücklassen müssen, aber dass es einen Reichtum gibt, den wir mitnehmen können: den Dharma.

Wenn du Geschmack am edlen Reichtum gefunden hast und ein bisschen davon ansammeln willst, musst du dich zunächst einem grundlegenden Training unterziehen. Eine echte Zuneigung zu einem spirituellen Pfad entsteht realistisch gesehen nur alle Jubeljahre einmal, was auf keinen Fall ausreicht, um deine spirituelle Zukunft abzusichern. Authentische, vom Herzen gefühlte Inspiration und Sehnsucht sind so selten, dass man vielleicht ein ganzes Leben darauf wartet, ohne es ein einziges Mal zu erfahren. Eine echte Abscheu und Abneigung für Samsara ist ebenso rar, und da diese wahrscheinlich nicht einfach so entstehen, muss man sie fabrizieren bzw. hervorbringen. Daher ist eine der ersten Aufgaben der Neulinge auf dem spirituellen Pfad, deine grundlegenden Annahmen zu ändern und anfangs etwas künstlich herzustellen.

Sich selbst vorzumachen, dass Samsara abstoßend ist, fühlt sich vielleicht zu Beginn schräg und unnatürlich an, aber wenn man seinen Geist immer und immer wieder mit dieser Wahrheit vertraut macht, wird sich allmählich eine echte Entsagung in unserem Geist entfalten. Das gilt auch für Hingabe, Vertrauen, Zufriedenheit oder Traurigkeit. Wenn man nur lang genug irgendeines solcher Gefühle fabriziert und hervorbringt, wird dieses automatisch echt werden. Daher müssen sich Anfänger zufrieden geben, den Hauptteil ihrer Praxis darauf zu begründen, sich selbst erst einmal etwas vorzumachen.

Höre und kontempliere den Dharma

Im *Uttaratantrashastra* preist der edle Maitreya die Weisheit über alles:

> Jemand, der auch bloß ein Wort davon gehört hat,
> und, da gehört, Vertrauen darin entwickelt,
> wird größere Tugend erreichen als andere in meditativer Stabilität,
> deren Dhyana das Feuer der Verblendung der drei Welten beseitigt
> und die Errungenschaft des göttlichen Zustandes des Paradieses von Brahma hervorbringt,
> selbst wenn sie als eine Methode praktiziert wird, die erhabene, unumstößliche Erleuchtung zu erlangen.
> Freigebigkeit bringt Wohlstand, rechtes Verhalten führt zu höheren Zuständen, meditative Stabilität beseitigt Verblendungen,
> aber Prajna (Weisheit) beseitigt alle Verblendungen, auch die, die Allwissenheit verschleiern.
> Daher ist Prajna das Exzellenteste: Ihre Ursache ist, etwas wie dieses zu studieren.[5]

5 Ken und Katia Holmes, The Changeless Nature: The Ultimate Mahayana Treatise on the Changeless Continuity of the True Nature, 2. revidierte Ausgabe; Karma Drubgyud Dargay Ling, Eskaldemuir, Schottland, 1985, Strophen 381f

Durch das Hören des Dharma beginnen wir die versteckten Fehler und die überraschende Zerbrechlichkeit von Samsara aufzudecken, das bisher so kompliziert und perfekt aufgebaut zu sein schien. Gleichzeitig mit dem Aufzeigen des wahren Gesichts von Samsara entdecken wir, dass Nirvana nicht so langweilig und unverständlich ist, wie zunächst angenommen. Ganz im Gegenteil wird die erstaunliche Stärke und Gebrauchsfähigkeit von Nirvana plötzlich völlig offensichtlich, und wir beginnen zwischen wertvollen und schädlichen Aktivitäten genauer zu unterscheiden.

Auch wenn das Hören des Dharma eine unverzichtbare Methode für diejenigen ist, die Befreiung erreichen wollen, ist es nicht einfach. Einem Strom von Worten zuzuhören ist das eine, aber das Gehörte vollständig zu verstehen ist etwas komplett anders und hängt ganz von unserem angesammelten Verdienst ab.

Praktiziere gemäß deinen Fähigkeiten

Meistens wird das, *was* wir praktizieren und *wie viel* wir praktizieren durch unsere Fähigkeiten, Arbeit, Familiensituation und die zur Verfügung stehende Zeit bestimmt – alles perfekt gültige Kriterien, da sie von Buddha selbst gebilligt wurden, wie zum Beispiel in der Geschichte des Dorf-Schlachters. Zu Buddhas Zeiten hatte er einem Schlachter erlaubt, ein Gelübde zu nehmen, nachts nicht zu töten, obwohl er ja tagsüber weiterhin tötete, um seinen Lebensunterhalt zu verdienen. Aufgrund dessen wurde der Schlachter in einer kurzlebigen Hölle wiedergeboren, wo er tagsüber unerträgliche Qualen erlitt, nachts aber grenzenlose Freude.

In dieser Geschichte erzählt uns Buddha, dass der Beruf des Mannes, der sein Leben durch das Töten von Tieren finanziert hat, ihn auch wie andere nicht davon abgehalten hat, ein spiritueller Praktizierender zu sein. Dennoch ist das weit verbreitetste Missverständnis innerhalb der Schülerschaft des Buddha-Dharma, dass man entweder ein zurückgezogener Yogi wie Milarepa sein müsste – der über Jahre hinweg jeden einzelnen und gesamten Tag praktizierte – oder ein zölibatärer Mönch. Wenn ein Schlachter ein Praktizierender sein kann, dann auch Soldaten, Fischer und Prostituierte. Tatsächlich kann jeder ein buddhistischer Praktizierender sein, denn ganz gleich, was deine Lebenssituation und deinen Lebensstil ausmacht, gibt es nichts, was dich von der Dharma-Praxis abhalten könnte. Auch wenn die meisten Leute nicht in der Lage sind, alles in den Unterweisungen Vorgeschlagene zu praktizieren, machen schon ein oder zwei übernommene Aktivitäten oder Einstellungen einen großen Unterschied in deinem Leben. Muss man also daher Mönch, Nonne oder Yogi werden, um ein Buddhist zu sein? Definitiv nicht!

Vielleicht braucht ein Aspekt der Geschichte des Schlachters etwas Erklärung. Es wäre ein Fehler anzunehmen, dass Buddha das Morden gebilligt hätte, als er den Schlachter bat, nachts nicht zu töten. Das war überhaupt nicht der Fall. Das Gelübde zu nehmen war einfach eine Stufe, die den Schlachter schließlich dahin bringen würde, nicht mehr für seinen Lebensunterhalt töten zu müssen. Tatsächlich sind alle buddhistischen Praktiken nicht das Ziel selbst, sondern Stufen auf dem Pfad zur Erleuchtung. So hat der Buddha zum Beispiel seinen Mönchen die Meditation über die Hässlichkeit gelehrt, welche Frauen auf ihre grundlegenden physischen Bestandteile wie Eiter, Blut, Fleisch, Pisse und Scheiße reduziert – aber nicht, um das Herabwürdigen von Frauen zu billigen, sondern um den Mönchen zu helfen, sich von ihrer Begierde zu lösen. Er versuchte damit sicher nicht, die Mönche zu Frauenhassern zu erziehen.

Der Buddha-Dharma ist im Allgemeinen sehr liberal, und es versteht sich von selbst, dass die ersten zaghaften Schritte auf dem buddhistischen Pfad natürlich nur so groß bzw. klein sind, wie es unsere Situation erlaubt. So sollte es sein. Es wäre eine Schande, wenn diejenigen, die sich zum Buddhismus hingezogen fühlen, sofort entmutigt würden, weil ihnen das Gefühl vermittelt wird, dass sie Mönch werden oder Hunderte von Gelübde nehmen müssten.

Gelübde

Als Anfänger ist es gut, damit zu beginnen, nur ein oder zwei Gelübde zu nehmen, von denen du sicher weißt, dass du sie halten kannst. Versuche beispielsweise das Gelübde zu nehmen, niemals einen Menschen zu töten. Das ist recht einfach, denn selbst für die Undiszipliniertesten unter uns ist es höchst unwahrscheinlich, eine Gewohnheit zu entwickeln, Menschen zu töten. Wenn du dieses Gelübde nicht nimmst – und obwohl es unwahrscheinlich ist, dass du das schlechte Karma eines Menschenmörders ansammeln wirst – verbaust du dir das Ansammeln von dem guten Karma, kein Menschenmörder zu sein. Aber sobald du das Gelübde genommen hast, wirst du in jedem Moment des Nicht-Tötens Verdienst ansammeln, sei es im Schlaf oder während des Surfens im Internet. Nimm daher zu Beginn ein einfaches Gelübde, um dann allmählich, während du Mut und Enthusiasmus entwickelst, mehr und mehr Gelübde zu nehmen, zum Beispiel stets gute Ratschläge zu geben oder niemanden zu verurteilen.

Erinnere dich immer, dass die buddhistische Praxis des Annehmens von Gelübden nicht ein Ziel, sondern eine Methode ist – eine der vielen, die der Buddha-Dharma bereitstellt. Solltest du diese Praxis ausüben? Auf jeden Fall! Dies wird sehr dringend anempfohlen, denn wie Sakya Pandita es ausdrückt, ist der Unterschied zwischen einem, der Gelübde genommen hat und anderen, die keine Gelübde haben, vergleichbar mit einem Landbesitzer, der sein Land kultiviert oder aber brach liegen lässt.

Befreiung von Täuschung und Verblendung

Der Buddha sagte im Vajracchedika Prajnaparamita, dem Diamantsutra:

> Wie ein Stern, eine Halluzination, eine Kerze,
> eine magische Täuschung, ein Tautropfen, eine Blase,
> ein Traum, ein Blitz oder eine Wolke,
> wisse, dass alle zusammengesetzten Phänomene gleichermaßen sind.[6]

Aus buddhistischer Sicht ist jeder Aspekt und jeder Moment deines Lebens eine Täuschung. Laut Buddha ist es wie das Sehen eines schwar-

6 www.rigpawiki.org/index.php?title=Diamond_Cutter_Sutra

zen Punktes am Himmel, bei dem man nichts erkennt, bis man sich dann intensiv darauf konzentriert und schließlich in der Lage ist, eine Vogelschar darin zu sehen; oder das Hörens eines perfekten Echos, das genauso klingt wie eine Person, die zu dir zurückruft. Leben ist nichts anderes als ein kontinuierlicher Strom von Sinnestäuschungen, von den mehr offensichtlichen wie Ruhm und Macht und den weniger leicht auszumachenden wie Tod, Nasenbluten und Kopfschmerzen. Tragischerweise glauben die meisten Leute was sie sehen, und daher kann die von Buddha aufgezeigte Wahrheit über die illusionsgleiche Natur des Lebens ziemlich schwer verdaulich sein.

Was passiert, nachdem wir erkennen, dass alles, was wir sehen und erfahren, eine Illusion ist? Und was bleibt übrig, sobald diese Täuschungen befreit sind? Von der Illusion befreit zu sein bedeutet, dass alle Begrenzungen, die durch unsere Fehlwahrnehmung hervorgerufen wurden, beseitigt sind und wir unsere Haltung vollständig transformiert haben. Also bedeutet ‚Befreiung', sich von der Verblendung zu befreien, sich die Illusionen als etwas Wirkliches vorzustellen. Der Kernpunkt ist aber, dass wir uns wünschen müssen, befreit und erleuchtet werden zu *wollen*. Und nur wenn wir ein echtes Sehnen nach Erleuchtung entwickeln, beginnen wir fast automatisch zu lernen, wie wir *nicht* im weltlichen Sinne ehrgeizig sein *sollten*. Solch ein Sehnen zu entwickeln ist nicht einfach. Es wäre jedoch im höchsten Maße sinnlos, sich ohne solch ein Sehnen ziellos auf den spirituellen Pfad zu begeben.

Millionen Menschen auf dieser Welt haben Interesse an irgendeiner Version von Meditation oder Yoga oder anderen sogenannten spirituellen Aktivitäten, die weit verbreitet vermarktet werden. Schaut man sich näher an, warum die Menschen solche Praktiken ausüben, zeigt sich ein Ziel, das wenig mit der Befreiung von Verblendung zu tun hat und viel mit ihrer Verzweiflung, sich von dem geschäftigen, unglücklichen Leben zu befreien und eine von Herzen kommende Sehnsucht nach einem gesunden, stressfreien, glücklichen Leben. All dies sind romantische Illusionen.

Wo finden wir nun die Wurzeln dieser Illusionen? Hauptsächlich in unseren gewohnheitsmäßigen Mustern und den damit verbundenen Handlungen. Natürlich kann sich keiner mit gesundem Verstand vorstellen, dass irgendjemand von uns freiwillig in einer Illusion leben möchte. Wir sind jedoch widersprüchliche Wesen und selbst wenn wir überzeugt sind, dass wir ein auf Selbsttäuschung aufgebautes Leben meiden wollen, halten wir doch weiterhin sehr an unseren Gewohnheiten fest, die die Ursache für unzählige Verblendungen sind. Daher ist es nicht verwunderlich, wenn die großen Meister der Vergangenheit gesagt haben, dass zwar alle frei von Leiden sein möchten, aber die meisten von uns es einfach nicht loslassen wollen. Und obwohl niemand leiden will, ist es uns fast unmöglich, uns nicht von Samsara angezogen zu fühlen.

Fortlaufende Existenz

Ein spiritueller Pfad ist nur für diejenigen wichtig, die die Vorstellung einer fortlaufenden Manifestation der Phänomene von vergangenen, gegenwärtigen und zukünftigen Leben akzeptieren können. Für diejenigen, die nicht in der Lage sind, dies zu glauben und dieser Wahrheit zu vertrauen, ist es sinnlos, einem solchen Pfad zu folgen.

Die Sutras vergleichen Wiedergeburt mit der Lehrer-Schüler-Beziehung. Ein Gesangslehrer lehrt Schülern das Singen. Seine Schüler lernen Techniken und können aus den direkten, erfahrungsbezogenen Ratschlägen der Lehrer Nutzen ziehen. Aber der Lehrer entfernt nicht einen Gesang aus seiner Kehle und setzt ihn seinem Schüler in den Mund. Gleichermaßen ist Wiedergeburt eine Kontinuität von allem, was wir gelernt haben, vergleichbar dem Anzünden einer Kerze mit einer anderen oder der Reflexion eines Gesichts im Spiegel.

Gäbe es keine fortlaufenden Existenzen, gäbe es also in anderen Worten keine Wiedergeburt und lebten wir nur einmal, hätten die Anhänger der New-Age-Spiritualität demnach recht, dass jeder – vom Berg-Yogi über den Kapuzenshirt-Träger aus der Bronx bis hin zum ehrgeizigen New Yorker Banker – beim Tod lediglich mit den Elementen eins werden würde. Welcher Sinn läge dann darin, den Dharma oder irgendeinen anderen spirituellen Pfad zu praktizieren? Warum sollte man überhaupt stundenlang auf dem Meditationskissen sitzen? Warum sollte man sich dann überhaupt beschränken, anstatt den guten Dingen der Welt nachzugeben? Warum all das verpassen?

Wir praktizieren den Dharma, damit wir diesen endlosen Kreislauf zyklischer Existenzen durchschneiden. Wenn dieser im Todesmoment automatisch durchschnitten werden würde, bräuchten wir uns nicht darum zu scheren, einem spirituellen Pfad zu folgen. Wir machen viel Aufhebens darum, dass Shakyamuni unter dem Bodhi-Baum ‚erleuchtet' wurde, gerade weil er es endlich geschafft hatte, die fortwährende Illusion von Geburt und Tod zu durchschneiden. Geschähe es ganz natürlich mit dem Tod und würde die zyklische Existenz in dem Moment durchschnitten werden, wenn der Arzt die lebensunterstützenden Geräte abstellt, was hielte uns dann davon ab, uns einfach jetzt umzubringen? Dennoch gibt es Abendländer, die sich selbst als Gelehrte oder Lehrer bezeichnen und dazu bekennen, Erleuchtung zu suchen, aber eben genau so etwas predigen. Folgten sie ihrer eigenen Argumentation bis zum logischen Schluss, müssten sie sich alle in diesem Moment in den Kopf schießen.

Wie auch immer, Karma und Wiedergeburt sind quasi Synonyme und beide sind schwer zu verstehen. Zunächst benötigt es ein Verständnis des buddhistischen Konzepts von Shunyata (Leerheit), wenigstens auf intellektueller Ebene.

Buddha-Natur: Entwickle die Gewissheit, dass selbst der schlimmste Schmutz weggewaschen werden kann

Diejenigen, die die sich auf den spirituellen Pfad begeben wollen, sollten versuchen, die starrsinnigen Verblendungen genau so zu betrachten, wie das gestrige Abwaschen. Zu Beginn ist es ein großer Stapel und sieht erschreckend solide und wirklich aus. Es ist ein Leichtes, in extreme Hoffnungslosigkeit zu verfallen, wenn du einfach nur über das bloße Ausmaß deiner Aufgabe nachdenkst und erkennst, wie außerordentlich unfähig du bist, damit umzugehen. Ganz gleich, wie permanent die Speisereste auf den Tellern und Bestecken festzementiert zu sein scheinen, erinnere dich immer wieder daran: Sobald etwas heißes Spülwasser dazugegeben wird, wird all der Schmutz weggewaschen und alles erscheint wieder sauber und glänzend. Anstatt also den Erscheinungen zu erlauben, dich zu überrollen, wird dir die Erinnerung daran, dass all der Schmutz beseitigbar ist, eine Gewissheit geben und der ganze Prozess des Verfolgens eines Pfades wird beinahe freudvoll.

Gefühle wie Aggression, Eifersucht und Stolz kommen und gehen, und obwohl all unsere emotionalen Zustände und durchlebte Leben illusionsgleich und vorübergehend sind, machen wir weiterhin den Fehler zu glauben, dass sie niemals endend und ewig seien. Und während wir so die Verblendungen nicht durchschauen, verpassen wir paradoxerweise das einzige dauerhafte Element, das kein Verfallsdatum hat: die Buddha-Natur. Wir erkennen sie einfach nicht, obwohl sie so nah ist, direkt vor unserer Nase. Stattdessen fixieren wir uns auf all das nicht wirklich Existierende, wie die Daseinsfaktoren, die eine Illusion eines ‚Selbst' erschaffen, so dass wir die Ursachen des Leidens und sogar das Leiden selbst als Glück missdeuten. Wir sind extrem geschickt darin, das Netz zu weben, das uns ans samsarische Leben bindet, aber machtlos, es wieder auseinanderzunehmen, selbst wenn wir wollten – aber wir wollen gar nicht.

Wir gehen zum Beispiel zur Schule, um uns für einen Job zu qualifizieren – nicht nur um unsere Rechnungen zu bezahlen, sondern auch, um unseren Glauben an die Stabilität unserer Existenz zu stärken. Wir schließen Freundschaften, nicht weil wir von Natur aus gesellig sind, sondern damit wir jemanden haben, der uns beschützt und tröstet, wenn wir uns unsicher und einsam fühlen. Wir verloben uns, damit unsere Beziehung sich eher solide anfühlt anstatt bloß Verabredung zu sein, und dann heiraten wir in der Hoffnung, uns dadurch noch sicherer zu fühlen. Das Sahnehäubchen besteht darin, Kinder zu haben, denn Kinder geben unserer Familie endlich das Gefühl, ewig zu sein.

Im weiteren Sinn verkaufen wir das Konzept der Demokratie als Methode, um Freiheit zu erlangen. In Wirklichkeit ist dies jedoch eine weitere Kette, welche uns an die desaströsen Entscheidungen der Leute fesselt, die wir in unserem Namen gewählt haben, um Macht auszuüben; Entscheidungen, die nicht nur unser Land unterminieren, sondern die verheerende Schäden in Bezug auf Wirtschaft und Umwelt in der restlichen Welt anrichten. Auf diese Weise ketten wir uns selbst an Samsara.

Achtsamkeit

DAS PROBLEM: ABLENKUNG

Viele von uns wissen, dass Aggression ein Problem ist, wie auch Stolz und Eifersucht, aber die Wahrheit ist, dass *alle Emotionen* auf die eine oder andere Art und Weise Probleme verursachen, wobei jede Emotion einen bestimmten Charakter hat: ‚Leidenschaft' ist zum Beispiel absolut verschieden von ‚Aggression'. Grundsätzlich jedoch entspringen alle Emotionen einer ursprünglichen Quelle: der Ablenkung. Was ist ‚Ablenkung'? Es ist offensichtlich nicht bloß der Klang einer angeworfenen Kettensäge oder plärrende Bollywood-Musik, die unsere Meditationspraxis unterbrechen kann. Auf einer tieferen Ebene beschreibt Ablenkung alle emotionalen Antworten, die uns auf eine falsche Fährte locken – zum Beispiel Hoffnung auf Lobpreis, Angst vor Vorwürfen, aber auch ihre subtilen Manifestationen wie high, abgelenkt, gedankenverloren oder aufgeregt zu sein.

DIE LÖSUNG: ACHTSAMKEIT

Da unser grundlegendes Problem die Ablenkung ist, ist unsere grundlegende Lösung: achtsam zu sein. Es gibt eine grenzenlose Vielzahl von Methoden, um Achtsamkeit zu entwickeln, die alle zu einer der beiden Kategorien von Shamatha und Vipashyana gehören. Der Sinn der Shamatha-Praxis ist es, den Geist flexibel zu machen. Aber ein lediglich geschmeidiger Geist wird Samsara nicht völlig ausrotten, daher müssen wir auch die Wahrheit sehen. Darum ist Vipashyana-Praxis so essentiell.

Unglücklicherweise ist Achtsamkeit aber schwierig – meistens, weil es uns an Enthusiasmus mangelt, sie zu entwickeln, aber auch weil unsere Gewohnheit, sich nach Ablenkung zu sehnen, so tief verwurzelt und beharrlich ist. Es ist daher für einen Dharma-Praktizierenden unabdingbar, Entsagungsgeist zu entwickeln und die Fehlerhaftigkeit von Samsara zu erkennen; diese beiden sind das Herzstück der buddhistischen Herangehensweise, den Geist zu trainieren.

Die Meister der Vergangenheit haben uns empfohlen, uns immer wieder an Folgendes zu erinnern: das unmittelbare Bevorstehen des Todes, die Nutzlosigkeit unserer weltlichen Aktivitäten, und die schlimmste aller Nachrichten: dass Leiden in Samsara endlos ist. Schaut euch um und ihr werdet erkennen, dass die Welt niemals aufhört, wie am Fließband immer und immer mehr das Gleiche hervorzubringen, und dass das Resultat unablässiger Schmerz und unerträgliches Leiden ist. Daher ist es keine Überraschung, wenn die großen Meister aufgezeigt haben, dass das Aufrechterhalten von Achtsamkeit für eine Zeitspanne wie die des Trinkens einer Tasse Tee mehr Verdienst ansammelt als Jahre der Übung in Freigebigkeit, Disziplin und Askese.

Disziplin, Meditation und Weisheit

Jamgön Kongtrul Lodrö Thaye schrieb, dass er die weitreichenden und grenzenlosen Aktivitäten eines Bodhisattva selbst zu vervollkommnen wünschte, ohne sich mit kriecherischen Dienern zu beschäftigen, oder Feinde zu unterwerfen oder die Last vieler Freundschaften tragen zu müssen. Und so betete er „Möge ich in Abgeschiedenheit verweilen und meinen Geist zähmen."

Das ‚Zähmen des Geistes', auf das sich Kongtrul Rinpoche bezieht, wurde in Buddha Shakyamunis Unterweisungen in die drei höheren Übungen – Disziplin, einsgerichtete Konzentration und Weisheit – kategorisiert: exzellente Methoden, um uns selbst gegen die fünf Pfeile von Mara zu schützen. Die Sutras erklären uns, dass Mara (eine Art ‚Teufel' im Buddhismus) ein trickreicher Charakter und hervorragender Bogenschütze sei. Um das Wandern in der Schussrichtung von einem dieser fünf Pfeile zu vermeiden, braucht es außerordentliche Anstrengung, denn jeder dieser fünf richtet sich auf eine unserer verletzlichen Stellen aus:

- Der erste Pfeil von Mara zielt auf diejenigen, die großen *Stolz* in Bezug auf ihre Errungenschaften, materielle oder spirituelle Reichtümer empfinden.
- Der Zweite zielt auf diejenigen, die *unwissend* sind, da sie keine Ahnung haben, welche Aktivitäten und Haltungen abgelegt oder angenommen werden müssen.
- Der Dritte zielt auf diejenigen mit *falschen Sichtweisen*, wie nicht an Ursache, Bedingung und Wirkung zu glauben.
- Der Vierte konzentriert sich auf diejenigen, deren *Vergesslichkeit* sie unaufhörlich von der Achtsamkeit ablenkt.
- Der Fünfte trifft diejenigen, die durch die acht weltlichen Dharmas *abgelenkt* sind.

Für Praktizierende ist es am besten, unsere Schwächen nicht öffentlich zu machen oder diese als Zielscheibe für Maras Pfeile zur Schau zu stellen. Wir müssen also lernen, uns selbst zu schützen, entweder durch das Tragen einer Rüstung oder indem wir uns geschickt verkleiden mit:

1. Disziplin, um unseren Emotionen zu widersprechen und sie zu beunruhigen,
2. Meditation, um unsere Emotionen zu unterwerfen, so dass sie im Moment ihrer Entstehung nicht außer Kontrolle geraten und
3. Weisheit, um alle Emotionen zu entwurzeln.

Das Üben in Disziplin klärt falsches Handeln und falsches Denken, das Üben in Meditation stabilisiert die rechte Sichtweise, die rechte Motivation und die rechte Handlung, und das Üben in Weisheit befreit uns von der Wurzel der Unwissenheit.

Untersuchten wir all die verschiedenen Emotionen, die im Geist einer Person an einem einzigen Tag entstehen, würden wir eine Ahnung bezüglich der unvorstellbaren Menge und Vielzahl von Emotionen haben, die man als fühlendes Wesen empfinden kann. Der Buddha hat uns ein Gegenmittel oder eine Übung für jede dieser Emotionen bereitgestellt. Für diejenigen, die dem Leiden entfliehen wollen, lehrte er das Shravakayana; für diejenigen, die den Extremen des samsarischen Lebens entfliehen sehnen, kein Interesse an Nirvana haben und stattdessen lieber wünschen, dass alle fühlende Wesen wahrhaft glücklich werden mögen, hat er das Bodhisattvayana gelehrt. Aber beide Fahrzeuge (Yanas) sind vollständige Pfade, die letztendlich zur Befreiung von Verblendung führen.

2

Die Ursachen- und Ergebnispfade

Wo und wann Buddha auch immer gelehrt hat, seine Zuhörerschaft bestand stets aus ganz verschiedenen Menschen mit ganz individuellen Kapazitäten, Vorlieben und Persönlichkeiten, so dass jeder die Unterweisungen recht unterschiedlich gehört und verstanden hat. Obwohl die verschiedenen Schulen und Traditionen, wie sie heutzutage im Buddha-Dharma existieren, nicht vom Buddha selbst ins Leben gerufen wurden, hat sich doch mit der Zeit eine Vielzahl von Fahrzeugen seiner Lehren entwickelt. Um all dies zu vereinfachen, begannen Gelehrte der Vergangenheit schließlich, diese Unterweisungen zu kategorisieren; eine ihrer Aufteilungen unterscheidet die Unterweisungen in zwei: den Ursachen- und den Ergebnispfad.

Der Ursachenpfad

Wie viel wir von Buddhas Unterweisungen verstehen hängt vollständig von unserer Einstellung und Fähigkeit ab, und für die Mehrheit von uns ist die Vorstellung des ‚Resultats' der Praxis schier unergründlich. Um uns und all diejenigen, die nur einen sehr vagen, intellektuellen Eindruck der Wirkung der spirituellen Praxis verkraften können, zu ermutigen, lehrte Buddha die von Ursachen gesteuerten Pfade wie Shravakayana, Prateykabuddhayana und Bodhisattvayana, die unsere Symptome diagnostizieren und die Anwendung der geeigneten Gegenmittel empfehlen.

Gemäß dem Shravaka- und Pratyekabuddhayana besteht die ‚Wahrheit des Leidens' darin, dass die gewöhnliche, samsarische Welt unrein ist und es daher für spirituelle Suchende vernünftig ist, zu versuchen, dieser Welt zu entfliehen. Zusätzlich lehrt das Bodhisattvayana, dass Samsara zwar auf relativer Ebene unvollkommen ist, aber auch, dass es auf absoluter Ebene von Natur aus leer ist. Anstatt also all die Energie auf das Vermeiden von Samsara zu verwenden, wird einem Bodhisattva geraten, sich auf Praktiken wie das anstrebende Bodhicitta zu konzentrieren, um jede Gelegenheit zu ergreifen, fühlenden Wesen zu helfen, selbst wenn dies impliziert, in die Tiefen des samsarischen Lebens einzutauchen, ganz wie ein Schwan, der in die schlammigen Tiefen des Lotos-Sees hinab taucht.

Der Ergebnispfad

Andere Praktizierende sind in der Lage, unvorstellbare Sichtweisen zu verstehen und an unglaubliche Wirklichkeiten zu glauben. Sie sind mutig und unverfroren und werfen sich selten vor, außerhalb von Schubladen zu denken und zu handeln. Für diese Menschen ist der Ergebnispfad viel angemessener, da er ergebnisorientierte Aktivitäten beinhaltet, wie das Abwaschen nach dem Frühstück.

Wenn wir unsere Müslischale jeden Tag waschen, haben wir ja schon gesehen, dass es ganz gleich ist, wie fest angetrocknet das Müsli zu sein scheint, es ist möglich, sie nach dem Essen wieder ganz sauber zu bekommen, allein schon aufgrund der Tatsache, dass sie ja vor dem Frühstück sauber war. Du bist dir daher sicher, dass der Schmutz vorübergehend ist und die grundlegend reine Schale nach dem Waschen wieder zum Vorschein kommt. Daher wird das Abwaschen als eine ergebnisorientierte Aktivität beschrieben.

Was bedeutet nun, ‚an unglaubliche Wirklichkeiten glauben'? Das *Heruka Galpo Tantra* fasst das fein säuberlich zusammen: Auf dem Ursachenpfad wird gesagt, dass die fühlenden Wesen das *Potential* besitzen, Buddha zu werden, auf dem Ergebnispfad *sind* sie bereits Buddhas. Stell dir dennoch deine Reaktion vor, wenn jemand insistiert, dass nicht nur du Buddha bist, sondern jedes andere fühlende Wesen auch. Würdest du dieser Person glauben? Falls ja, dann sei dir bewusst, dass deine Perspektive entweder naiv und New-Age-mäßig ist, oder im besten Fall gehst du davon aus, dass diese andere Person eine extrem reine Wahrnehmung hat, die aber etwas mager ist, um als ‚Glaube' akzeptiert zu werden. Tatsächlich ist es nur durch den Pfad des Vajrayana möglich, ein echtes Verständnis darüber zu entwickeln, dass wir alle Buddhas sind.

Der Pfad ist das Ziel

Die Praktizierenden des Ergebnispfades wenden theoretisch direkt von Anfang an Methoden an, die Ursache und Resultat vereinen – zumindest in ihrer Vorstellung. Hier bedeutet ‚Vorstellung', dass du schon ein Bild des Resultats der Erleuchtung hast, während du noch so erscheinst, als ob du an der Ursache deiner Erleuchtung arbeitest. Nimm das Kochen eines Eies als Beispiel: Ein gewöhnliches Ei sieht wie ein Ei aus, nicht wie ein Omelette. Aber wenn du die Absicht hast, Omelette zu machen, wirst du schon ein Bild davon im Geist haben, auch wenn ungekochte Eier überhaupt nicht wie ein Omelette aussehen. Aber weil du visualisiert hast, wie deine Eier nach dem Kochen aussehen sollen, wird das Resultat Omelette sein. Dies ist ein Beispiel dafür, wie das Resultat der Pfad ist damit eine Methode, die Ursache schneller zur Reife zu bringen.

Ein weiteres Beispiel ist Milch, die flüssig ist und gar nicht wie ein solides Butterpäckchen aussieht, wenn sie aber durch die sehr einfache aber dynamische Methode des Rührens transformiert wurde, hat sie zwar eine andere Form erhalten, ist aber immer noch Milch. Gleichermaßen sehen Wasser und Eis völlig verschieden aus, sind aber essentiell beide Wasser.

Eine der unzähligen Nutzen dieser Methode ist, dass sie den Schüler zur Praxis anspornt und ihm die Gewissheit vermittelt und das Verständnis erweckt, dass *der Pfad das Ziel ist*.

Was samsarische Wesen ankettet, kann sie auch befreien

In den tantrischen Texten wird uns gesagt, dass die diskursiven Gedanken nur durch diskursive Gedanken überwunden werden konnen, und dass zyklische Existenz nur von zyklischer Existenz auseinander genommen werden kann. Der großartige Saraha zeigte zudem auf, wie der Weise genau durch das befreit wird, was den Narren ankettet. Anhänger des Dharma, denen es an Offenheit und Mut fehlt, diese Wahrheit zu verstehen, werden einen umständlichen spirituellen Pfad vorfinden mit einer begrenzten Auswahl an Methoden und einer schwierigen, Reise voller Reue.

Mach dir jedoch gleichzeitig auch nicht vor, du hättest die höchsten Fähigkeiten und Möglichkeiten, mit denen du die außergewöhnlichen Vajrayana-Methoden ganz exklusiv anwenden kannst. Schon direkt zu Beginn haben uns die großen Meister der Vergangenheit immer wieder gewarnt, dass wir zwar danach streben sollten, den Ergebnispfad zu praktizieren, wir aber niemals denken sollten, wir stünden über den Ursachenpfaden von Shravakayana und Bodhisattvayana.

So zu praktizieren bringt enormen Nutzen. Andere zum Beispiel, die uns Shravakyana praktizieren sehen, werden vielleicht inspiriert, ebenso zu praktizieren und Werte wie Entsagung, Demut und Einfachheit in ihre Praxis zu integrieren. Durch die Bodhisattvayana-Praxis werden Mut und Mitgefühl innerlich gestärkt und wir vermeiden gleichzeitig die Nebenwirkung, aufgeblasen zu sein. Durch das Geheimhalten der Vajrayana-Praxis schützt du andere davor, vorschnell zu urteilen und empört über diese Methoden zu sein. So werden die nachfolgenden negativen Konsequenzen vermieden, die so oft dem Ruf des Tantra schaden.

Diejenigen, die noch nicht bereit sind für Tantra, aber sich selbst prahlerisch als tantrische Praktizierende darstellen, ruinieren nicht nur ihren eigenen spirituellen Pfad, sondern ersticken auch die Inspiration für andere im Keim. Auch wenn Menschen versuchen mögen, Gift als Medizin zu visualisieren, bevor sie es einnehmen, so werden sie doch sterben, wenn sie nicht die im Tibetischen sprichwörtliche Fähigkeit des Pfaus besitzen, Gift zu *transformieren*. Letztlich muss Buddha Shakyamuni doch seine guten Gründe gehabt haben, dass er als gelassen, Roben tragend und barfüßig in dieser Welt erschien, anstatt sich für die aufwendig geschmückte Sambhogakaya-Manifestation mit all den prachtvollen Palästen und großer Gefolgschaft zu entscheiden.

Den physischen Körper als Pfad nutzen

Der Pfad des Shravakayana-Praktizierenden ist sehr diszipliniert. Er lernt zum Beispiel seinen physischen Körper durch eine Reihe von Praktiken zu disziplinieren, so das Vermeiden von sexuellem Fehlverhalten, das Scheren seines Kopfes, beim Meditieren gerade sitzen und den Atem durch einsgerichtete Konzentration auf das Ein- und Ausatmen durch die Nasenlöcher zu kontrollieren.

Anhänger des Bodhisattva-Pfades nutzen ebenfalls den Körper, um Disziplin zu lernen, und zusätzlich benutzen sie ihn, um mitfühlende Aktivitäten auszuführen. Für einen Bodhisattva ist der Körper ein ziemlich nützliches Instrument, wenigstens für eine gewisse Zeit, obwohl seine Form, Elemente, Funktion und Bedürfnisse nicht als eine so unverzichtbare Praxismethode angesehen werden wie im Vajrayana. Tatsächlich betrachtet das Bodhisattvayana den Körper oft als Bürde. Wie Shantideva schrieb:

> Wenn Diener, die nicht zur Arbeit angetrieben werden können,
> nicht belohnt werden mit Speise und Kleidung,
> warum hältst du dann unter so großen Schmerzen
> diesen Körper aufrecht, der – obwohl er genährt wird – dich
> verlassen wird?
>
> Entlohne diesen Körper mit gebührendem Honorar,
> und stelle dann sicher, dass er für dich arbeitet.
> aber verschwende nicht alles
> auf etwas, das keinen perfekten Nutzen bringen wird.

Betrachte diesen Körper als ein Gefäß,
ein einfaches Boot, um von hier nach dort zu reisen.
Mach aus ihm ein Ding, das jeden Wunsch beantwortet,
um das Wohl der Wesen zu erreichen.[7]

Die Einstellung von Vajrayana-Praktizierenden zum physischen Körper ist ziemlich anderes als in den beiden anderen Yanas. Die Fahrzeuge des Ursachenpfades betrachten den Körper als etwas, in dem wir feststecken, wohingegen der Vajrayana ihn als unsere Unterstützung fördert, die am einfachsten zugänglich ist.

Die Weisheit und geschickten Mittel des Bodhisattvayana erlauben eine viel bessere Nutzung des physischen Körpers als die entsprechenden Methoden des Shravakayana. Von Bodhisattvas werden wunderbare Geschichten erzählt, wie ihre physischen Körper selbstlos dargebracht haben, um anderen zu helfen, wie der Mönch, der – obwohl er im Zölibat war – ein Mädchen befriedigte, weil sie völlig verrückt nach ihm war; oder die berühmte Geschichte über Buddha in einem seiner letzten Leben, bevor er Erleuchtung erreichte, als er freiwillig seinen eigenen Körper der hungernden Tigerin und ihren Kindern hingab, um deren Hunger zu stillen.

Der Körper wird nicht nur von den Vajrayana-Praktizierenden genutzt, um anderen zu dienen, er spielt auch eine bedeutende Rolle in der Meditationspraxis. Um zum Beispiel ihre Praxis zu bereichern, führen Praktizierende verschiedene Gesten (Mudras) aus, tanzen und begeben sich in sehr gewöhnliche Aktivitäten wie Essen und Trinken. Direkt von Anfang an wird den Vajrayana-Schülern erklärt, die Körper-Elemente und -Energien als Jnana (Weisheit) und Kaya (Gottheit) zu verstehen (Diese Begriffe werden später im Text noch erklärt werden). Zudem wird ihnen erklärt, dass die Grenzen zwischen Körper und Geist – wenn nicht gar nicht-existent – wirklich sehr minimal sind. Wenn man diesen unsichtbaren, unbegreiflichen, unerreichbaren, abstrakten

---

7 Padmakara Translation Goup, The Way of the Bodhisattva, überarbeitete 2. Ausgabe, (Shambhala Publications, Boston, 2008), Kap. 5, Strophen 68-70

Geist zähmen will, macht es daher Sinn, auch mit dem Körper zu arbeiten. Dies zu tun kann sehr hilfreich sein. Wenn du zum Beispiel niemals Kopfschmerzen hattest, aber wissen willst, wie es sich anfühlt, kannst du ihn dir vorstellen oder dir selbst einen Ziegelstein auf den Kopf hauen. Die erste Methode braucht eventuell einige Zeit zur Perfektion und es gibt keine Garantie, dass dein vorgestellter Kopfschmerz in irgendeiner Weise dem echten Kopfschmerz gleicht. Die zweite Methode wird jedoch ganz zweifelsfrei in eine sofortige und absolut authentische Kopfschmerzerfahrung münden.

Der ehrwürdige Buddha lehrte diese verschiedenen Pfade, um sicherzustellen, dass alle potentiellen Schüler Unterweisungen gemäß ihren eigenen Fähigkeiten finden können. Kein Pfad jedoch ist kostbarer oder höher als ein anderer. Die viel zu verbreitete Haltung von Mahayana- und Vajrayana-Schülern ist es, auf die Shravaka-Traditionen herabzuschauen. Dies ist eine abscheuliche Perspektive, da sie Buddhas eigene Worte herabwürdigt zu etwas Niedrigerem als andere Fahrzeuge. Wie kann ein von Buddha gesprochenes Wort jemals ‚höher' oder ‚niedriger' sein als ein anderes? Das geht nicht! Als Schüler des Buddha-Dharma müssen wir versuchen, *alle* Lehren des Buddha in die Praxis umzusetzen, ganz unabhängig von der Überlieferungslinie, der wir folgen.

Ein klassisches Beispiel ist ein Mann, der an Gelbsucht leidet und als Resultat seiner Krankheit eine weiße Muschel als gelb wahrnimmt. Eine Interpretation besteht darin, dass das, was der Mann sieht, eine weiße Muschel ist und ihm daher eine Medizin verschrieben werden muss, um sicher zu stellen, dass er Farben wieder korrekt sieht. Die Medizin wird in diesem Falle in Form von geschickten Mitteln vom Shravaka-, Pratyekabuddha- und Bodhisattvayana bereitgestellt.

Eine ziemlich andere Interpretation, die an diejenigen mit größeren Kapazitäten zum Verständnis gerichtet ist, wird vom Vajrayana angeboten. Die von dem Mann wahrgenommene Farbe der Muschel ist irrelevant, es geht vielmehr von Anfang an darum, dass man ihm die Wirklichkeit aufzeigt: dass nämlich die Muschel tatsächlich weiß ist. Selbst wenn er die Muschel weiterhin als gelb wahrnimmt, wird er sich von dem Punkt an immer daran erinnern, dass die Muschel inhärent weiß ist. Da in diesem Fall dem Schüler als allererstes erklärt wird, dass das Resultat ihrer Heilung das Sehen einer weißen statt einer gelben Muschel sein wird, spricht man vom Vajrayana als ‚Ergebnisfahrzeug'. Diese Herangehensweise verschafft vielen Schülern großartige Zuversicht und eine Leichtigkeit auf dem Pfad.

Trotzdem ist es nicht leicht, nachdem man sich über viele Lebzeiten hinweg eingeredet hat, dass die Muschel gelb sei, nun zu akzeptieren, dass dieselbe Muschel tatsächlich weiß ist. Wenn ich meine eigene Hand anschaue und diese krummen Knöchel, ungleichmäßigen Finger und abgenutzten Nägel sehe, weiß ich, dass dies das Ergebnis meiner Unwissenheit ist; und da ich an meiner eigenen Vorstellung eines ‚Selbst' festhalte, bin ich grundlegend ‚unwissend'. Wäre ich nicht unwissend, sähen meine Hände perfekt aus. Aber was ist denn eine ‚perfekte' Hand? Wäre es möglich, eine perfekte Hand zu beschreiben, sie vorzustellen und über sie zu reflektieren, dann wäre sie offensichtlich nicht perfekt. Daher ist der schwierigste Teil dieses Prozesses, uns selbst zu überzeugen, dass wir alle schon immer perfekte Buddhas waren.

Wir neigen dazu, nur das zu glauben, was wir sehen können. Und das, was wir sehen, wird immer durch unsere persönliche Wahrnehmung gefiltert. Nimm das Beispiel eines Mannes, der schon extrem paranoid in Bezug auf vorgestellte Probleme ist und der festen Überzeugung, dass er Geister als Mitbewohner in seinem Schrank leben hätte. Solch einer Person zu erzählen, dass die Geister ein Hirngespinst seiner Vorstellung sind, wird ihm überhaupt nicht helfen, denn er ist sich der Existenz der Geister sehr sicher. Eine weniger zeitraubende und viel effizientere Herangehensweise wäre es, auf geschickte Weise mit ihm übereinzustimmen, dass seine paranoide Verblendung gewissermaßen wirklich wäre und dann eine Methode anzubieten, diese Verblendung zu beseitigen, nämlich die Geisterjäger zu rufen!

Andere Leute sind in der Lage, die Dinge wie Regenbögen zu sehen, lebendig, ganz deutlich erkennbar, sie sind sich aber in Wirklichkeit bewusst, dass da eigentlich nichts ist. Solch einer Person erklärt das Vajrayana, dass das Gegenmittel kein Widerspruch, sondern identisch mit dem Problem selbst ist. Das steht ganz im Gegensatz zu unserer gewöhnlichen Denkweise: Wenn unser Problem schwarz ist, erwarten wir ein weißes Gegenmittel; wenn das Problem ein Bleistiftstrich ist, muss das Gegenmittel ein Radiergummi sei. Das kraftvollste Gegenmittel sieht jedoch oft genauso aus wie das Problem, das wir zu lösen versuchen. Wie in den tantrischen Texten erklärt wird, ist die beste Methode, Wasser aus deinen Ohren zu entfernen, es mit noch mehr Wasser heraus zu spülen.

3

Einführung in die Ngöndro-Praxis

‚Ngöndro‘: eine Fehlbezeichnung?

Unglücklicherweise ist die Bedeutung des Wortes *Ngöndro*, nämlich ‚Vorbereitung‘ etwas irreführend und wird oft missverstanden. Praktizierende nehmen an, dass ‚Vorbereitung‘ beinhalte, die Ngöndro-Praxis sei nicht viel mehr als eine Serie von Hindernissen, die man so schnell wie möglich aus dem Weg räumen müsse. Genauso wie wir nicht länger über das Alphabet nachdenken müssen, sobald wir lesen gelernt haben, so denken sie, sie könnten sich endlich in die ‚wirkliche‘ Praxis stürzen, sobald sie die Ngöndro-Ansammlungen abgeschlossen haben. So zu denken ist eine Schande, denn auch wenn es wahr ist, dass Ngöndro eine erforderliche Notwendigkeit für viele andere Praktiken ist, verlieren wir doch seine wahre Bedeutung und Sinn und Zweck aus den Augen, wenn wie sie unterbewerten.

Das Ngöndro ist eine Serie von Praktiken, in denen viel wiederholt wird. Es entwickelte sich ein Brauch, jedes einzelne Element wenigstens 100.000mal zu wiederholen und es gibt sehr viele spezifische Anweisungen darüber, wie jede einzelne Praxis ausgeführt werden soll, welche Substanzen und Ritualgegenstände versammelt werden müssen, und wie Opfergaben dargebracht werden. Ansammelnde Praktiken sind eine wichtige und nützliche Methode, insbesondere für so nachlässige und undisziplinierte Leute wie mich, für die ein vorgegebenes Ziel hilft, die Faulheit zu überwinden und schließlich etwas Sinnvolles zu erreichen. Genau deswegen wurden solche Ziele ursprünglich gesetzt. Als Praktizierende sollten wir bei dem Versuch, uns zu disziplinieren, jede zur Verfügung stehende Methode ausnutzen. Und für diejenigen, die in der Lage sind, im Retreat zu praktizieren, ist das Aufteilen des Tages in drei oder vier Sitzungen auch eine exzellente Methode.

Patrul Rinpoche erklärt uns, dass Ngöndro die Grundlage aller Vajrayana-Praxis ist und daher sogar noch wichtiger ist als alle sogenannten Hauptpraktiken. Wäre Ngöndro nur Eintrittskarte für bedeutsamere Praktiken, bräuchten sich große Meister nicht mehr darum zu kümmern, sobald sie die erforderlichen Ansammlungen abgeschlossen haben. Aber sie kümmern sich, wie ich persönlich bezeugen konnte, als ich mit Kyabje Dilgo Khyentse in seinen letzten Jahren Zeit verbringen konnte und ihn regelmäßig das Longchen Nyingthik Ngöndro praktizieren sah – allein diese Tatsache zeigt auf, wie unverzichtbar diese Praxis ist.

Vajrasattva, das Darbringen des Mandala und Guru Yoga sind Vajrayana-Methoden, während die Zufluchtnahme und das Erwecken von Bodhicitta normalerweise als Shravakayana- und Bodhisattvayana-Praktiken bezeichnet werden. Welche dieser Methoden haltet ihr für unnötig? Welche würdet ihr weglassen? Die Antwort lautet natürlich: keine. Jede Praxis ist gleichermaßen wichtig, denn Ngöndro bringt die Essenz aller Fahrzeuge auf den Punkt und beinhaltet alles, woran wir als Praktizierende arbeiten müssen, sowie alles, was auf dem spirituellen Pfad notwendig ist.

Die Struktur des Ngöndro

Zufluchtnahme ist die erste der vorbereitenden Übungen und zielt darauf ab, uns von dem falschen auf den richtigen Pfad zu bringen. Sobald wir sicher auf dem richtigen Pfad sind, können wir uns durch das Entwickeln von Bodhicitta selbst von den geringeren den größeren Pfaden zuwenden; Bodhicitta ist die Verkörperung des gesamten Bodhisattvayana-Pfades. Aber bevor wir den Dharma-Nektar in die Behälter unseres Körpers, unserer Sprache und unseres Geistes gießen, muss dieser

Behälter zunächst durch die Praxis gereinigt und gesäubert werden, bei der wir unseren Guru als Vajrasattva visualisieren. Um uns dann mit der Fähigkeit auszustatten, die Praxis zu verstehen und aufrechtzuerhalten, nicht zuletzt deshalb, weil wir sie nicht abschließen, müssen wir eine unvorstellbare Menge an Verdienst ansammeln: Daher bringen wir das Mandala dar. Und zum Schluss: Guru Yoga. Die einzige Möglichkeit, rasch Befreiung zu erreichen, besteht darin, die Natur des Geistes zu verwirklichen, und solch eine Verwirklichung kann nur durch den Geist selbst vervollkommnet werden. Unser Geist ist zurzeit sehr rigide, abgelenkt und verwirrt, daher brauchen wir Training. Aber allgemeinen Methoden zu folgen braucht Äonen und allein schon der notwendige Enthusiasmus, sich auf solch einen langen Pfad zu begeben, benötigt immense Anstrengung. Für diejenigen, die voller Ungeduld die Natur des Geistes in diesem Leben verwirklichen möchten, ist die einzige effektive und verfügbare Methode, den Segen des Guru zu erhalten – und daher praktizieren wir den tiefgründigsten aller Pfade, Guru Yoga.

Einige Ratschläge, bevor du anfängst

GEDULD: DU WIRST FEHLER MACHEN

Ich rate Praktizierenden und besonders Anfängern oft, dass niemand zuerst alles über das korrekte Praktizieren des Ngöndro lernen kann und *dann* mit der Praxis anfängt. Es ist nur möglich, alles einschließlich der korrekten Rituale zu kennen, sobald die Praxis abgeschlossen und vollständig durchgeführt ist. Ganz unausweichlich wirst du daher immer wieder Fehler machen, große und kleine, aber gerade durch diese Fehler lernst du. Kein Sprachschüler käme auf die Idee, zunächst das gesamte Vokabular und die Grammatik einer neuen Sprache zu lernen und dann sofort perfekt sprechen zu können. Wir eignen uns die Sprache beim Sprechen an, machen Fehler, stolpern hier und da über Worte und improvisieren. Irgendwann kommt jedoch alles zusammen und wir nehmen plötzlich wahr, dass wir fließend sprechen. Dharma-Praxis folgt einem ähnlichen Muster und das meiste lernen wir durch die Fehler – während wir praktizieren.

Behalte im Hinterkopf, dass es – angefangen mit dem Beginn der Praxis – ein langer und sehr mühevoller Weg ist, bis wir schließlich den ersten echten Geschmack von Dharma erfahren. Aber sobald du diesen ersten Geschmack erfahren hast, wirst du in jeder Situation praktizieren können, in allen Ecken der Welt und mit jeder nur vorstellbaren Person. Und du wirst dich nicht nur in dir selbst entspannen, sondern du wirst auch die anderen nicht mehr verurteilen, weil sie nicht ‚richtig' praktizieren.

FRAGEN STELLEN

Moderne Praktizierende verspüren den Drang, die detailliertesten Fragen immer und immer wieder zu stellen. Das ist jedoch nicht wirklich nötig, insbesondere, da die große Mehrheit der sogenannten Probleme der Praktizierenden eigentlich kaum Probleme darstellen. Lamas, denen es an Mut mangelt, fühlen sich unter Druck gesetzt, auf solche Fragen zu antworten und strengen sich sehr an, mit beeindruckend klingenden Antworten aufzuwarten. Deren Schüler schreiben pflichtbewusst jedes einzelne ihrer Worte nieder, um dann am nächsten Tag mit einem neuen Problem zurückzukehren, das fast genau so aussieht wie das vorige.

Das Wichtigste nach dem Erhalten von Unterweisungen ist es, zunächst über sie zu kontemplieren und sie dann in die Praxis umzusetzen. Fragen darüber, wann man essen solle oder ob man die Praxis besser morgens oder abends machen solle, müssen nicht zu Beginn jeder neuen Praxis gestellt werden. Heutzutage ist die Vielfragerei zu einer weiteren recht ausgeklügelten Form der Faulheit geworden. Es ist so, als ob man jemand anderes bittet, einem alles abzunehmen: deine Praxis, deine Fragen beantworten, die notwendigen Vorbereitungen treffen und alles reparieren, so dass für dich nur noch eine Sache übrig bleibt: Verwirklichung erfahren.

Falls jemand ein Ngöndro-Retreat machen will, sind die Anweisungen, wie man ein Ngöndro-Retreat macht, und wie man jeden einzelnen Ngöndro-Abschnitt praktiziert, genau die gleichen wie für die tägliche Praxis. Du brauchst also nicht mehr Informationen als das, was auf diesen Seiten zu finden ist.

DER ORT UND DIE ZEIT ZUM PRAKTIZIEREN

Es kommt nicht darauf an, *wo* du praktizierst, mach deswegen keinen großen Wirbel. Denn sonst läufst du Gefahr, all deine Zeit und Energie darauf zu verwenden, jedes kleinste Detail und die richtigen Bedingungen für die Praxis zu kreieren, so dass am Ende gar keine Zeit für die Praxis selbst bleibt.

Der große Longchenpa sagte, dass es relativ einfach ist, geistige Dumpfheit auf Bergspitzen zu beruhigen, wo dein Geist natürlich klarer ist. Wenn du also die Möglichkeit geboten bekommst, Zeit in den Bergen zu verbringen und zudem Unterweisungen über die Praxis von Visualisierung, Shamatha und Vipashyana erhalten hast, dann sind das die Praktiken, die du dort üben solltest. Er sagte auch, das Kontemplieren über die Vergänglichkeit sei an felsigen Orten besonders nutzbringend, da es uns hilft, ein Gefühl der Traurigkeit über die Leiden des samsarischen Lebens in unserem Geist entstehen zu lassen. Daher sind Höhlen gute Plätze, um Vipashyana und Shamatha zu meditieren. Am fließenden Wasser zu sitzen soll gut sein, um ein Gefühl von Dringlichkeit in Bezug auf die Praxis zu entwickeln, das zur Entsagung und zum Abscheu gegenüber Samsara anspornt. Auf einem Friedhof zu praktizieren bringt sehr schnell viel Segen und große Errungenschaften.

Wenn es für dich einfach ist, in einer Höhle, oder an einem Fluss oder auf einem Friedhof zu meditieren, folge auf jeden Fall Longchenpas Ratschlag. Wenn dir das aber nicht möglich ist, dann verschwende deine Zeit nicht mit dem Versuch. Die wichtigste Voraussetzung für die Dharma-Praxis ist vollständige Isolation. Wenn wir nämlich alleine sind, werden wir weniger abgelenkt und schaffen so die perfekten Bedingungen, damit Traurigkeit in unserem Geist entstehen kann. Für diejenigen, die wissen, wie man mit ihr umgeht, ist Traurigkeit ein fruchtbarer Boden, aus dem viele verschiedene nützliche Gedanken ohne große Anstrengung sprießen können. Jigme Lingpa beschrieb die Traurigkeit als eine der unschätzbarsten Arten von edlen Reichtümern und in den Sutras pries Buddha die Traurigkeit als Wegbereiterin für alle nachfolgenden guten Qualitäten.

Mit Traurigkeit entstehen auch Vertrauen und Hingabe, und wenn diese ausgereift sind, lassen sie die Praxis von Shamatha und Vipashyana nahezu mühelos werden. Die Shamatha-Praxis stellt sicher, dass der Geist geschmeidig und umgänglich wird, und ein flexibler Geist erleichtert die Vervollkommnung von Vipashyana. Wie der Buddha bei einer Versammlung von Mönchen im Rahmen seiner Vinaya-Unterweisungen lehrte, hilft uns Disziplin, Samadhi aufrechtzuerhalten, das Vertrautsein mit Samadhi verlängert unsere Phasen der Gelassenheit, und Gelassenheit ist letztlich nichts anderes als Weisheit. Wenn wir Weisheit verwirklicht haben, sind wir nicht mehr unter der Kontrolle von Begierde, Hass und Unwissenheit, sondern in der Lage, alle Phänomene so wahrzunehmen, wie sie wirklich sind.

Heutzutage jedoch kann es extrem schwierig sein, die Zeit zu finden, völlig allein zu praktizieren, insbesondere für diejenigen mit Familien, und so wird es zum unvorstellbaren Luxus, den idealen Ort zu organisieren. Halte die Dinge einfach und sei täglich für ein bis zwei Stunden völlig allein. Jigme Lingpa sagte, das größte Verdienst bestehe darin, allein sein zu können und ausschließlich den Dharma zu praktizieren. Selbst das Darbringen der gesamten Welt mit allem, was darin enthalten ist, entspräche nicht dem Verdienst der Möglichkeit, in Einsamkeit zu praktizieren. Er fügte zudem hinzu, dass man die Fehlerhaftigkeit von Samsara und den Nutzen von Nirvana nur in der Einsamkeit erkennen könne. Bete daher aus der Tiefe deines Herzens, dass du eines Tages eine solche Möglichkeit antreffen kannst.

Ein weiterer sehr guter Grund für das Alleinsein ist, dass es sehr selten ist, vorurteilsfreie Menschen zu treffen, die im Einklang mit dem Dharma sind und keinen Neid hegen.

Wenn wir noch immer Schwierigkeiten haben, die Möglichkeit und die richtigen Bedingungen für ein zurückgezogenes Leben zu führen, sollten wir zumindest versuchen, unseren Geist von der Verwirrung zu trennen. Kongtrul Rinpoche sagte, dass von allen Erfahrungen der Isolation die Trennung des Geistes von der Verwirrung das erhabene Retreat ist, die erhabene Einsamkeit, der erhabenste Rückzugsort. Wenn du dich also in einer Gruppe wieder findest, sei es auf einer Party oder bei einem Fußballspiel, versuche für ein paar wenige Momente nicht in dem verwickelt zu sein, was um dich herum passiert.

DU *SOLLTEST* FRUSTRIERT SEIN

Die Dharma-Praxis ist notwendigerweise ein frustrierendes Geschäft. Praktizierende, insbesondere Anfänger, verstehen oft nicht, dass Frustrationen Wegweiser unseres Erfolgs sind. Ein verärgernder Mangel an Konzentration, Hingabe oder Inspiration ist vielleicht genau das, was du brauchst, um eine zusätzliche Anstrengung zu unternehmen, völlig in deiner Praxis aufzugehen!

Anderseits kann es dich auch in eine ganze andere Richtung treiben, so dass du ganz mit deiner Praxis aufhörst – eine Versuchung, der du um jeden Preis widerstehen solltest. Erinnere dich immer, dass die Frustration mit deiner spirituellen Praxis oft ein Anzeichen dafür ist, dass du gerade auf dem Weg bist, ein authentischer Dharma-Praktizierender zu werden.

GUTE TAGE, SCHLECHTE TAGE

Der Charakter unser Praxis wird sich verändern, je nach dem ob wir im Retreat sind oder im täglichen Leben praktizieren. Da die menschliche Verfassung unumstößlich mit dem dauernden Wandel der Elemente verbunden ist, die das Universum ausmachen, könnte man sagen, dass Menschen kaum mehr als ein Nebenprodukt dieser Interaktionen sind. Daher verändern sich unsere körperliche Verfassung und unser Geist unaufhörlich: An einem Tag ist die Meditation inspirierend und ermutigend, weil wir uns einfach konzentrieren und klar visualisieren können, am nächsten Tag jedoch ist es eine dumpfe, frustrierende Katastrophe. Aber wir sollten unsere Erwartungen an die Praxis nicht durch solcherlei Erfahrungen bestimmen lassen.

Wenn die Praxis gut läuft, versuch nicht zu aufgeregt darüber zu sein oder diese Konzentrationsebene als Maßstab für alle zukünftige Praxis anzusetzen. Tsele Natsok Rangdröl sagte, Dharma-Praktizierende sollten nicht sein wie ein Mädchen, welches sich auf einem mit Spielzeug überfüllten Spielplatz so begeistert, dass es unfähig wird, sich eines zum

Spielen herauszusuchen und somit am Ende gar nichts tut. Wenn deine Praxis schlecht läuft, lass das deine Entschlossenheit nicht schwächen oder zerfressen. Jigme Lingpas Ratschlag ist, die plötzlichen schlechten Umstände oder Hindernisse als mitfühlenden Segen des Guru und des Dharma sowie als Ergebnis unserer Praxis zu verstehen.

Unser Leben wird durch Praxis aufgewühlt werden. Wir ziehen vielleicht sogar ebenso Hindernisse an, wie Buddha Shakyamuni den Zorn Maras wenige Stunden vor dem Erreichen der Erleuchtung anzog. Schwierigkeiten sind daher ein Zeichen, dass deine Praxis funktioniert und daher sollten sie dich glücklich machen.

Der Schlüssel liegt in der Stetigkeit. Oft überdosieren Praktizierende ihre Praxis in einem Inspirationshoch und fühlen sich dann zutiefst frustriert, wenn sie keine besonderen Träume erfahren, sich nicht richtig konzentrieren oder ihre Laune nicht kontrollieren können. Weil sie sich so mit der Praxis übernommen haben, pausieren sie für ein paar Monate, und wenn sie dann irgendwann zu ihr zurückkommen, bemerken sie, dass sie wieder von vorne anfangen müssen. Auf diese Art und Weise stellt sich der Fortschritt nur sehr langsam ein. Eine viel bessere Herangehensweise ist die einer Schildkröte. Jeder einzelne Schritt scheint ewig zu dauern, aber ganz gleich, wie wenig inspiriert du dich fühlst, folge deinem Praxis-Zeitplan sehr präzise und stetig. So können wir unseren größten Feind – die Gewohnheit – gegen sich selbst anwenden. Die Gewohnheit hängt so fest an uns wie ein festgesaugter Blutegel, der immer rigider und starrköpfiger wird, und selbst wenn wir ihn wegschnippen können, bleibt dann doch eine juckende Erinnerung an seine Existenz zurück. Wenn wir uns jedoch mit regelmäßiger Dharma-Praxis vertraut machen, wenden wir unseren Feind gegen sich selbst an, indem wir den schlechten Gewohnheiten mit den guten Gewohnheiten der Praxis begegnen. Und wie Shantideva aufgezeigt hat: „Nichts ist schwierig, wenn man sich daran gewöhnt hat."

UNTERSTÜTZUNG DER PRAXIS

Wenn du deine eigene Wohnung hast, wäre es sicher eine gute Idee, einen Schrein aufzubauen, und obwohl dieser nicht sehr komplex sein muss, sollte er stets eine Statue oder ein Bild von Buddha Shakyamuni aufweisen. Wie Nagarjuna in seinem *Brief an einen Freund* erwähnt hat, sollte selbst ein hölzernes Abbild eines Tathagata wie der Tathagata selbst angesehen werden. Auch Longchenpa stimmte dem zu. Er sagte, alle Abbilder des Buddha sollten als Manifestation des Buddha angesehen werden. Die bloße Tatsache, dass eine Statue in der Form eines Buddha angefertigt wurde, bedeutet, dass sie automatisch von ihm gesegnet und damit kostbar und kein lebloses Objekt ist. Oft füllen jedoch die Vajrayana-Schüler ihren Schrein mit Bildern von Vajrayana-Gottheiten an und lassen den Buddha völlig weg, wodurch es schwer fällt einzuschätzen, ob sie überhaupt Buddhisten sind. Während du Ngöndro praktizierst, hilft es dir vielleicht, eine Repräsentation des Verdienstfeldes gemäß deiner Praxis in Form eines Thangka aufzuhängen, gemalt oder gezeichnet. Erinnere dich daran, dass der Sinn und Zweck eines Schreins darin besteht, deine Praxis zu unterstützen, und dich an Buddha, Dharma, Sangha und die Achtsamkeit zu erinnern.

Schreine sollten inspirierend und sauber sei, nicht wie ein Kaminsims, auf dem sich der Müll gestapelt hat, von dem man nicht weiß wohin damit. Photos von Lamas können inspirieren, aber stell sicher, dass du damit nicht wie mit einer Gedenktafel oder einem Zertifikat protzt oder mit deiner Verbindung zum Lama angibst.

Buddha sagte, dass er in der Zukunft als Schrift auf Papier erscheinen wird, daher sollten wir immer unsere Hände waschen, wenn wir mit heiligen Texten umgehen. Wir sollten auch den Repräsentationen von Buddha stets den größten Respekt erweisen, seien sie nah oder fern, oben oder unten. Und eine exzellente Methode, um sich selbst zu disziplinieren, ist es achtsam zu sein, indem man nicht über heilige Objekte wie Dharma-Texte oder Mönchsroben schreitet. Dies ist eine Gewohnheit, die indische Musiker vor Jahrtausenden entwickelten. Sie verehren ihre Instrumente, bieten ihnen ihre Ehrerbietung dar und würden daher niemals auf die Idee kommen, über sie zu steigen.

Dharma-Texte werden heutzutage oft minderwertig kopiert. Trotzdem haben die Worte, die dort auf diesen schmuddeligen Papieren erscheinen, die Kraft, uns von Verblendung zu befreien. Und indem wir uns anstrengen, nicht über sie zu steigen, sammeln wir eine große Menge Verdienst an. Als Resultat davon werden wir beim nächsten Lesen eines Dharma-Texts merken, dass wir die Worte des Buddhas noch klarer verstehen. Wenn du auf diese Weise das Verdienst deiner Aktivitäten der Erleuchtung aller fühlenden Wesen widmest, füge immer hinzu „Mögen alle Dharma-Praktizierenden niemals auf ihre Dharma-Bücher treten." Das braucht vielleicht ein gewisses Maß an Neu-Konditionierung, aber es ist eine gute Gewohnheit, wir sollten sie annehmen.

4

Spirituelles Aufwärmen

Es ist vielleicht schwer zu akzeptieren, aber genau jetzt, in diesem Moment, ist der perfekte Zeitpunkt, um mit der Praxis zu beginnen, ganz ungeachtet der vielen guten oder schlechten Gründe, warum man die Praxis aufzuschieben versucht. Vielleicht möchtest du lieber warten, bis du weniger mit Arbeit beschäftigt bist, aber das Leben wird niemals störungsfrei sein und wenn wir auf ruhigere Zeiten warten, wird das lediglich sicher stellen, dass du niemals auch nur den ersten Schritt machen wirst. Ganz gleich wie turbulent dein Leben heute, in diesem Moment ist, dies ist genau der beste Zeitpunkt für dich, um mit der Praxis anzufangen. Hier sind einige Tipps und Rezepte, die dich dabei unterstützen können, einen Anfang zu machen:

Die vier Haltungen eines Praktizierenden

Die Entwicklung dieser vier Haltungen wird dringend empfohlen, auch wenn es nur auf der Ebene des Wünschens ist, da sie uns helfen, die Fallstricke zurecht zu stutzen, in denen man sich sonst so leicht im Rahmen der komplexen samsarischen Fallen verstrickt.

1. DIE HALTUNG EINES VERWUNDETEN REHS

So wie ein verwundetes Reh zur Heilung die Einsamkeit sucht, finde auch du einen einsamen Fleck, an dem du Zeit und Raum zum Praktizieren hast.

2. DIE HALTUNG EINES LÖWEN

Sei so mutig wie ein Löwe und kümmere dich überhaupt nicht um schwierige Situationen oder schlechte Nachrichten, die – wenn sie dich ablenken und absorbieren – nur zu noch viel ernsteren zukünftigen Problemen führen.

3. DIE HALTUNG DES WINDES

Der Wind unterscheidet nicht, wohin er weht. Versuche auf gleiche Weise nicht die guten Umstände herbeizurufen oder die schlechten zu vermeiden.

4. DIE HALTUNG DES VERRÜCKTEN

Hege wie eine verrückte Person weder Vorliebe noch Abneigung gegenüber irgendeinem der vier weltlichen Dharmas; kümmere dich zum Beispiel nicht um Lob oder Kritik.

Der Sakyapa Jetsün Rinpoche Drakpa Gyaltsen sagte, solange wir an unserem Besitz, unserem Haus und unserer Familie festhalten, werden wir noch nicht einmal versuchen können, uns aus Samsara heraus zu ziehen. Daher sollten wir beginnen, Freigebigkeit und Disziplin zu praktizieren.

Sobald wir aus der samsarischen Falle geflüchtet sind, ist es unerlässlich, nicht wieder dahin zurück zu fallen. Oft verlieren Bodhisattvas jedoch den Mut, da die unzähligen fühlenden Wesen, die sie antreffen, so erschöpfend sind und der ganze Prozess so entmutigend. Zum Wohle anderer zu arbeiten kann sich anfühlen, als würde man alleine und nackt durch einen riesigen Ozean schwimmen und der bloße Schimmer des weit entfernten Horizontes kann sehr entmutigend und schrecklich deprimierend sein. Wenn dies geschieht, wird ein Bodhisattva viel länger als notwendig brauchen, die tugendhafteren Qualitäten von Hingabe, Entsagung und Unabgelenktheit zu entwickeln, und deshalb müssen wir Geduld und freudigen Eifer praktizieren.

Und selbst wenn schließlich alle Hindernisse überwunden sind, können wir immer noch alles zunichte machen, wenn wir unseren Geist von Unwissenheit und Ablenkung dominieren lassen, daher praktizieren wir Samadhi und Weisheit.

Die drei edlen Prinzipien

Die drei edlen Prinzipien sind sowohl für Praktizierende des Bodhisattvayana und des Vajrayana unerlässlich.

1. BODHICITTA ENTWICKELN

Ganz gleich, welche Dharma-Praxis du ausübst, vom Ngöndro bis zum Darbringen einer einzelnen Kerze, mache es immer mit der Absicht, dass deine Praxis allen fühlenden Wesen nutzen wird. In diesem Kontext bedeutet ‚Nutzen' nicht nur das Gewähren praktischer Hilfe, wie die Gaben von Speisen oder Medizin, oder aber die Emotionen, Egos und Verblendung der Leute füttern. Hier beinhaltet ‚Nutzen' den Wunsch, sich für die Erleuchtung aller fühlender Wesen einzusetzen. Ohne solch einen Wunsch kann Dharma-Praxis ganz leicht eigennützig werden. Es ist immer wichtig, im Hinterkopf zu behalten, dass wir die Praxis zum Wohle aller fühlenden Wesen ausüben, und wie die enorme Tragweite dieses Wunsches die Dharma-Praxis sowohl extrem kraftvoll als auch unerschöpflich macht und quasi gewährleistet, dass das Resultat unendlich nützlich sein wird.

2. WENDE DAS GEWAHRSEIN DER NICHT-DUALITÄT AN

Während wir praktizieren oder Dharma-Aktivitäten ausüben, müssen wir uns immer gewahr sein, dass alles, was wir tun, illusionsgleich ist – oder wenigstens versuchen, diesen Gedanken in unserem Geist zu erwecken. Wenn wir uns ins Fleisch zwicken, sagt uns unser Gehirn, dass wir Schmerzen fühlen. Der Schmerz wird sich real anfühlen, da wir im fast unlösbaren festen Griff der Vorstellung stecken, dass die Phänomene sowohl solide als auch wirklich existent seien. Wir sollten daher versuchen, uns mit der Vorstellung vertraut zu machen, dass alles, was wir sehen, tun oder denken, eine von unserem Geist geschaffene Interpretation ist; dies ist bereits für sich genommen ein wichtiger Schritt in

Richtung der Praxis von Nicht-Dualität. Uns damit ‚vertraut machen' bedeutet, uns immer und immer wieder daran zu erinnern. Wenn zum Beispiel beim Ansammeln der Verbeugungen deine Knie anfangen zu schmerzen, dann erinnere dich daran, dass das ‚Ich' in ‚Ich mache Verbeugungen' und das ‚meine' in ‚meine Knie schmerzen' lediglich vom Geist geschaffene Illusionen sind. Indem du dich erinnerst, dass alles, was du erfährst, vom Geist erschaffen wurde, ist das ein direktes Gegenmittel gegen Stolz und Ego, und sobald es zu deiner zweiten Natur geworden ist, wirst du nicht länger an deinen Dharma-Aktivitäten festhalten. Das bedeutet jedoch nicht, dass du nicht mehr praktizieren würdest. Ganz im Gegenteil: Genauso wie jemand, der fast verdurstet wäre, sich nicht zurückhalten kann, große Schlucke Wasser zu sich zu nehmen, so kannst auch du nur noch an den Dharma denken, sobald du einmal erkannt hast, wie alles eine Illusion ist. Natürlich ist der Dharma das Gegenmittel gegen das Ego, aber für diejenigen, die stolz darauf sind, gute Praktizierende zu sein, werden die Dharma-Aktivitäten bloß zu einer weiteren Methode, ihre Egos aufzublasen. Daher ist es sehr wichtig, uns zu erinnern, dass wirklich alles, was wir erfahren, lediglich ein Produkt des Geistes ist; selbst wenn wir das nur für fünf Minuten am Tag tun.

Die klassische Frage, die hier oft gestellt wird, ist: „Wenn alles, was ich erfahre, ein Produkt meines Geistes ist, gibt es dann überhaupt so etwas wie ‚Verdienst anzusammeln'?" In diesem Kontext ist das Konzept, dass Verdienst entweder existiert oder nicht existiert, einfach nur ein weiteres Konstrukt des Geistes.

Zunächst mag es schwierig sein, bei jeder Handlung die Motivation von Bodhicitta zu entwickeln und Nicht-Dualität zu erinnern. Es ist auch unwahrscheinlich, dass du sofort in der Lage sein wirst, eine ganze Stunde am Tag über Leerheit zu meditieren. Beginne stattdessen damit, dich zu erinnern, dass alles, was du siehst oder erfährst bloß das Produkt deiner eigenen Wahrnehmung ist. Wie einfach deine Dharma-Aktivität auch sein mag – wie zum Beispiel deinem Lehrer eine Blume darzubringen – erinnere dich daran, dass selbst wenn man durch das Darbringen von Blumen Verdienst ansammelt, in Wirklichkeit das Ansammeln des Verdienstes auch nur vom Geiste erschaffen ist. Mache dich zu jeder Gelegenheit mit dem Gedanken vertraut, dass alles, was du erfährst, ein Produkt des Geistes ist und es keine wirklich existierende ‚heilige' Aktivität gibt.

Diese Erkenntnisse haben eine tiefe Wirkung auf die Art und Weise, wie du funktionierst, besonders weil sie dich von den verblendeten Konsequenzen wie Stolz und Eifersucht befreien. Und wenn dein Lehrer die von dir dargebrachte Blume auf den Boden schmeißt ohne sie angeschaut zu haben, wird dich das überhaupt nicht kümmern.

3. WIDME

Schließe deine Praxis immer damit ab, jeden angesammelten Verdienst nicht nur deinem eigenen Wohlbefinden, sondern auch dem Nutzen und der Erleuchtung aller fühlenden Wesen zu widmen. Und du musst dafür nicht bis zum Ende deiner Praxis-Sitzung warten; du kannst jederzeit widmen, zum Beispiel nach jeder einzelnen Verbeugung, damit du sicher bist, dass sie nicht verloren geht. Du kannst auch den Verdienst widmen, den du in all deinen letzten Leben zu widmen vergessen hattest, indem du zum Beispiel so etwas wie dies sagst:

> Ich widme all das gerade angesammelte Verdienst,
> all das Verdienst, an dessen Ansammeln in meinen vergangen
> Leben ich mich nicht erinnern kann,
> all das Verdienst, das ich in der Zukunft ansammeln werde,
> zum Wohle und der Erleuchtung aller fühlenden Wesen.

Ganz gleich, wie erfahren du als Dharma-Praktizierender bist, es ist ausschlaggebend zu erinnern, dass diese drei Prinzipien die einzigen, verlässlichen Möglichkeiten sind, damit all deine Handlungen – nicht nur die formale Praxis – nützlich für dich selbst und andere wird.

Sei ehrgeizig in Bezug auf den Umfang deiner Motivation, die du entwickelst. Gib dich nicht mit bloßer Güte zufrieden, wenn nicht weniger als der voll entwickelte Bodhicitta-Geist benötigt wird. Kyabje

Dudjom Rinpoche sagte, dass Dharma-Praxis nicht wirklich schwierig ist, es ist alles eine Frage der Motivation. Vergiss daher nie, die Motivation zu entwickeln, alle fühlenden Wesen zur vollständigen Erleuchtung bringen zu wollen. Und je edelmütiger deine Motivation, desto mehr Verdienst wirst du ansammeln, selbst wenn du lediglich eine Kerze anzündest.

- Wenn du eine Kerze bloß als Schmück für das Wohnzimmer anzündest, ist deine Motivation die einer gewöhnlichen Person.
- Wenn du sie mit dem Wunsch anzündest, Verdienst anzusammeln und schließlich Samsara zu zerstören, hast du die gleiche Einstellung, die die Sharavakayana-Praktizierenden kultiviert haben.
- Eine Kerze mit dem Wunsch anzuzünden, dass jeglicher Verdienst der Erleuchtung aller fühlenden Wesen gewidmet sein möge, entspricht der Einstellung eines Bodhisattvayana-Praktizierenden.
- Eine Kerze als das Licht der Weisheit anzusehen, das alle fühlenden Wesen erleuchtet, mit dem Wunsch, dass alles, was von diesem Licht berührt wird, zum Mandala wird, ist die Einstellung eines tantrischen Praktizierenden.

Meistens können wir uns jedoch nicht an diese Kernanweisungen erinnern, und wenn wir uns doch erinnern, wird die praktische Umsetzung oft unnötig verkompliziert. Ich habe von vielen Praktizierenden gehört, dass sie in längere Retreats gehen, dem Lehrer riesige Geschenke machen oder andere grandiosen Gesten machen wollen, die auf einem Schlag eine große Menge Verdienst ansammeln. In der Praxis haben sie weder die Zeit noch die Möglichkeiten, irgendetwas anderes zu machen. Und ironischerweise sind solche Gesten nicht wirklich nötig. Das einzige, was jeder von uns tun braucht, um einen unermesslichen Schatz an Verdienst anzusammeln, ist jede Handlung mit der Bodhicitta-Motivation zu versiegeln. Wenn du dann deinem Lehrer eine einzelne Blume darbringst, und denkst: „Möge dieses Darbringen letztendlich allen fühlenden Wesen nutzen“ wirst du unermessliches Verdienst ansammeln. Die Widmung ist daher eine extrem einfache, aber dennoch ebenso kraftvolle Methode für das Ansammeln von Verdienst. Leider betrachten die meisten Praktizierenden die Widmung als eine zu bedeutungslose und nicht sehr bemerkenswerte Praxis, was wiederum ihren Mangel an Verdienst offenbart, die tiefgründige Wirkung des Widmens von Verdienstes zu verstehen.

Dies sind also die drei edlen Prinzipien. Wenn du dich daran erinnern kannst, diese in deinen täglichen Aktivitäten anzuwenden, wirst du schnell ein großartiger Dharma-Praktizierender werden.

Durchtrenne die Gedankenkette

Es ist gut, nicht in eine Praxissitzung einzutauchen, ohne vorher die Gedankenkette durchtrennt zu haben. Stell dir vor, du streitest direkt vor der Praxis mit deiner Verlobten; solange dein Geist noch mit Gedanken und Reaktionen in Bezug auf das eben Geschehene angefüllt sind, wird sich deine Konzentrationsfähigkeit in Luft auflösen. Anstatt also direkt dein Praxisbuch zu öffnen, nimm dir ein paar Momente, um die Gedankenkette zu durchschneiden.

Dafür gibt es unzählige Methoden. Sitze zum Beispiel still mit einem aufrechten Rücken und gekreuzten Beinen, wenn das angenehm ist, ansonsten – wenn du es vorziehst – auf einem Stuhl, und beginne mit der Praxis. Wann immer ein Gedanke vorbeikommt, erinnere dich, wie selten und kostbar es ist, als Mensch geboren zu sein, dass der Tod unausweichlich und nicht vorhersagbar ist, dass dieses Leben voller schrecklicher Leiden ist und dass die karmischen Konsequenzen deiner Handlungen unvermeidbar sind; oder denke an irgendetwas, das dir hilft, ein Gefühl der Entsagung in Bezug auf das weltliche Leben zu entwickeln. Bringe diese Gedanken immer und immer wieder in deinem Geist hervor, und auch wenn du nur 10 Minuten pro Tag praktizierst und dem Durchschneiden der Gedankenkette 2-3 Minuten widmest, wird dein Geist völlig transformiert werden.

Disziplin als Vorbereitung

Nagarjuna sagte, Disziplin wäre wie ein Boden, auf dem wir gehen. Gäbe es keinen Boden, würde das Pflanzen von Blumen und Gemüse unmöglich werden, und wir könnten auch nirgendwo einen Tisch aufstellen. Ebenso ist Disziplin der Boden, die Grundlage für alle tugendhafte Aktivität. (Selbst einen guten Espresso zu machen benötigt ein gewisses Maß an Disziplin.) Und um irgendetwas wirklich gut zu machen, brauchen wir zuerst die Disziplin, um die Regeln und die akzeptierten Praktiken zu lernen.

Depression ist eine der größten Herausforderungen, denen moderne Menschen begegnen. Sie wird oft durch schlechte Gewohnheiten ausgelöst, die das Resultat von mangelnder Disziplin sind, wie zum Beispiel das immer weiter Hinausschieben, den Müll nach draußen zu tragen, oder sich nach Faulheit zu sehnen oder Routine zu hassen. Würden depressive Menschen ein wenig mehr Disziplin in ihrem Leben anwenden, bin ich mir sicher, dass sich ein großer Teil ihrer Depression einfach auflösen würde. Stell dir vor, dass dich dein Arzt auf eine kohlenhydratarme Diät umstellt, weil Kohlenhydrate Depression herbeiführen. Nach ein paar Tagen der Diät verbringst du einen Abend in einem exzellenten italienischen Restaurant, wobei deine Freunde sich köstlich aussehende Nudeln bestellen. Du denkst dir „Ich habe ja mit dieser Diät gerade erst angefangen, welchen Schaden kann so ein Teller Nudeln schon anrichten? Es wird mein allerletzter sein, und morgen beginne ich dann mit der Diät." So unterbrichst du deine Disziplin und versinkst direkt in eine Post-Nudel-Depression. Genau so verursacht mangelnde Disziplin eine Depression.

Kohlenhydrate zu vermeiden ist eine gewöhnliche, alltägliche Disziplin, andere außergewöhnliche Disziplinen werden regelmäßig auf dem spirituellen Pfad bemüht: Das Zölibat zum Beispiel, den Kopf scheren oder niemals die Haare schneiden oder jeden Morgen um 6 Uhr aufstehen, auch wenn du kein Morgenmensch bist. Aktivitäten, die du magst, können auch als Disziplin gelten, wie der Spaziergang im Park jeden Mittwoch. Um welche Aktivität es hier auch geht, wenn du die Disziplin aufrecht erhältst, sie regelmäßig zu praktizieren, wird dein Geist (der Aufbewahrungsort der Gewohnheitsmuster) vor dem Versinken in Depression geschützt, selbst wenn du gezwungen wirst, Dinge zu tun, die du nicht magst. Mit anderen Worten ist Disziplin ein Weg, der sicher stellt, dass dein Geist nicht verzogen wird. Da fehlende Routine in Depression resultieren kann, kann mangelnde Disziplin in frühen Lebensjahren später sehr viele Probleme verursachen. Ein Kind, das sich daran gewöhnt hat, nichts verwehrt zu bekommen, wird wahrscheinlich zu einem unglücklichen Erwachsenen heranwachsen, da er niemals gelernt hat, mit der Wut und den fast unausweichlich folgenden Tobsuchtsanfällen umzugehen, die in seinem undisziplinierten Geist entstehen, wenn es nicht nach seinen Wünschen geht.

Im Rahmen der Ngöndro-Praxis braucht es Disziplin, die Verbeugungen auszuüben. Vielleicht bist du nicht in der Lage, täglich 500 Verbeugungen zu machen, aber jeder hat Zeit, um drei, fünf, sieben oder zehn zu machen. Und wenn du dich zum Zählen der Verbeugungen disziplinierst, wirst du unweigerlich irgendwann 100.000 abzuschließen, oder vielleicht sogar 500.000. Aber erinnere dich natürlich, dass die Dharma-Praxis kein Wettrennen zur Ziellinie der vollständigen Erleuchtung ist.

Was die Menge der angesammelten Verbeugungen angeht, neigen Praktizierende dazu, befangen zu sein. Sie sollten sich vielleicht aber mehr in Bezug auf ihre geringe Disziplin schämen. Versuche dich dahingehend zu disziplinieren, jeden Tag zu praktizieren, anstatt nur ab und zu; oder jeden Tag 30 Minuten zu praktizieren, statt heute 5 Minuten und morgen 60. Oder versuche dich für deine Praxis schön anzuziehen, so dass sie zu einem speziellen und wichtigen Ereignis deines Tages wird, anstatt dich in deinem Schlafanzug auf dein Meditationskissen zu begeben und deine Gebete papageienhaft herunterzuleiern, als ob du gezwungen werden würdest, eine Art spirituelle Steuer zu bezahlen.

Sich an den Guru zu erinnern ist die beste Vorbereitung für die Praxis

Für einen Vajrayana-Praktizierenden ist es entscheidend zu lernen, andauernd an den Guru zu denken. Nicht nur wegen der Informationen, die er dir als ein spiritueller Ratgeber überliefert, sondern – viel wichtiger – weil das Denken an den Guru das Denken an den Buddha ist.

Und letztendlich ist die Erinnerung an den Guru genau das gleiche wie die Erinnerung an die Natur des Geistes.

Um unseren Guru zu erinnern, gibt es die Methode, inspirierende Gebete der großen Meister der Vergangenheit zu rezitieren, wie zum Beispiel Jamgön Kongtrul Lodrö Thayes ‚Anrufen des Guru', oft mit ‚Den Guru aus der Ferne anrufen' übersetzt. Wenn du nicht gerne Gebete lesen magst, ist es eine mehr spontane Herangehensweise, deine eigene Anrufung vom Fleck weg zu machen. Dabei muss man sich nicht über die technischen Dinge sorgen, wie ‚poetisch' zu schreiben oder sich wegen eines Mangels an Eloquenz gehemmt zu fühlen. Hier geht es darum, deinem Lehrer ganz genau zu erzählen, was dich sorgt – natürlich im Rahmen: Ihn um Klempnerarbeit zu bitten, wäre etwas unangemessen. Das Beste ist, den Guru mit einem Gebet anzurufen, dass deine Dharma-Praxis niemals entgleisen möge, sondern ganz im Gegensatz vollständig erfolgreich sein möge, und dass du nicht nur dir selbst, sondern allen fühlenden Wesen nutzen mögest.

Heutzutage schätzen viele Leute den Wunsch nach Dharma-Praxis und das Sehnen nach dem Entsagen des weltlichen Lebens, fühlen sich aber von riesigen Hindernissen heimgesucht. All zu schnell wird ihr Wunsch zu praktizieren durch gewöhnliche Gedanken erstickt, die das Ergebnis von gewohnheitsmäßiger Faulheit sind. Dennoch ist das Einzige, was sie zur Erfüllung ihrer Wünsche tun müssten: sich an den Guru zu erinnern. Hast du jemals das eine Ende des Durchziehbandes verloren, das deine Schlafanzughose oben hält? Sich an den Guru zu erinnern ist, als würde man es schaffen, das Ende noch zu greifen, so dass man es herausziehen und die Schlafanzughose zubinden kann.

Drei Kernanweisungen bevor du mit der Praxis beginnst

1. DEN ABGESTANDEN ATEM KLÄREN

Eine sehr gute Art und Weise, dich auf die Praxis vorzubereiten ist das ‚Ausstoßen der abgestandenen Luft'. Dies ist eine Praxis, die du am besten von jemandem lernst, der dir persönlich zeigen kann, wie sie geht. Wenn dies aber nicht möglich ist, versuche dieser sehr einfachen Anweisung zu folgen.

Nachdem du ein paar Minuten damit zugebracht hast, deine Gedankenkette zu durchtrennen, nimm nochmals eine gute Haltung ein und vergewissere dich, ob der Rücken gerade ist. Der Buddha sagte, alle Phänomene entstehen in ‚wechselseitiger Abhängigkeit' und das schließt Körper und Geist mit ein. Aber während der Geist praktisch nicht greifbar ist, ist unser Körper sehr viel zugänglicher, und indem man einfach den Rücken gerade streckt, wird die Kraft des Entstehens in wechselseitiger Abhängigkeit sicherstellen, dass Prana und Nadi richtig funktionieren, so dass Verwirklichung viel eher möglich wird. (Idealerweise sollten Praktizierende die Sieben-Punkte-Haltung von Vairocana einnehmen.)

- Atme durch beide Nasenlöcher ein, so dass sich deine Lungen vollständig füllen. Beuge den linken Zeigefinger und setze seine Spitze genau oberhalb des oberen Gelenks deines Mittelfingers auf. (Diese Form ist eine Hälfte eines halben Vajras, der dadurch entsteht, dass man die gleiche Form mit beiden Händen macht und diese zusammendrückt.)
- Schließe dein linkes Nasenloch mit dem linken Mittelfinger und leere deine Lungen, indem du durch das rechte Nasenloch kräftig ausatmest.
  - Stell dir vor, dass beim Ausatmen all deine Wut und Frustration in Form von dreckigem, verschmutzten Rauch aus deinem Körper vertrieben wird.
  - Stell dir vor, dass sich beim Einatmen all die Weisheit und das Mitgefühl der Buddhas und Bodhisattvas in Form von weißem Licht in dich auflösen.
- Lass dein linkes Nasenloch los.

- Beuge den rechten Zeigefinger und setze seine Spitze genau oberhalb des oberen Gelenks deines Mittelfingers auf.

- Schließe dein rechtes Nasenloch mit dem rechten Mittelfinger und leere deine Lungen, indem du durch das linke Nasenloch kräftig ausatmest.
  - Stell dir vor, dass beim Ausatmen all deine Begierde in Form von dunkelrotem Licht aus deinem Körper vertrieben wird.
  - Stell dir vor, dass sich beim Einatmen all die Weisheit und das Mitgefühl der Buddhas und Bodhisattvas in Form von weißem Licht in dich auflösen.
- Lass dein rechtes Nasenloch los.

- Lass beide Nasenlöcher offen, und atme dann kräftig durch beide Nasenlöcher ein und aus.
  - Stell dir vor, dass beim Ausatmen all deine Unwissenheit in einer dunklen Wolke herausströmt.
  - Stell dir vor, dass sich beim Einatmen all die Weisheit und das Mitgefühl der Buddhas und Bodhisattvas in Form von weißem Licht in dich auflösen.
- Nachdem du die Praxis abgeschlossen hast, atme wieder natürlich.

Halte dich nicht mit den Details dieser Visualisierung auf, sei auch nicht davon besessen, sei dir einfach gewiss, dass all das Visualisierte tatsächlich geschieht. Und verweile nicht auf irgendeinem Teil der Visualisierung, um dazu Fragen zu stellen, zum Beispiel wie hell das weiße Licht sein sollte. Im Vajrayana liegt der Sinn und Zweck von Visualisierung darin, unseren Geist mit außerordentlichen statt weltlichen Gedanken zu beschäftigen. Sich in zu vielen Details zu verlieren ist genau die Art von Aktivität, die die Tür für Hindernisse öffnet, so dass sie in deine Praxis eindringen können wie das Zurückfallen in deine gewöhnliche, gewohnheitsmäßige Art zu denken. Folge einfach jedem Schritt der Praxis, und wenn ein Schritt abgeschlossen ist, geh rasch zum nächsten über.

2. TRANSFORMIERE DIE UMGEBUNG IN EINEN BUDDHA-BEREICH

Vajrayana ist der Pfad, der unsere gewohnte unreine Sichtweise transformiert, so dass wir alles und jeden als rein wahrnehmen können.

Überzeuge dich daher, ganz gleich wo du praktizierst – zu Hause, in Deutschland, Hongkong, Australien oder in einem Meditationszentrum in Südfrankreich – ohne den geringsten Zweifel, dass du dich in einem vollständig reinen Bereich befindest. ‚Unrein' hat in diesem Zusammenhang nichts mit den verdreckten Straßen oder Müllhaufen zu tun, wie in Kathmandu. Dualistische Wahrnehmung wir als ‚unrein' angesehen, wenn du in der Vorstellung steckenbleibst, dass ein Dach bloß ein Dach oder ein Fußboden bloß ein Fussboden sein kann, oder dass 1000 Leute nicht in einen Besenschrank passen würden. In anderen Worten reduzieren deine dualistischen Unterscheidungen die Manifestation eines Phänomens auf einen bestimmten Sinn und Zweck. Im Gegensatz dazu hast du reine Wahrnehmung, wenn du dich nicht länger auf eine einzelne Wahrnehmung als ein ausschließliches Phänomen fixierst, sondern dich stattdessen mit deiner inhärenten Fähigkeit verbindest, sehen und akzeptieren zu können, wie 1000 Menschen ganz einfach in einen kleinen Besenschrank passen. Wenn die normale Art und Weise der Wahrnehmung der Welt weiterhin funktioniert, ist man felsenfest davon überzeugt, dass es absolut unmöglich ist, so viele Leute in einem so kleinen Raum unterzubringen. Sobald sich aber deine Wahrnehmung verändert, bist du genauso felsenfest überzeugt, dass die Leute dort hinein passen.

Wenn du erstmal akzeptiert hast, dass alles möglich ist, wird ein Buddha-Bereich nicht länger mehr einer dieser weit entfernten Planeten sein, der von Zeit zu Zeit vom Raumschiff Enterprise besucht wird, und auch nicht diese sentimentale Vorstellung eines Himmels, die im durchschnittlichen Unterbewusstsein so tief verwurzelt ist. Aber wie können wir aufrichtig akzeptieren lernen, dass alles möglich ist? Die Antwort ist: durch die Ngöndro-Praxis.

Wenn Guru Rinpoche die wichtigste Gottheit in unserem Ngöndro-Text ist, visualisiere dich selbst in dem Bereich des kupferfarbenen Berges. Das bedeutet natürlich nicht, dass du versuchst, dir Dächer und Wände aus Kupfer vorzustellen! Passe stattdessen deine gewöhnliche Wahrnehmung mit dem Gedanken an: „Was ich sehe ist nicht, wie die Dinge sind." Sage dir selbst, dass all die ‚Dinge', von denen du umgeben bist, nicht durch Ziegel, Mörtel, Autobahnen und Verkehr gebunden, aber auch keine himmlischen Engelsscharen sind. Jedes ‚Ding' ist unendlich und jedes Objekt – wie der Bleistift auf deinem Schreibtisch – enthält Millionen und Abermillionen reiner Bereiche. So beginnst du deinen Geist anzupassen, auf dass du letztendlich in der Lage sein wirst, alles Erdenkliche für möglich zu halten.

Die *Transformation* der Wahrnehmung ist die Quintessenz der Vajrayana-Praxis; es ist jedoch wichtig, diese nicht als vollständige Beseitigung der normalen Wahrnehmung falsch zu verstehen. Wahrnehmung zu transformieren bedeutet, deine Haltung zur Wahrnehmung der Welt zu verändern und das ist ein Prozess, den wir täglich durchmachen sollten.

3. KREIERE EINE INSPIRIERENDE ATMOSPHÄRE UND UMGEBUNG

Wenn du kannst, dann kreiere eine inspirierende Atmosphäre für die Praxis, indem du die Stelle, an der du praktizierst, sauber machst, Räucherstäbchen anzündest, schöne Bilder von Buddha aufstellst und Opfergaben darbringst. Obgleich wir konditioniert sind, durch unsere Umgebung beeinflusst zu werden, sei – wie oben beschrieben – vorsichtig, nicht in die Falle zu geraten, mehr Zeit und Energie in das Erschaffen einer Atmosphäre zu investieren, als in die Praxis selbst.

Den Guru anrufen

Der Name der Praxis ‚Den Guru anrufen' oder ‚Rufen nach dem Guru' ist bereits für sich genommen sehr interessant, denn sie impliziert, dass es notwendig sei, sowohl den Guru an unsere Existenz zu erinnern, als auch ihn um Hilfe zu bitten. Das Herz der Dharma-Praxis ist Achtsamkeit, und wie uns schon wiederholt gesagt wurde, ist es die Hauptaufgabe eines Praktizierenden, unabgelenkt zu bleiben. Mit Achtsamkeit als dem Herz unserer Praxis haben wir daher den Guru in dem Moment angerufen, in dem wir an ihm denken, und wir können sicher sein, dass er uns erhört hat. Auf eine Art und Weise ist das Denken an den Guru die effektivste Art der Achtsamkeit. Aber da die meisten von uns unfähig sind, fortwährend an ihn zu denken, könnte man es auch so ausdrücken, dass eine andere Art und Weise der Anrufung des Guru diejenige ist, unseren eigenen Geist zu bitten, ihn zu erinnern.

Indem wir irgendeins der außergewöhnlichen existierenden Anrufungsgebete des Guru rezitieren, flehen wir unseren Guru nicht nur um Hilfe an, sondern wir erinnern uns zudem an die gewöhnlichen Fehler aller Dharma-Praktizierenden. Unsere Fehler und Schwächen zu akzeptieren und zu verstehen ist eine extrem wertvolle Übung, obwohl sie in letzter Zeit eher aus der Mode geraten ist. Die authentischen, spirituellen, individuellen und persönlichen Reflexionen in Bezug auf den eigenen Charakter sind viel wahrscheinlicher kritisch als diejenigen, die in der modernen Welt, insbesondere in Amerika geboren werden, wo das Hauptaugenmerk auf das Aufbauen des Selbstwertgefühls bzw. auf das Ermutigen gelegt wird, als auf eine kritische Betrachtung. Aus moderner Perspektive erscheint daher solch eine Praxis der kritischen Selbstreflexion oberflächlich als das Produkt einer sehr fremden Kultur. Aber ist das so? Ist die Art und Weise der Reflexion, wie wir sie in Jigme Lingpas *Anrufen an den Lama* (aus dem Longchen Nyingthik Ngöndro) und Kongtrul Rinpoches *Den Guru aus der Ferne anrufen* bloß das Produkt von tibetisch-kulturellen Einflüssen auf den Dharma?

Ich habe über diesen Punkt viel nachgedacht, und ich kann mit einiger Gewissheit verneinen, dass solche kritischen Reflexionen kulturell inspiriert wären. Der ganze Sinn des Dharma ist, das von uns um das sogenannte ‚Ego' herum entwickelte Schutzsystem auseinanderzunehmen, und der Sinn jeder einzelnen Dharma-Silbe und -Methode ist, dem Ego zu widersprechen, es zu unterbrechen oder auseinanderzureißen, bis das Ziel der völligen Befreiung vom Ego endlich erreicht ist. Traditionell sagen wir, dass die Risse und Dellen, die wir dem Kokon des Ego zugefügt haben, die Vorboten des Dämmerns eines authentischen Dharma-Praktizierenden sind.

Die meisten von uns sind jedoch überhaupt keine Dharma-Praktizierenden. Wir sind vielleicht Dharma-Schüler, die Interesse für den Dharma haben und von ihm inspiriert werden, aber ein Praktizierender zu sein ist eine ganz andere Geschichte. Ein Praktizierender kann sowohl die Nutzlosigkeit der acht weltlichen Dharmas erkennen, als auch die extrem schwierige, aber nicht unmögliche heldenhafte Anstrengung unternehmen, die nötig ist, um diese aufzugeben. Auf der anderen Seite ist der wichtigste Grund, warum Dharma-Schüler den Dharma studieren, oft eng verbunden mit den acht weltlichen Dharmas: Wir studieren, weil wir ehrgeizig sind und unser Wissen vergrößern wollen oder das Herz eines anderen unschuldigen und naiven Dharma-Schülers gewinnen wollen, oder weil wir irgendein spiritueller Guru werden wollen.

Diejenigen, die Zeit haben oder im Retreat sind, sollten möglichst viele von den großartigen Gebeten des Anrufens des Guru lesen. In Jamgön Kongtruls *Anrufen des Guru* und Jigme Lingpas *Herbeirufen des Guru* rufen wir unsere Gurus an und schießen Löcher in unser Ego, indem wir uns unserer heimtückischsten Fehler erinnern. Ich empfehle euch Kongtrul Rinpoches Gebet dringend, denn es ruft Gurus sehr verschiedener Überlieferungslinien an und ist daher besonders gut für die (nicht-sektiererische) Sichtweise des Rime. (Sektierertum ist eine der bösartigsten Arten des spirituellen Materialismus.)

Die gewöhnlichen Grundlagen

Kontemplationen über die ‚gewöhnlichen Grundlagen', manchmal auch bekannt als die ‚Vier Gedanken, die den Geist von Samsara abwenden', sind eine klassische Methode, um uns auf die Dharma-Praxis vorzubereiten. Dies funktioniert bis zum heutigen Tage sehr gut und ist nicht im Geringsten archaisch. Natürlich ist es das Beste, diese Kontemplationen immer im Geiste zu behalten, aber versuche sie wenigstens täglich zu Beginn deiner Praxis zu lesen.

1. DIE KOSTBARKEIT DIESES MENSCHLICHEN KÖRPERS

Hier entwickeln wir unsere Wertschätzung, in diesem Leben sowohl die Fähigkeit als auch die Möglichkeit zur Dharma-Praxis zu haben. Einen menschlichen Körper zu haben, ist extrem wichtig für die Dharma-Praxis. Im Gegensatz zu Tieren oder Menschen in Ländern, welche von Verbrechern und Privat-Armeen regiert werden, genießen die meisten Leser dieses Buches ein grundlegendes Gefühl persönlicher Sicherheit. Euer Leben ist nicht täglich in Gefahr und ihr verbringt nicht euren gesamten Tag damit, verzweifelt nach Nahrung und einem sicheren Schlafplatz zu suchen. Die meisten von uns sind sogar in der Lage, großartige Bestrebungen und beeindruckende Persönlichkeiten wertzuschätzen; und alle Jubeljahre inspirieren uns so großartige historische Figuren wie Milarepa mit Ehrfurcht und Erstaunen. Wir können auf jeden Fall den Wunsch ausdrücken „Mögen alle fühlenden Wesen glücklich sein" und dies nicht als Zeitverschwendung betrachten. Daher haben wir auf gewisse Weise die Qualitäten, die einen kostbaren menschlichen Körper ausmachen.

Dieses große Glück nutzen wir nicht wirklich, das ist sehr ärgerlich. Nichts könnte uns zum Beispiel davon abhalten, eine Stunde mit Freunden im Café um die Ecke zu verbringen, wohingegen sehr wenige Wesen in anderen Bereichen in der Lage sind, den Luxus der Zeitverschwendung auf diese Art zu genießen. Stellt euch vor wie es ist, in Jerusalem oder im Gaza-Streifen geboren zu sein – fortwährend unter der Bedrohung, erschossen oder in die Luft gesprengt zu werden. Wenn sich also die Möglichkeit bietet, den Luxus von Freizeit zu genießen und persönliche Sicherheit zu haben, sollten wir wirklich versuchen, dies wertzuschätzen und gut zu nutzen.

Als Mensch geboren zu werden ist extrem kostbar, da die Menschen in gewissem Maße die intellektuelle Fähigkeit haben, die Natur und die Ursache des Leidens zu verstehen. Höllenwesen jedoch kennen nur den unnachgiebigen und unvorstellbar intensiven Schmerz und Qualen, durch welche sie ohne Unterlass betäubt und abgestumpft werden. Wesen im Götterbereich kennen nur ununterbrochenes Glück und sie besitzen alles, was sie nur wollen. Daher mangelt es ihnen an der Erfahrung von Traurigkeit und der Neugierde, den eigenen Geist zu untersuchen. Innerhalb der sechs samsarischen Bereiche haben daher Menschen, die weder zu glücklich noch zu sehr von Leid und Schmerz überwältigt sind, die größte Fähigkeit, Leiden zu verstehen.

Buddha erklärte, dass das menschliche Leben kostbar wird, wenn ein Mensch frei und reich ist. Was hält uns also davon ab, frei zu sein? Ablenkung. Hätten wir keine Ablenkung, wären wir frei und hätten wir Achtsamkeit, wären wir reich. Denkt also nicht, dass der menschliche Körper ‚kostbar' genannt werden kann, nur weil er gesund, ausgebildet und gut beisammen ist. Er wird erst dann kostbar, wenn die Person dem Dharma begegnet ist und sich in spirituelle Praxis begeben hat.

2. VERGÄNGLICHKEIT

Das Interesse eines Praktizierenden an persönlichem Glück, Ruhm und Wohlbefinden nimmt in dem Maße ab, wie sein Verständnis bezüglich der Vergänglichkeit anwächst; und indem wir lernen, die Vergänglichkeit wertzuschätzen, lernen wir gleichzeitig ein Gefühl dafür zu entwickeln, wie dringlich wir praktizieren müssen. Niemand hat viel Zeit. Heute ist vielleicht der letzte Tag deines gegenwärtigen Lebens, das heutige Abendessen ist vielleicht dein letztes, es gibt überhaupt keine Garantie, dass irgendeiner von uns lange genug leben wird, um den nächsten Morgen zu erleben, geschweige denn die Ewigkeit.

In dieser gefährlichen und ungesunden Welt ist es für einen Fünfzigjährigen schon eine Leistung, achtzig Jahre alt zu werden. Die Leben der meisten Fünfzigjährigen sind schon mehr als zur Hälfte vorbei, und je älter wir werden, desto schneller scheint die Zeit zu verstreichen. Die 30 Jahre, die wir noch glauben übrig zu haben, werden wie in einem Augenblick vorbei sein. Angefangen damit, dass wir acht Stunden pro Nacht schlafen, macht das schon mal 10 dieser 30 Jahre. Lasst uns mal annehmen, dass das Angucken eines Filmes und das Essen von drei Mahlzeiten täglich ungefähr vier Stunden dauert. Wir quatschen auch und halten uns mit unseren Freunden auf dem Laufenden, schauen nach den Fußballergebnissen, machen Hausarbeit, bezahlen Rechnungen, pflegen den Kontakt mit der Familie und machen Sport; all das frisst circa zwei Stunden pro Tag auf. Und natürlich arbeiten die meisten von uns sieben bis acht Stunden täglich. Daher können wir Fünfzigjährigen uns glücklich schätzen, wenn wir knapp zwei Stunden pro Tag, oder insgesamt noch zwei Jahre und sechs Monate übrig haben im Leben. Ein großer Teil davon wird wiederum durch Paranoia, Angst und Selbstzweifel aufgebraucht. Alles in allem bleibt also sehr wenig Zeit für die Praxis.

3. KARMA

Longchenpa sagte, obwohl die Sonne unserer wahren Natur fortwährend aufgeht, ist sie verschleiert durch die weißen Wolken unserer tugendhaften Taten und die schwarzen Wolken unserer Fehltritte. Alle Anstrengung, schlechtes Karma loszuwerden und Gutes anzusammeln, blitzt fortwährend auf und wird von Verwirrung überflutet, die sowohl glücklich als auch unglücklich ist. Auf diese Weise sagt er uns, wird die samsarische Ernte verstärkt. „Ach je, wie erbärmlich!"

Wir sind alle betroffen von dem Gesetz von Ursache, Bedingung und Wirkung, und so kann sich niemand von uns wirklicher Unabhängigkeit erfreuen. Wir nehmen große Schmerzen auf uns, um die Ursachen und Bedingungen zusammenzubringen, die uns zu den ersehnten Resultaten von ‚Erfolg' und ‚Spaß' führen; dabei vergessen wir, dass genau diese Ursachen und Bedingungen wie Antibiotika funktionieren. Wenn wir Antibiotika einnehmen, fühlen wir uns auf der einen Seite besser, da eine Reihe von Symptomen gelindert wurden, auf der anderen Seite fühlen wir uns schlechter, weil die Antibiotika wiederum andere Teile unseres Körpers durcheinander bringen. Ohne dass wir uns dessen bewusst werden, ist all das, was wir auf der Suche nach Unabhängigkeit, Reichtum und Erfolg tun, ebenso die Ursache für all die nachfolgenden Ursachen und Bedingungen, welche die dann folgende Richtung unserer Leben bestimmen und kontrollieren. Daher können wir nicht garantieren, dass unsere Pläne zu den ursprünglich beabsichtigten Zielen führen.

Wenn wir das erfahren, was unsere begrenzte Wahrnehmung als ‚günstige Umstände' beschreiben würde – wir erhalten den Studienplatz an unserer Lieblingsuniversität oder einen Traumjob – führen wir unser Glück auf die harte Arbeit zurück, und wenn ein unangenehmes Ereignis uns auf einen unerwarteten Pfad führt, werden wir verwirrt. Wir haben vergessen, dass wir beim Ansammeln der Ursachen und Bedingungen für Erfolg auch diejenigen angepflanzt haben, die zu weniger angenehmen Situationen führen. Unsere Pläne mögen einmal, zweimal oder vielleicht sogar zwölfmal funktionieren, aber da wir völlig verwundbar und abhängig sind von Ursachen und Bedingungen, die jenseits unserer Kontrolle liegen, besteht immer die Möglichkeit, dass unsere Pläne überhaupt nicht funktionieren.

Paradoxerweise müssen wir für den Erfolg im weltlichen Leben spezifische Ursachen und Bedingungen ansammeln, wie eine gute Erziehung, ehrliche Geschäftspartner, verlässliche Rechtsberatung und so weiter; aber in diesem Prozess stellt genau der Mechanismus, der es uns erlaubt, Ursachen und Bedingungen anzusammeln, sicher, dass wir ihm gegenüber verwundbar werden. Und das vergessen wir. Wir sind davon überzeugt, unverwundbar zu sein, und bis dieses falsche Sicherheitsgefühl zerschmettert ist, wird es sehr schwierig, eine aufrichtig spirituelle Person zu sein. Nur indem wir unsere Verwundbarkeit akzeptieren, lösen wir unser Festhalten an der falschen Annahme, dass unser Leben immer nach Plan verlaufen wird.

Um letztendlich Erleuchtung zu erreichen, müssen wir *all* unser Karma – gutes und schlechtes – erschöpfen und nicht nur so viel gutes Karma wie möglich ansammeln und schlechtes loswerden. Karma ist von Natur aus konditionierend, und da all unsere Aktivitäten durch Karma bedingt sind, können sie nur ein direkter Widerspruch zu unserer Unabhängigkeit sein. Daher ist es keinem von uns möglich, wirklich unabhängig zu sein.

Wenn wir über Ursache und Wirkung nachdenken, bevor wir jeden Tag praktizieren, dann geht es nicht nur darum, Wissen über die komplexen Funktionsweisen und Systeme von Karma anzusammeln, sondern darum, uns selbst zu erinnern, dass wir letztlich über gar nichts Kontrolle haben.

Das führt uns auch zu unserem nächsten Thema: den Mängeln von Samsara.

4. DIE MÄNGEL VON SAMSARA

Wir fühlenden Wesen erschaffen uns – ganz wie Seidenraupen – unsere eigenen Fallen und wir sterben darin. Denkt zum Beispiel daran, wie wir mit dem Konzept ‚Geld' umgehen. Historisch betrachtet waren die Menschen extrem gewissenhaft, diese spezielle Abstraktion zu entwickeln, und unser Appetit zum Leiden – um noch mehr Geld zu machen – erscheint unersättlich zu sein.

Der Schmerz von Säure auf rohem Fleisch ist das grobe Leiden, das wir uns relativ leicht vorstellen können, aber es gibt eine große Vielzahl von Leiden, die wir erst bemerken, wenn wir sie persönlich erfahren. Die *Ursache* unseres Leidens ist am schwierigsten auszumachen und zu verstehen, insbesondere wenn es sich um etwas handelt, das wir bisher als etwas ‚Gutes' angesehen hatten. Eine stabile Weltwirtschaft wird zum Beispiel weltweit von unseren berühmten Finanzexperten als eine sehr gute Sache angepriesen, und es stimmt, dass uns in einer gesunden wirtschaftlichen Umgebung wunderbare Produkte zugänglich gemacht werden. Für diejenigen, die jedoch auf der anderen Seite des Aufschwungs leben, ist das Leben wahrscheinlich alles andere als gut, und schon gar nicht wunderbar.

Wir hören oft das Klischee „Das Leben ist wunderbar", aber ist es das wirklich? Das Leben der meisten Leute als wunderbar zu interpretieren ist bestenfalls übertrieben romantisch, und wenn man sich dafür entscheidet, diese Leben so zu sehen, hat man definitiv nicht die erste Wahrheit: ‚Kenne das Leiden' verstanden. Da in Wirklichkeit das Leben aus großen Mengen zusammengesetzter, dauernd sich verändernder und immer wechselnder Phänomene aufgebaut ist, kann es nur von Leid überflutet sein, denn zusammengesetzte Phänomene verursachen unausweichlich Ungewissheit und Verfall, so dass alles, was uns lieb ist, auseinanderfällt. Und was ist daran so wunderbar?

Ungewissheit ist einer der gemeinsten samsarischen Makel. Wenn moderne Menschen in Büchern wie *Die Worte meines vollendeten Lehrers* über das heftige Leiden der Wesen in den Bereichen der Hölle und hungrigen Geister lesen, nehmen wir das nur selten ernst. Wir fallen in unsere gewohnte skeptische Haltung zurück, indem wir Patrul Rinpoche dafür angreifen, dass er ähnlich abschreckende Taktiken einsetzt wie andere Religionen Belehrungen über Höllenfeuer und Verdammnis dazu nutzen, ihren Anhängern Furcht einzuflößen, um sie gefügig zu machen. Wir wollen nicht an die Hölle glauben. Wir entscheiden uns stattdessen zu glauben, dass alle achtzehn Höllen abstrakte buddhistische Konzepte sind, ohne auch nur den Verdacht zu hegen, dass diese Leiden der Höllen (als auch die der anderen Bereiche) genau hier in unserem Menschenbereich gesehen und erfahren werden können.

Abgesehen von all dem zeigt uns eine genauere Betrachtung der fortwährenden Armutsmentalität, welche die meisten Menschen plagt (wir brauchen immer mehr von allem und regen uns über Nichtigkeiten auf), recht deutlich, wie schmerzhaft die menschliche Existenz wirklich ist, da wir jeden Moment unseres Tages beschäftigt sind und niemals in der Lage, zu entspannen.

Es ist extrem nützlich für alle Praktizierende, über diese gewöhnlichen Grundlagen nachzudenken, insbesondere jedoch für Anfänger, denn sie sind Teil der höchst gepriesenen Methoden, die den Geist von weltlichen Werten ab- und dem Dharma zuwenden.

5

Deine Vorstellungskraft nutzen

Praxis der Visualisierung

Die Technik der Visualisierung wird im Rahmen der gesamten Ngöndro-Praxis angewendet, und beim Gebrauch der Vorstellungskraft gibt es einen recht großen Unterschied zu anderen Meditationen, wie Shamatha. Auch in unseren verblendeten Lebenserfahrungen spielt die Vorstellungskraft eine große Rolle. Alles was wir antreffen oder in unseren täglichen Leben wahrnehmen ist ein Produkt unserer Vorstellung; da wir aber an die von uns geschaffenen Täuschungen glauben, werden sie tief verwurzelte geistige Gewohnheiten, so dass wir völlig vergessen, dass sie nur wenig mehr als Phantasie sind. Die Vorstellungskraft ist daher eine unserer kraftvollsten Instrumente. Mit ihr zu arbeiten, indem wir die Sichtweise auf unsere Welt verändern und verwässern, wird die ‚Praxis der Visualisierung' genannt.

Ein kleines Problem für Anfänger ist, dass das Wort *Visualisierung* irreführend sein kann. Für die meisten Leute bedeutet Visualisieren sich auf ein Bild zu konzentrieren und es im geistigen Auge zu behalten. Körperliche Erscheinung ist aber nur ein Element der Praxis der Visualisierung; es gibt noch viel mehr Aspekte. Die individuelle Einstellung und das Verständnis verändern sich gemäß der eigenen Situation und Ausbildung. Bis vor kurzem haben die in Tibet aufgewachsenen buddhistischen Meister Salat, grünes Gemüse und Gras als Tierfutter angesehen und hätten dieses niemals selbst gegessen. Da die Tibeter sich jetzt an die Nahrung außerhalb Tibets gewöhnt haben, hat sich ihre Einstellung geändert. Dies ist genau die Verschiebung in unserer Wahrnehmung, an der wir mit der ‚Erzeugungs-Meditation' arbeiten.

Ein weiteres Beispiel kann man im Internet finden: Die meisten erotischen Bilder sind normalerweise recht klein, sicher nirgendwo auch nur annähernd in Lebensgröße. Vom Standpunkt der Vernunft ist es schwer zu glauben, dass solche winzigen Bilder lebende, atmende Menschen erregen können – aber sie tun es. Unsere Gewohnheiten sind so eingefahren, dass wir uns selbst programmiert haben auf spezifische Bilder zu reagieren, und das wird dauerhaft die Macht haben, uns zornig, traurig oder sogar depressiv zu machen, auch wenn wir es nur auf einem winzigen 14x8 cm YouTube-Bildschirm sehen. In gewisser Weise funktioniert Visualisierung ähnlich, und weder Größe noch sogenannter Realismus hat damit etwas zu tun.

Würdest du einem weltlichen Freund sagen, dass das, was wir um uns herum sehen – die Häuser, Autos, Bäume und Läden – nicht wirklich so existieren, wie wir sie zu sehen glauben, würde er höchstwahrscheinlich denken, dass du jetzt schließlich doch durchgedreht oder zumindest unheilbar irrational geworden bist. Gemäß der Varjayana-Theorie ist deine Wahrnehmung dieser Welt jedoch einzigartig. Die Welt wird von niemand anderem auf die gleiche Art und Weise gesehen und erfahren, denn was du siehst, existiert da draußen nicht.

Vajrayana-Schüler, die in der modernen Welt geboren und aufgezogen wurden, haben oft Schwierigkeiten mit der Praxis der Visualisierung. Ich denke, ein Teil des Problems ist, dass tibetische Lehrer wie ich selbst davon ausgehen, dass alle fühlenden Wesen die Dinge genau so verarbeiten wie Tibeter. Wir lehren dich, dir den Buddha so vorzustellen, wie er traditionellerweise in Tibet dargestellt wird, ausgestattet mit Ornamenten, die von Tibetern wertgeschätzt werden und eine besondere Bedeutung für sie in sich tragen. Aber ein perfekter tibetischer Ikonograph zu werden ist nicht der Sinn der Visualisierungs-Praxis.

Der wichtigste Sinn und Zweck der Praxis der Visualisierung ist es, unsere gewöhnliche und unreine Wahrnehmung in Bezug auf die phänomenale Welt zu reinigen, indem wir ‚reine Wahrnehmung' entwickeln. Unglücklicherweise ist die reine Wahrnehmung eine weitere oft missverstande Vorstellung. Schüler versuchen oft ein photographisches Abbild eines tibetischen Gemäldes in ihrem Geist wieder zu erschaffen, mit zweidimensionalen Gottheiten, die niemals blinzeln und von im Himmel festgefrorenen Wolken umgeben sind, oder deren Gefährten wie erwachsene Babies aussehen. Diese irreführende Version der Visualisierung zu praktizieren erzieht uns eine viel schlimmere Wahrnehmung an als die uns angeborene, und gleichzeitig wird all das zerstört, das reine Wahrnehmung eigentlich ausmacht.

Was ist denn dann wirklich mit ‚unreiner Wahrnehmung' gemeint? Wie wir schon verstanden haben, bedeutet ‚unrein' nicht, dass das Objekt unserer Visualisierung mit Schmutz oder Dreck bedeckt oder besudelt ist. Die Unreinheit ist nicht ‚da draussen'. ‚Unrein' bedeutet in diesem Kontext, dass das Problem ‚hier innen' ist. Wir schauen diese Welt durch emotionale Filter an, die wir mit ‚Begierde', ‚Eifersucht', ‚Stolz', ‚Unwissenheit' oder ‚Aggression' benennen. Alles was wir wahrnehmen ist durch unzählige Variationen unserer fünf Emotionen gefärbt, von denen viele noch nicht einmal Namen haben. Stell dir vor, du gehst auf eine Party. Wenn du dort jemanden entdeckst, der attraktiv wirkt, rastet dein Leidenschaft-Filter schnell ein und du gibst dieser Person sofort das Etikett ‚begehrenswert'. Wenn dir dabei jemand zuvorkommt, wird dein Aggressions-Filter aktiviert und du bezeichnest diese Person als ‚scheußlich'. Wenn der Abend später wird, provozieren andere Leute deine Unsicherheiten und bringen dich dazu, sie zu bewerten, Vergleiche anzustellen, deine Entscheidungen zu verteidigen und deinen persönlichen Stolz dadurch zu stärken, dass du sie nieder machst – all das wird durch den Filter der ‚tiefgründigen Unwissenheit' getriggert. Und die Liste lässt sich endlos fortsetzen.

All diese verschiedenen Wahrnehmungen entstehen in deinem ureigenen Geist und werden dann durch deine Emotionen gefiltert. Alle Erfahrungen, ob große oder kleine, werden uns immer zu Enttäuschung führen, da wir fortwährend vergessen, dass alles Wahrgenommene ein Produkt unseres eigenen Geistes ist. Stattdessen fixieren wir uns auf Wahrnehmungen ‚da draußen', von denen wir glauben, dass sie wirklich existierten. Daran arbeiten wir während der Vajrayana-Praxis der Visualisierung.

Es ist alles eine Frage des Geistestraining, und eine der vielen Shravakayana-Methoden ist, das Greifen nach einem ‚Selbst‘ durch das Disziplinieren von Körper und Sprache aufzugeben – durch viele der schon genannten Methoden, zum Beispiel das Scheren des Kopfes, das Betteln um Almosen, das Tragen safran-farbener Roben und durch das Vermeiden aller Arten von weltlicher Aktivität wie Heiraten oder Sexualität. Beim Geistestraining im Bodhisattvayana geht es um das Disziplinieren von Körper und Sprache und zusätzlich um das Meditieren über Mitgefühl und das Erwecken von Bodhicitta und so weiter. Zu guter Letzt trainiert Vajrayana den Geist nicht nur durch Disziplin und Meditation auf Mitgefühl, sondern bietet auch Methoden an, unsere unreine Wahrnehmung in eine reine zu transformieren.

DIE AUFLÖSUNG EINER VISUALISIERUNG

Letztendlich ist das wichtigste Ziel im Buddha-Dharma, insbesondere im Bodhisattvayana, die Verwirklichung von Nicht-Dualität. Eine der effektivsten Methoden, um diese Verwirklichung zu erreichen, ist die Visualisierungs-Praxis, bei der die Auflösung der Gottheiten bzw. des Guru eine zentrale Rolle einnimmt: Diese verschmelzen mit dem Praktizierenden zu einer Einheit. Aber wie funktioniert diese Praxis?

Stell dir die Reflexion des Mondes vor, wie sie in einem Spiegel oder See erscheinen würde. Obwohl die Reflexion ursprünglich rein ist, ist sie dennoch bloß eine Reflexion und nicht ein direktes Sehen des Mondes, der da irgendwie unter die Wasseroberfläche getaucht oder in den Spiegel eingesetzt wurde. Ein weiteres Beispiel ist ein Regenbogen: Obwohl wir den Regenbogen ziemlich deutlich sehen können, ist er gleichzeitig doch leer von einer innewohnenden Wirklichkeit; obwohl der Regenbogen leer ist, können wir ihn dennoch sehen. Sowohl die Reflexion des Mondes als auch der Regenbogen sind gleichzeitig leer und sichtbar. ‚Nicht-Dualität‘ bedeutet hier die Nicht-Dualität von Erscheinung und Leerheit. Keine Wahrnehmung, weder der Guru, der Schüler oder irgendetwas anderes existiert da draußen wirklich. Und bis wir nicht die Nicht-Dualität vollständig verwirklichen, ist die Übung des Auflösens oder Verschmelzens der Gottheit bzw. des Guru mit uns ein extrem nützliches Hilfsmittel und zudem auch eine Methode, die gut funktioniert, wenn wir Segen, Einweihungen oder sogar Inspiration erhalten wollen.

Oft haben Praktizierende jedoch Schwierigkeiten mit diesem Teil der Praxis, da sie in ihrem Geist all die erlernten Theorien über Visualisierung und Auflösung hin und her wälzen, während sie eigentlich praktizieren sollten. Dies ist ein gutes Beispiel dafür, wie unser spiritueller Fortschritt durch einen mit Konzepten vollgestopften Geist behindert wird und warum uns gesagt wird, bei der Praxis alle Theorie beiseite zu lassen.

Der beste Ratschlag hier ist, es praktisch zu lassen. Spirituelle Praxis ist ein bisschen wie Fahrradfahren. Sobald du Fahrradfahren gelernt hast, gibt es keinen Grund mehr, vor jeder Fahrt die Theorie über die Funktionsweise der Gangschaltung oder der besten Sattelhöhe durchzugehen. Du musst dich nur noch auf dein Fahrrad setzen und in die Pedale treten. Und der Schlüsselpunkt für diese Praxis ist es, das Bestmöglichste zu geben und sich nicht darum zu sorgen, ob man es richtig oder falsch macht. Früher oder später wird man damit umgehen lernen.

Die Kernanweisungen sind extrem pragmatisch: Tu es einfach! So wird das Verwirklichen der Nicht-Dualität ein wenig so wie Fahren lernen. Ganz gleich wie absonderlich es zu Beginn klingen mag, nachdem du dich wochenlang theoretisch mit all den verschiedenen Knöpfen und Hebeln in deinem Auto beschäftigt hast, wird irgendwann der Punkt kommen, wo du die Bedienungsanleitung beiseite legen, den Motor starten und fahren musst. Das gleiche gilt für die Visualisierungs-Praxis. Zunächst mag die Auflösung eher so sein, wie einen Apfel in einen Sack fallen zu lassen anstatt mit dem Guru zu verschmelzen, aber solange man kein Risiko eingeht und es probiert, wird sich nichts ändern. Durch die Praxis wird dein Guru dann jedoch weniger wie ein Apfel, sondern wie ein Glas Wasser werden, das du dann in einen Eimer Wasser gießt – ein Zeichen dafür, dass du beginnst, den Prozess der Nicht-Dualität etwas besser zu verstehen. Schließlich wirst du erkennen, dass die Auflösung wie das Vermischen eines umschlossenen Raumes mit dem Himmelsraum ist. Diesen Teil der Praxis missverstehen viele Schüler. Stell dir einen Tontopf vor. Er ist sowohl von Raum umgeben als auch davon angefüllt. Wenn der Topf zerbricht, vermischt sich der ehemals innenliegende Raum mit dem umgebenden äußeren Raum und beide werden untrennbar eins. Es ist nicht möglich den ‚inneren' von dem ‚äußeren' Raum abzugrenzen; Raum ist einfach Raum, und es gibt keine Möglichkeit zu wissen, wo welcher Anteil des Raumes seinen Ursprung hatte. So lösen sich der Praktizierende und der Guru ineinander auf, auf dass sie untrennbar werden.

Zur jetzigen Zeit, wenn wir den Guru bzw. den Buddha nur als eine unabhängige, von uns getrennte Entität wahrnehmen können, sollten wir versuchen uns daran zu erinnern, dass alles, was wir sehen, ausschließlich unseres ist und alles, was die anderen von uns sehen, hören oder denken auf unserer eigenen persönlichen Interpretation basiert. Das ist das Prinzip, das nicht nur die Basis aller buddhistisch-philosophischer Theorie ausmacht, sondern das ist auch der Grund, warum Visualisierungs-Praxis funktioniert. Louise denkt von sich selbst vielleicht als ‚Louise', sie würde sich selbst aber niemals als ‚Visualisierung von Louise' beschreiben – selbst wenn sie genau das ist. Tatsächlich ist jeder von uns eine Visualisierung seiner selbst.

Oft werden die Fragen gestellt, ob Visualisierung nicht eine kulturell geprägte Methode oder etwas Theistisches ist. Wir haben aber schon verstanden, dass es ein Fehler wäre, Guru Rinpoche oder Vajradhara so zu visualisieren, wie sie auf einem tibetischen Thangka erscheinen. Auch wenn es möglich wäre, dass wir alle genau das gleiche Thangka benutzen, wird jede individuelle Wahrnehmung verschieden sein und nicht annähernd das sehen, was der Künstler im Geiste hatte. Wenn wir daher Guru Rinpoche oder irgendeine andere Gottheit visualisieren, müssen wir wagemutig sein. Guru Rinpoche ist ein erhabenes, überragendes Wesen; und ein Aspekt von ‚erhaben' ist normalerweise ‚schön' oder wenigstens gut aussehend. Aber da unsere Interpretationen so sehr verschieden sind, ist das, was für den einen ‚gut aussehend' ist, für den anderen ‚hässlich'. Ganz gewiss müssen Amerikaner, Mexikaner und Bulgaren nicht die tibetische Version von ‚gut aussehend' erlernen. Wir können nur das Beste aus unserer eigenen Interpretation machen. Und vergiss nicht, dass es *dein* Geist ist, der diese hier gelesenen Worte interpretiert und seine Interpretation basiert auf *deinen* Gewohnheiten und Wahrnehmungen. Du magst denken, du hättest verstanden, was ich mit ‚gut aussehend' meine, aber das hast du nicht. Du hast lediglich deine eigene Version von dem kreiert, was du denkst, was ich mit ‚gut aussehend' meinen könnte.

Ein weiterer wichtiger Punkt ist, dass wir die Gottheiten nicht aus ästhetischen Gründen mit einem Vajra bzw. einer Kapala in den Händen visualisieren, oder weil Ritualgegenstände besonders nützlich wären. Manche Schüler fragen sich, ob sie die Gottheiten nicht mit modernen Attributen visualisieren sollten, wie einen iPad oder iPhone. Aber die Attribute, der Schmuck und die Gegenstände, die mit jeder einzelnen Gottheit assoziiert sind, implizieren eine wichtige symbolische Bedeutung und sollten daher unberührt so belassen werden, wie sie in den heiligen Texten beschrieben werden.

Wir wissen sehr wenig über die körperliche Erscheinung vieler großer Meister. Wir können alle nur raten, wie Guru Rinpoche tatsächlich aussah. Wenn du jeden einzelnen der tibetisch-buddhistischen Texte durchsuchen würdest, könntest du nicht eine einzige definitive Beschreibung seines Aussehens finden. Es gibt eine berühmte Photographie einer Guru-Rinpoche-Statue, die ‚Sieht-aus-wie-ich' genannt wird, aber verschiedene andere, gleichermaßen berühmte Statuen von ihm sehen ganz anders aus.

Wir sollten uns auch daran erinnern, was Buddha im Diamant-Sutra (auch als Diamantschneider-Sutra bekannt) gesagt hat:

> Diejenige, die meinen Körper als eine gewöhnliche Form
> wahrnehmen
> und meine Stimme als gewöhnlichen Klang
> befinden sich auf dem Holzweg,
> denn solche Leute sehen mich nicht wirklich.[8]

8 www.rigpawiki.org/index.php?title=Diamond_Cutter_sutra

Es gibt einen Punkt, den die allgemeinen Ngöndro-Unterweisungen nicht betonen und der gewöhnlich nur im Kontext der Sadhana-Praxis genannt wird: Während du eine Visualisierung in deinem Geist erzeugst, sollte das Bild der Gottheit klar, vibrierend lebendig und mit einer Wertschätzung für Nicht-Dualität versiegelt sein. Um dir eine Vorstellung davon zu geben, visualisiere zum Beispiel Guru Rinpoche so klein wie einen Sesamsamen, der sich in einem Palast von der Größe des Berges Meru oder manchmal des gesamten Universums befindet. Es mag vielleicht merkwürdig und hässlich klingen, aber in der Praxis funktioniert es perfekt, weil der Behälter weder zu groß noch der Inhalt zu klein ist, und der Größenunterschied zwischen Sesamsamen und Guru Rinpoche stellt überhaupt kein Problem dar. Andere Arten von Visualisierung beinhalten, dass der Palast so klein ist wie ein Sesamsamen und Guru Rinpoche die Größe des gesamten Universums annimmt, aber er dennoch ganz bequem in seinem winzigen Palast Platz hat. Dies ist eine Übung der Nicht-Dualität und wird in der Visualisierung oft benutzt.

Gendün Chöphel meinte, dass Vajrayana-Praktizierende sich daran gewöhnen müssen, das Unglaubwürdige zu glauben. Tantrische Visualisierungs-Methoden beinhalten oft, ein tobendes Inferno vor deinem geistigen Auge zu erzeugen, in dessen Mitte eine Gottheit auf einer zerbrechlich wirkenden Lotusblüte und einem kühlen Mond sitzt, eine sehr leidenschaftliche Gefährtin umarmend und von einer unbändigen Meute von zornigen Gottheiten umgeben, die ihre tödlichen Waffen schwingen. Dennoch verbrennen die Flammen nichts und niemand kommt zu Schaden. Eine rationale Analyse solcher Situation führt nur zu dem Ergebnis, vom Glauben abzufallen, da in diesem Szenario alles widersprüchlich ist und nichts davon irgendwo in unserer gewöhnlichen Wirklichkeit existieren könnte. Aber es geht hier darum, dass tantrische Praktizierende sich damit vertraut machen müssen, an das Unglaubliche zu glauben. Es ist unser Ziel, Subjekt und Objekt zu vereinen und aufzulösen, so dass sie eins werden: die Begierde mit der Wut, die Hitze mit der Kälte, das Saubere mit dem Dreckigen, der Körper mit dem Geist. Dies ist als ‚Einheit der Jnanas und Kayas' bekannt und ist die letztendliche Form von Einheit.

Gendün Chöphel sagte auch, wenn wir diese unbeschreiblichen Vorstellungen wie ‚Dharmadhatu' nicht begreifen können, dann nicht deshalb, weil wir so stark an das glaubten, was existiert. Ganz im Gegenteil: weil wir so wenig in das glauben, was nicht existiert. Es wird aber etwas dauern, bis wir dieses neue Wissen über die Nicht-Dualität in unser sehr starres System der Dualität einbringen können.

FELD DES VERDIENSTES

Visualisierung bezieht normalerweise zunächst das Erzeugen eines Feldes von Verdienst mit ein, dessen Details von der Ngöndro-Tradition abhängen, der du folgst.

Sei als Anfänger nicht zu paranoid in Bezug auf jeden einzelnen Aspekt der Visualisierung, außer natürlich dann, wenn Details dich inspi-rieren. Erinnere dich immer daran, dass alles Visualisierte selbst eine Illusion ist, eine Erfindung deiner Vorstellung, basierend auf der Interpretation deines eigenen Geistes in Bezug auf verschiedene Informationsfetzen. Im Endeffekt geht es hier darum, dass Illusionen nicht wirklich existieren.

Was ist ein ‚Feld des Verdienstes'? Stell dir vor, du willst reich werden und brauchst zum Investieren irgendeine Art von Kapital. Ein Bauer wird ein Feld brauchen, in dem er Pflanzen säen oder Tiere weiden lassen kann, ein Geschäftsmann wird ein Geschäftsdarlehen oder Investoren für das Finanzieren des neuen Unternehmens brauchen. Auf gleiche Weise müssen diejenigen, die dem spirituellen Pfad folgen, Verdienst ansammeln, um sich selbst und alle leidenden Wesen aus dem samsarischen Netz befreien zu können. Um dies zu machen, verwendet man zwei Verdienstfelder, eins der erhabenen Wesen und ein anderes der fühlenden Wesen, durch die wir letztendlich in der Lage sein werden, die Frucht der Erleuchtung zu ernten.

Beide Verdienstfelder werden daher im Rahmen der gesamten Ngöndro-Praxis benutzt. Wir visualisieren das erhabene Verdienstfeld der Buddhas und Bodhisattvas und stellen uns vor, dass sie uns unterstützen, indem sie uns mit der nötigen Kraft, Güte und Allwissenheit zur Verfügung stellen, die wir brauchen, um alle fühlende Wesen zur

Erleuchtung zu führen. Wir visualisieren fühlende Wesen im gewöhnlichen Verdienstfeld und empfinden für jedes einzelne Wesen Mitgefühl. Auf diese Weise sammeln wir durch beide Felder Verdienst an. Praktizierende sollten daher im Hinterkopf behalten, während wir durch relative Praxis Verdienst ansammeln, beten wir immer entweder zu den Buddhas oder bringen fühlenden Wesen Mitgefühl dar. Auf die eine oder andere Weise werden diese beiden Verdienstfelder stets Teil jeder unserer Praktiken sein.

Übliche Fragen

Immer wieder werden Fragen darüber gestellt, wie man jetzt genau den Guru vor sich visualisieren soll. „Wie hoch im Raum über meinem Kopf soll er sein?", „Sollte sein Gesicht mir zugewandt sein?", „Sollte er in die gleiche Richtung gucken wie ich?" Der beste Ratschlag ist: nicht zu pingelig sein. Der Vajrayana-Pfad ist nicht-dual. Tatsächlich geht es bei der Praxis nur darum, diese Nicht-Dualität zu verwirklichen, und daher müssen wir in diesem Prozess lernen, so offen und entspannt wie möglich mit all diesen Details umzugehen.

Abgesehen davon gibt es gewisse Elemente, bei denen wir sehr genau sein können. Stelle dir zum Beispiel im Ngöndro-Kontext bei der Vajrasattva-Visualisierung vor, dass er in die gleiche Richtung schaut wie du. Und wenn du ein Guru-Yoga-Sadhana praktizierst, visualisiere deinen Guru und seine Gefolgschaft so, dass sie dich anschauen und ein bisschen höher sind als du. Denn wir verblendeten Wesen neigen zu der Vorstellung, dass eine höher stehende Person besser oder mächtiger sei.

Für andere Praktiken mag es dir effektiver erscheinen, deinen Guru über deinem Kopf oder in deinem Herzen sitzend vorzustellen. Die Unterweisungen erwähnen sogar eine Visualisierung des Guru in deiner Kehle, so dass du ihm automatisch Opfergaben darbringst, wenn du isst oder trinkst. Die Auswahl möglicher Ausprägungen von Visualisierung ist grenzenlos.

6

Warum brauchen wir einen Guru?

Ehrgeizige Dharma-Praktizierende sind heutzutage sehr gut dran. Sie haben eine riesige Menge an Dharma-Informationen zum Greifen nahe, in Form von Büchern, Mitschnitten, Websites und Videos, die alle sehr nützlich sein können. Aber für diejenigen, die wirklich ernsthaft einen spirituellen Pfad folgen wollen, sind Informationen nur ein kleiner Teil des Ganzen. Um Buddhas Unterweisungen mit Haut und Haaren folgen zu können, musst du zunächst von einem spirituellen Meister, dem Guru, als Schüler akzeptiert sein. Er wird dir dann sehr spezifische Anweisungen geben, was du wann auf deinem Pfad zur Erleuchtung tun solltest. Wenn du diesem Rat folgst, wirst du viel Zeit und Mühe sparen.

Sich auf einen spirituellen Pfad zu begeben, ist vergleichbar mit dem Planen einer Reise – zum Beispiel zum Machu Picchu. Manche Reisenden werden sich dem Projekt annähern, indem sie viel Zeit für das Lesen von Reiseliteratur oder mit Googeln im Internet investieren, um die beste Reisestrecke und die besten Unterkünfte zu finden; eine durchaus funktionierende Methode, aber nur mit Einschränkungen. Andere Reisende ziehen eine viel einfachere und sicherere Methode vor: Sie bitten einen Bekannten, dem sie vertrauen, und der schon einmal am Machu Picchu war, mit ihnen zu reisen und ihnen den Weg zu zeigen. Auf gleiche Weise sollten diejenigen, die den Wunsch haben, dem buddhistischen Pfad zur Erleuchtung zu folgen, sich auf die sogenannten ‚vier Authentischen' stützen: die authentischen Worte des Buddha (seine Unterweisungen), die authentischen Erklärungen zu diesen Unterweisungen, wie sie in den von großen früheren Meistern verfassten Shastras (Kommentaren) gefunden werden können, die weitere Klärung, die das

Resultat einer authentischen persönlichen Erfahrung ist, und einen authentischen Guru, der dieser Erfahrung Ausdruck verleiht.

In der Praxis bedeutet das, dass ein authentischer buddhistischer Meister seine authentische persönliche Erfahrung der Unterweisungen und der Praxis mit dir teilen wird, die durch bedeutende Beschreibungen in authentischen Shastras geklärt wurden und sehr genau die authentischen Worte Buddhas repräsentieren. Und da ein authentischer Guru das zentrale Element in diesem Prozess ist, ist es essentiell, dass die Schüler absolutes Vertrauen in und Hingabe zu ihrem Guru haben.

Prüfe den Guru

Wie kannst du feststellen, ob der Guru, dem du begegnet bist, authentisch ist? Die praktischste und am einfachsten verfügbare Methode ist, Vernunft und gesunden Menschenverstand anzuwenden. Ist der Guru selbstsüchtig, egoistisch oder zu sehr am samsarischen Leben interessiert? Dann ist er vielleicht nicht der richtige Guru für dich. Wenn du eine Lehrerin findest, die kein Interesse am samsarischen Leben hat und zudem eine sehr gute Dharma-Praktizierende ist, solltest du dich dennoch fragen: „Ist sie mitfühlend genug, wirklich aufrichtig an meiner Erleuchtung interessiert zu sein?“.

Ein Guru kann dich auf viele Arten inspirieren, zum Beispiel wie er riecht, lächelt, sich anzieht oder durch die Tatsache, dass er ein Fan der gleichen Fußballmannschaft ist wie du. Was immer dich ursprünglich zu einem Guru hingezogen hat, ganz gleich wie oberflächlich es ist, hat das Potential, eine Verbindung zwischen euch zu kreieren. Nachdem dann die Verbindung aufgebaut ist, ist es wichtig, ihn ausgiebig zu prüfen. Dieser Ratschlag kommt von Buddha selbst, der lange bevor die moderne Welt es chic fand, die Redefreiheit zu feiern, aufzeigte, wie sehr er die Kraft der Logik und Beweisführung respektierte, indem er betonte, wie wichtig es sei, einem Lehrer nicht blind zu folgen. Er riet uns nachdrücklich, eine umfassende Prüfung des Guru durchzuführen, und zusätzlich müssen wir uns heutzutage vollständig gewahr sein, dass die spirituellen Lehren auch von viel kulturellem Schnickschnack begleitet sein können.

Die Globalisierung macht unsere Welt scheinbar kleiner und eins der Symptome demokratischer Systeme vieler Länder der Alten Welt ist, dass diejenigen, die an der Macht sind, notwendigerweise gänzlich transparent arbeiten. Dies ist ein gesundes Prinzip, aber Durchsetzung der Transparenz ist nicht unbedingt nützlich. In den letzten Jahren waren etliche tibetische Lamas einiger Kritik ausgesetzt, die meist ihren Ursprung in europäischen oder amerikanischen Zeitungen hatte. Erst kürzlich hat eine Journalistin darüber geschrieben, wie materialistisch tibetische Lamas sind, und beim ersten Lesen stimmte mich das etwas defensiv. Dann habe ich es nochmals gelesen und musste zugeben, dass sie einige gute Argumente hatte. Sie beschrieb, wie tibetische Lamas ihre reichen, modernen Schüler als zu leistungsorientiert beschimpften. Dann zeigte sie jedoch auf, wie genau dieselben Lamas ihre Gönner in den Industrieländern aussaugen, um sich dann in Nepal oder Indien teure neue Autos oder Golduhren zu kaufen. Und sie hat recht: Das passiert ständig. Man könnte sogar so argumentieren, dass es von einer gewissen engstirnigen Perspektive aus ausreichen würde, wenn alle hohen Lamas ihre silbernen und goldenen Untertassen verkauften, um hunderte hungernde Kinder für Monate zu ernähren.

Bevor wir aber diese Rolex-tragenden Lamas allzu streng beurteilen, dürfen wir nicht vergessen, dass selbst Mönche ganz einfach und bescheiden erscheinen, sich aber in Wirklichkeit hinter einer scheinheiligen Maske verstecken. Manche Lamas werden schon allein durch die Vorstellung von Angst gelähmt, dass ihr so mühsam aufgebautes Bild der Bescheidenheit und Einfachheit als Trug entlarvt werden könnte. Für sie ist so wichtig, bescheiden und einfach auszuschauen, dass sie enorm leiden würden, wenn jemand ihnen vorwirft, ihr wahres ‚Gesicht' zu verstecken. Aus dieser Sicht heraus schätze ich die Lamas, die einfach das machen, wonach ihnen der Sinn steht, ohne dass sie sich um das Kultivieren eines bescheidenen Images kümmern; und wenn sie vier goldene Rolex-Uhren tragen wollen – nur zu! Sollen sie sie doch tragen! Wir müssen jedoch sorgsam mit der Art von Logik und Beweisführung sein, wenn es darum geht, unserer Gurus zu prüfen.

Lehrer manifestieren sich, um Schüler zu inspirieren

Ein guter Lehrer weiß effektiv zu lehren, aber ein großartiger Lehrer inspiriert Schüler auf allen Ebenen, vom Anfänger bis zu den erfahreneren Praktizierenden, deren Quellen der Inspiration sich verändern, wenn sie sich mehr und mehr spirituell entwickeln. Unsere Welt ist sehr urteilend und wir wissen nur zu gut, wenn der amerikanische Präsident oder ein steinreicher Sportler etwas auch nur annähernd Anrüchiges getan hat, werden seine Gegner und besonders die Medien gleich großes Aufhebens darum machen. Dieser gleiche beurteilende Geist wird dem Guru oft von Schülern entgegengebracht, die versuchen, seinen Wert an ihren eigenen Vorstellungen zu messen, wie sich eine moralisch korrekte und zuverlässige Person zu verhalten habe. Das Problem ist jedoch, dass die gesuchte Wahrheit mit der spirituellen Reife des Schülers wächst, daher muss der Guru dementsprechend recht unterschiedliche Arten von Inspirationen anbieten. Anfänger werden oft durch die Einfachheit und Bescheidenheit des Guru inspiriert. Wenn aber später die Zeit kommt, in der Konzepte durchbrochen werden, dann ist ein Guru, der in der Erscheinung und dem Charakter eines moralischen Entsagenden feststeckt, wahrscheinlich unfähig, herausfordernd genug zu sein, all die Barrieren nieder zu reißen, welche den Fortschritt des Schülers verhindern.

Der Wunsch nach Inspiration und die Neigung desinteressiert zu werden – beides sind relative Reaktionen: Manche werden durch den Anblick eines besonnenen Mönchs mit Bettelschale inspiriert, andere durch einen halb betrunkenen, halbnackten Yogi. Gewisse Vajrayana-Schüler ziehen viel mehr Inspiration aus dem Anblick eines bizarr gekleideten mit Goldschmuck behangenen Guru, der alle Regeln der sozialen Etikette bricht, als von einem perfekten Mönch. Das zeigt wieder, wie relativ und subjektiv die Quellen der Inspiration sind. Es ist nicht nur so, dass wir alle Inspiration aus unterschiedlichen Quellen beziehen, aber was den Fünfzehnjährigen inspiriert hat, wird nicht mehr den gleichen Effekt haben, wenn dieselbe Person auf die Vierzig zugeht.

Daher ist es ganz gleich, wie genau wir den Guru prüfen und seinen Wert abzuschätzen versuchen, ganz gleich wie logisch und vernünftig unsere Argumente sein mögen – wichtig ist, sich zu erinnern, dass alle Methoden begrenzt sind. Und unserer Logik und Analyse hundertprozentig zu vertrauen wäre sehr töricht.

Der Guru

Eine der Bedeutungen des Sanskrit-Wortes ‚Guru' ist ‚Lehrer' oder ‚Meister' und repräsentiert eine Person, die lehrt oder Wissen vermittelt, wie ein Tischler einen Lehrling unterweist. Stell dir vor, obwohl du weder Talent noch eine Anstellung hast, müsstest du eine große Familie ernähren. Eines Tages bietet dir ein Tischler an, dir das Arbeiten mit Holz beizubringen. Nachdem du ein paar Monate mit ihm gearbeitet hast, fangen deine Nachbarn an, dich für Tischlerarbeiten zu bezahlen. Stell dir vor, wie dankbar du deinem Lehrer gegenüber wärst und wie sehr du seine Hilfe wertschätzen würdest, da er dir die Fähigkeiten vermittelt hat, deinen eigenen Lebenserwerb zu bestreiten. Auf dem spirituellen Pfad können wir nur vollständige spirituelle Erleuchtung erreichen – ein viel größeres Projekt, als bloß leere Bäuche zu füllen – und eines, das nur mit Hilfe eines Gurus möglich ist. Finden wir jemanden, der uns akzeptiert und lehrt, sollte unsere Wertschätzung keine Grenzen kennen.

In den Vajrayana-Texten steht, dass ein Guru für jemanden, der Erleuchtung sucht, wichtiger ist als die Buddhas der drei Zeiten zusammen. Sein Job besteht nicht nur darin, die Schüler zu unterweisen, sondern sie zu leiten. Er ist unser wichtigster Gefährte, unsere Familie, Ehemann, Ehefrau und geliebtes Kind, denn nur er kann uns zur Erleuchtung führen.

Leider hat in vergangenen Jahren der Begriff des *Guru* seine ursprüngliche Bedeutung verloren. Die verblendeten Wesen sind heutzutage gierig nach allem Reinem und Makellosen, daher greifen sie nach dem Guru-Prinzip, ruinieren und verstoßen es, und begeben sich dann zum nächsten vollkommenen Schatz, den sie wieder in Schutt und Asche legen. Dies ist schon viel zu oft geschehen und dadurch wird Gurus in der modernen Welt oft misstraut und sie werden in der Öffentlichkeit ins Lächerliche gezogen. Wenn jemand aber ernsthaft einem spirituellen Pfad folgen will, dann ist die Führung durch einen Guru durch nichts zu ersetzen.

Wir folgen einem spirituellen Pfad, weil wir unsere Emotionen besiegen und Erleuchtung erreichen wollen. Um dieses Ziel zu erreichen brauchen wir Disziplin, Anleitung und den Mut, uns mit dem zu konfrontieren, was wir über viele Lebzeiten hinweg versucht haben zu vermeiden. Genau damit versorgt uns der Guru, indem er unsere vorgefassten Konzepte herausfordert, unser Leben stört und insbesondere dem Ego jegliche Wünsche verwehrt. Daher hat Jigme Linga nachdrücklich geraten, dass wir eine ausführliche Untersuchung des Guru durchführen sollten, bevor wir ihm oder ihr eine Freikarte geben, unsere Leben zu torpedieren, denn wir müssen in der Lage sein, ihm völlig zu vertrauen. Unglücklicherweise kümmern sich heutzutage nur wenige Menschen um solche Details und dieser Teil des Prozesses wird zu oft übersehen.

Warum sucht ein Schüler nach einem Guru?

Was treibt den Schüler dazu an, einen Lehrer zu suchen? Im Idealfall der Wunsch nach persönlicher Erleuchtung und der Erleuchtung aller fühlenden Wesen. Aber nur ganz selten beginnen wir mit diesem Wunsch. Menschen beginnen normalerweise für eine spirituelle Perspektive Interesse zu entwickeln, wenn sie mit einer Tragödie, mit körperlichen Schmerzen oder hoffnungslosen Prognosen konfrontiert werden, denn erst wenn wir erkennen, dass das Leben vollgestopft ist mit endlosem Leiden, beginnen wir voll Furcht und Grauen nach Wegen zu suchen, das Leiden zu vermeiden. Wenn wir vor solch einem Hintergrund in die Nähe eines Lehrers stolpern, sehen wir in ihm bloß eine Person, bei der wir uns beschweren oder ausheulen können, mit der wir über alles sprechen können oder zu der wir beten – wie ein Ersatzmann für unseren Psychiater, Therapeuten oder gar Gott. Es dauert vielleicht ein wenig, aber irgendwann werden wir erkennen, dass der einzige Ausweg aus dieser schmerzvollen Existenz die Erleuchtung ist, und dass wir diese nur erreichen, wenn wir einem spirituellen Pfad folgen und einen spirituellen Meister finden.

Der Hunger nach Erleuchtung hilft uns, echte Hingabe für den spirituellen Pfad zu entwickeln, aber solch ein Sehnen ist schwer hervorzurufen und aufrechtzuerhalten. Hingabe mag in unserem überfüllten Geist alle Jubeljahre mal entstehen, wird dann aber schnell durch die vielen benachbarten und drängelnden Emotionen verschmutzt. Aber auch wenn wir nur Bruchstücke authentischer Hingabe erfahren, ist deren Wert unermesslich, da uns selbst ein winziger Schimmer zum richtigen Pfad führen kann.

Theoretisch suchen wir nach einem Guru, weil wir uns nach Erleuchtung sehnen, aber in der Praxis fühlen sich Schüler aus ziemlich verschiedenen Gründen zu ihm hingezogen. Er mag zum Beispiel körperlich hinreißend sein, ein unwiderstehlich keckes Hinterteil oder eine schöne Stimme haben, und für manche von uns mögen dies die einzigen Kriterien sein, auf die wir ansprechen können. Sobald wir angebissen haben, sollten wir jedoch versuchen, diese gewöhnlichen Attraktionen in Hingabe zu verwandeln und unserem Guru aufgrund einer Sehnsucht nach Erleuchtung zu folgen. Wenn wir so unsere Motivation korrigieren können, wird unsere Beziehung zu unserem Guru niemals wanken. Wenn jedoch unsere Motivation durch den Wunsch nach materiellem Gewinn oder anderen weltlichen Begierden verunreinigt ist, wird sie definitiv in die falsche Richtung laufen. Eine fehlerhafte Motivation führt zu falschen Erwartungen, die ein Guru niemals erfüllen kann. Und auch wenn wir uns selbst als Schüler eines spirituellen Pfades ansehen, impliziert diese fehlerhafte Motivation, dass wir weiterhin all die weltlichen Enttäuschungen erfahren werden, die wir schon immer erlebt haben, wenn unsere samsarischen Pläne zerschlagen wurden.

Wenn die Beziehung langsam heranreift, beginnen wir unseren Guru nicht mehr als unseren Meister, sondern als Schlüssel für unseren spirituellen Pfad anzusehen. Er wird nicht länger nur derjenige sein, der uns mit Bücherlisten und Antworten auf unsere endlosen Fragen versorgt, sondern nichts weniger, als die manifestierte Verkörperung unserer Buddha-Natur. Da die Buddha-Natur so abstrakt ist, dass es tatsächlich unmöglich ist, sie von allein zu erschließen, bitten wir unseren Guru als der Reflexion unserer Buddha-Natur, dies für uns zu tun. Dies ist lediglich eine Art und eine Weise ‚den Guru zum Pfad zu machen'.

Es wird im Vajrayana gesagt, dass der Guru der Buddha *ist*, dass der Guru der Dharma *ist* und dass der Guru der Sangha *ist*. *Guru* bezieht sich hier nicht nur auf den äußeren Guru, sondern auch auf den inneren und geheimen Guru. So ist der Guru auf der tiefgründigen Ebene nicht nur unserer Lehrer, sondern unser gesamter spiritueller Pfad.

Der Guru *ist* der Dharma

In den Sutras erscheint immer wieder der gleiche Ratschlag darüber, wie man einem Guru folgt, der oft als die ‚Vier Verlässlichkeiten' bezeichnet wird: Verlass dich nicht auf die Person, sondern auf den Dharma, den er lehrt, konzentriere dich nicht auf die oberflächliche Bedeutung seiner Worte, sondern auf ihre vollständige und komplette Bedeutung, verlass dich nicht auf die zu interpretierenden Unterweisung, sondern auf die absoluten Unterweisungen, verlass dich nicht auf den Geist, sondern auf Weisheit.

In unserem alltäglichen Leben sind wir nur selten erfolgreich darin, andere aufgrund von Erscheinung und Verhalten zu verurteilen. Auf dem spirituellen Pfad ist es gar keine gute Idee, von der Persönlichkeit und dem Charakter deines Guru all zu abhängig zu werden. Nachdem du ihn ausführlich analysiert hast und dich entschieden hast, ihn als deinen Pfad anzunehmen, ist es wichtig, ihn nicht länger als eine ‚Person' zu klassifizieren, denn von dem Punkt an *ist* der Guru der Dharma.

Kritisiere dich nicht im Nachhinein

Obwohl du einen Guru gefunden hast, dich von seiner Authentizität überzeugt hast und von ihm angenommen wurdest, wirst du dich nach einer Weile fragen, ob du das Richtige gemacht hast. Vielleicht war deine Analyse über deinen Guru fehlerhaft? Und hast du wirklich alle Aspekte seines Charakters und Lebensstils untersucht? Wenn du viel Zeit zur Verfügung hast und danach strebst, jeden einzelnen deiner diskursiven Gedanken zu befrieden, kannst du solange du willst mit dem Analysieren deines Guru weitermachen. Aber wenn du ungeduldig bist, das andere Ufer (Erleuchtung) zu erreichen und die Kürze der Zeit erkennst, ist die schnellste Methode, einfach einen Guru auszuwählen und loszulegen! Durch diese essentielle Entscheidung wird dein Guru dein Pfad werden und du musst unerschütterliche Hingabe zu ihm entwickeln, denn Hingabe ist eine extrem kraftvolle Methode, die dir garantiert unermesslichen Segen bringt, solange es sich um einen vollständig qualifizierten, authentischen Vajra-Meister handelt. Aber damit all das zusammen passt, musst du zunächst das Problem lösen, ob der dir bekannte Meister qualifiziert genug ist, dein Guru zu sein oder nicht, und insbesondere, was ‚qualifiziert' wirklich bedeutet.

Jigme Lingpa sagte, dass es extrem wichtig ist, sowohl den Guru zu untersuchen als auch deine Motivation, warum du ihn auswählst. Aber erinnere dich, dass du auf dem Pfad schon recht fortgeschritten sein musst, um den Unterschied zwischen einem qualifizierten und unqualifizierten Meister erkennen zu können. Bis dahin ist dies ein Aspekt der spirituellen Praxis, der eventuell verwirrend sein kann.

Die Qualitäten, nach denen man in einem authentischen Guru sucht

Heutzutage sind qualifizierte Meister extrem selten und gemäß Jigme Lingpa war das auch schon vor ungefähr 300 Jahren der Fall. Sein Klagen über die Knappheit qualifizierter Meister wird bis zum heutigen Tage studiert. Was sind die Qualitäten, nach denen wir bei einem Guru suchen sollten?

1. EIN AUTHENTISCHER GURU IST AUCH EIN DHARMA-PRAKTIZIERENDER

Viele der sogenannten Gurus sind heutzutage wie taube Musiker, die entweder nicht praktizieren oder nicht über genug Wissen verfügen, richtig zu lehren. Und selbst wenn, setzen sie niemals das, was sie lehren, in die Praxis um.

Longchenpa meinte, dass diejenigen, die in diesen degenerierten Zeiten leben, verwöhnt sind, da sie niemals mit der ihnen angebotenen Hilfe zufrieden sind. So wie ein junger Vogel warten muss, bis sich seine Flügel stärken und seine Federn groß genug gewachsen sind, bevor er versucht zu fliegen, ebenso sind Praktizierende unfähig, fühlenden Wesen echt zu nutzen, bis sie nicht sich selbst zunächst spirituell genährt und zur Reife gebracht haben. Und ohne ein gewisses Maß an Allwissenheit ist es fast unmöglich, anderen wirklich zu helfen. Longchenpa rät uns daher darauf zu achten, zu Beginn unseres spirituellen Pfades selbst gut für uns zu sorgen und uns immer an unseren Wunsch zu erinnern, anderen nutzen zu wollen.

Einen Ratschlag von jemanden anzunehmen, der nicht praktiziert hat, ist gemäß Kongtrul Rinpoche wie das zu Rate Ziehen eines Medizinbuchs, wenn du krank bist: Es mag intellektuell befriedigend sein es zu lesen, aber wenn du wirklich Hilfe – praktische Hilfe – brauchst, ist ein Buch völlig nutzlos.

2. EIN AUTHENTISCHER GURU MODIFIZIERT DIE UNTERWEISUNGEN NICHT ZUR EIGENEN BEREICHERUNG

Das Verbreiten des Dharma ist wichtig, aber er sollte niemals um des materiellen Gewinns willen gelehrt werden, ansonsten würde er seine Kraft verlieren und degenerieren, wie bereits viele der alten Weisheitstraditionen der Welt. Nehmen wir zum Beispiel die Mode, indischen Yoga als körperliche Ertüchtigung zu praktizieren, wie es in den letzten Jahrzehnten bekannt geworden ist. Wie viele der gegenwärtigen Yoga-Lehrer erwähnen auch nur die Sicht und Motivation hinter authentischen Yoga-Praktiken oder lehren traditionelle Elemente wie Verbeugungen zum Guru zu machen oder in ihren Präsentationen Gebete rezitieren? Es gibt wenige, aber nicht viele. Meistens wird das Spirituelle der Yoga-Praxis beiseite geschoben, so dass die modernen Yoga-Sitzungen angenehmer in die Zeitpläne von gesundheitsbewussten Angestellten passt – und machen es so profitabler für die Lehrer. Und sobald eine Aktivität wie Yoga bloß ein weiterer Goldesel geworden ist, verliert es schnell seinen spirituellen Charakter.

Hast du jemals eine Tasse von traditionell aufgegossenen englischen Tee genossen, aus einer Porzellan-Teekanne eingeschenkt und in passenden Tassen mit Untertassen serviert? Es ist so elegant! Der Tee bekommt selbst eine völlig andere Qualität, wenn die Atmosphäre von ‚englischem Tee' authentisch kreiert wurde. Dennoch ist auch richtiger englischer Tee heutzutage eine weitere, relativ seltene Erfahrung. Die meisten Leute trinken den Tee aus abgedeckten Fast-Food-Plastikbechern und schütten ihn auf ihrem Weg zur Arbeit hinunter. Dies mag eine schnelle und effektive Methode zur Nahrungsaufnahme sein, aber in diesem Prozess geht dabei so viel verloren. Natürlich sind die meisten Pendler ziemlich glücklich mit ihrer schnellen Tasse, aber für einen wirklichen Tee-Fanatiker ist das traditionelle Ritual unschlagbar. Gleichermaßen sollten Gurus den Dharma nicht an die Bedürfnisse von geschäftigen, materialistischen Leuten anpassen, die eine geschäftsmäßige Methode zum Erhalten von Unterweisungen fordern, damit es in ihren Lebensstil passt. Würde das geschehen, würde viel zu viel von der Essenz eines authentischen spirituellen Pfades verloren gehen.

3. EIN AUTHENTISCHER GURU IST TEIL EINER AUTHENTISCHEN ÜBERLIEFERUNGSLINIE

Der großartige Sakyapa-Meister Drakpa Gyaltsen erklärte, dass ein Guru ohne Überlieferungslinie keinen Segen weitergeben kann.

Die grundlegende Sichtweise des Buddha-Dharma ist, dass nichts zufällig geschieht und alles aufgrund von Ursachen und Bedingungen entsteht; daher bleibt uns keine Wahl, als uns auf die richtigen Ursachen und Bedingungen für das Erreichen der Befreiung zu stützen. Die Ursache und Bedingung dafür, einen spirituellen Meister zu treffen und von ihm akzeptiert zu werden ist absolut wesentlich, denn nur durch die Nähe zum Guru können unsere tugendhaften und spirituellen Qualitäten entfacht und vermehrt werden.

Die Guru-Yoga-Praxis hat überhaupt nichts mit der Anbetung von externen Wesen zu tun, noch ist es eine recht eintönige Methode, um den Guru als unseren Lehrer anzuerkennen. Guru Yoga ist die einzige Art und Weise, eine Brücke zwischen uns und der Natur unseres Geistes zu schlagen. Daher ist es nicht nur wichtig, einen authentischen Guru zu finden, er muss auch eine authentische Überlieferungslinie halten. Als begrenztes Wesen können wir die Wirksamkeit eines Pfades und von jemandem, der auf diesem Pfad verweilt (in diesem Fall den Guru) nur messen, indem wir die Geschichte der spirituellen Erfahrungen unseres Guru zu Rate ziehen, und auch diejenige seiner Gurus und all der anderen Gurus dieser Überlieferungslinie. Unser Vertrauen in jemanden zu setzen, der völlig unabhängig von allen Überlieferungslinien ist und behauptet, er hätte gewisse Eingebungen gehabt, ist sehr riskant. Wenn du einem selbst ernannten Guru folgst, werd dir klar, dass du auf dich gestellt sein wirst, da es keine Möglichkeit gibt, die Wahrhaftigkeit seiner Behauptungen zu prüfen. Vielleicht ist er auch ein Scharlatan. Sicherzustellen, dass dein Guru einer Überlieferungslinie angehört, ist eine große Hilfe zur Authentifizierung seiner Weisheit und Verwirklichung, so wie die Universitäten, an denen eine Gelehrte studiert hat und von der sie Qualifikationen erhalten hat, sich viel Mühe geben, die Authentizität ihrer akademischen Stellung nachzuweisen.

Zumindest muss ein qualifizierter Guru mitfühlend und zum Wohle anderer arbeiten und nicht für sich selbst.

Verdienst und Guru

Auch hier spielt Verdienst eine wichtige Rolle, denn den richtigen Guru zu finden bedarf einer großen Menge davon. Ohne Verdienst ist es noch nicht einmal möglich, den Wunsch zu hegen, einen spirituellen Meister zu treffen, ganz zu schweigen von dem Entwickeln der Fähigkeit, nüchtern und mit der richtigen Motivation zu unterscheiden, ob ein Guru sowohl authentisch als auch der Richtige für dich ist. Einen Guru zu finden ist eine Sache, genug Verdienst zu haben, deine Wahl nicht anzuzweifeln und niemals aufzuhören ihm völlig zu vertrauen, ist eine ganz andere und braucht ozeangleiches Verdienst. Tatsächlich braucht es auf jeder Stufe deiner Beziehung mit einem Guru Verdienst.

In diesem Leben schlummert das Verdienst, das du durch deine karmische Verbindung mit deinem Guru angesammelt hast, latent, wie auf einer Warteliste für einen Sitzplatz in dem Flug zur Erleuchtung. Sobald du einen Guru triffst, beginnt dieses Verdienst zu reifen, und dann könnte wirklich alles passieren. Wie sich dein spiritueller Pfad irgendwann entfaltet, wird durch dich und deinen Guru entschieden werden. Er mag dir zum Beispiel raten, mit deiner gegenwärtigen Lebensweise aufzuhören und etwas vollständig Anderes zu machen. Wenn er das macht, ist das der Pfad, dem du folgenden solltest, denn du musst alles Notwendige unternehmen, um Erleuchtung zu erreichen.

Spiritueller Fortschritt wird an Hingabe gemessen

Auf jeder Stufe der Dharma-Praxis wird Verständnis, Erfahrung und Verwirklichung in deinem Geist wachsen. Daher ist es ganz gleich, wie viel oder wie wenig Vertrauen du hast, die von dir aufgrund deiner Verwirklichungen gezogenen Schlüsse sind ganz allein deine. Aus diesem Grund ist der einzige Indikator für deinen spirituellen Fortschritt, ob deine Hingabe zu deinem Lehrer und dein Mitgefühl für die fühlenden Wesen wächst oder nicht. All die Visionen, Träume oder Medaillen von Dharma-praktizierenden Gilden sind völlig bedeutungslos und haben keine Relevanz.

TEIL 2

Das Ngöndro

7

Zuflucht nehmen

Warum Zuflucht nehmen?

Es gibt drei Situationen oder ‚Bedingungen', die uns locken, Zuflucht zu nehmen: Angst, Vertrauen oder Hingabe und Mitgefühl. Innerhalb dieser drei ist Angst die Mächtigste.

ANGST

Wir neigen dazu, Angst vor weltlichen Aktivitäten zu haben, insbesondere wenn diese mit Gewinn oder Verlust zu tun haben. Wenn es zum Beispiel regnet, nehmen wir – aus Angst nass zu werden – Zuflucht unter einem Schirm. Die gleiche Art von Angst drängt Bauern und Geschäftsleute in buddhistischen Ländern dazu, Gebete in buddhistischen Schreinen zu rezitieren, obwohl sie kein Interesse an der Philosophie haben. Weder die Wirklichkeit der wechselseitigen Abhängigkeit noch Leerheit bedeutet diesen Leuten etwas, aber da sie in einem buddhistischen Land wohnen, wurden Buddha, Dharma und Sangha zu einer Art ‚Gott' für sie. Daher beten sie in papageienhafter Manier zu den drei Juwelen für ein langes Leben, ein gutes Geschäft und ertragreiche Ernten und bringen zum Dank Opfergaben dar oder umkreisen heilige Reliquien.

Obwohl solch eine Haltung nicht das letztendlich Ziel der Zufluchtnahme ist, sollten wir diese nicht verspotten, da es für Menschen mit einfachem Glauben wie ein Sprungbrett für ein komplexeres Verständnis sein kann. Zudem ist es auch keine Haltung, die man ausschließlich bei denjenigen findet, die in traditionellen buddhistischen Gesellschaften geboren wurden. Die meisten Leute, die den Buddha-Dharma als ihren Pfad annehmen, nehmen Buddha als ihren Retter wahr wie Christen ihren Jesus, und nehmen meist in ihn Zuflucht, da sie Angst haben und das Gefühl, sie bräuchten Schutz. Das ist die erste Art der Angst, die Praktizierende bewegt, Zuflucht zu nehmen.

Die zweite Angst ist die in Bezug auf die samsarischen Leiden, wie eine Wiedergeburt in der Hölle. Diejenigen, die an dieser Angst leiden, sorgen sich wenig um eine schlechte Ernte oder Zinssatzerhöhungen; ihre große Angst ist es, auf Samsara reinzufallen und darin gefangen zu werden. Durch das Entwickeln der ‚Weisheit des Wissens' erkennen sie die Gefahr, die darin besteht in Samsara festzusitzen, und ihr Mitgefühl mit allen fühlenden Wesen führt sie dazu, nicht nur Samsara zu fürchten, sondern auch die Selbstbezogenheit, sich nur nach der eigenen Befreiung (Nirvana) zu sehnen.

Die dritte Art der Angst, an der Vajrayana-Praktizierende – zusätzlich zu der Angst vor Samsara und Nirvana – leiden, ist die Angst vor ‚unreiner Wahrnehmung', denn solange unsere Wahrnehmung nicht rein ist, kann die Wurzel der extremen Dualität niemals gekappt werden.

VERTRAUEN

Was immer wir im Leben machen, benötigt ein gewisses Maß an Vertrauen. Wenn du zum Beispiel eine Tasse Tee möchtest, hast du keine andere Wahl, als darin zu vertrauen, dass die Inhaltsstoffe, die benötigten Zubereitungsutensilien und die Methoden und Fähigkeiten des Tee-Machers zusammenkommen und eine köstliche Tasse Tee hervorbringen. Damit dies zum Erfolg führt, darf dich nicht ein einziges dieser Elemente täuschen. Wenn dein schön entworfener Tee-Beutel mit dem eleganten Faden und dem Etikett keine Tee-Blätter beinhaltet, wird er nicht in der Lage sein, das heiße Wasser mit Tee zu durchtränken. Obwohl es wie ein Tee-Beutel aussieht, kann es seine Aufgabe nicht erfüllen, es ist ‚täuschend'.

Die Entscheidung, einem spirituellen Pfad zu folgen, ist der ausschlaggebendste Punkt im Leben einer Person. Sie baut normalerweise darauf auf, dass das Vertrauen in weltlichere Ziele des Lebens betrogen wurde, so dass du dich entscheidest, auf einen vertrauenswürdigeren Pfad zu wechseln. Wenn dich das Hören, Kontemplieren und Meditieren über die Unterweisungen inspiriert, wirst du dich wahrscheinlich entscheiden, dich auf die Logik des Dharma zu stützen. Und wenn du allmählich einen unerschütterlichen Glauben und Vertrauen in Buddha, Dharma und Sangha entwickelt hast, wirst du damit anfangen, dem Pfad zu folgen, von dem du glaubst, dass er der einzig wahre, nicht täuschende dieser Welt sei. Auf diesem Vertrauen aufbauend, nimmst du Zuflucht.

Natürlich gibt es andere Gründe, Zuflucht in die drei Juwelen zu nehmen, wie zum Beispiel das Entwickeln einer festen Überzeugung in die erleuchteten Qualitäten der Befreiung. Und sobald dir all diese Begründungen anfangen Sinn zu machen, wird die Vorstellung von Freiheit immer attraktiver werden. Dies ist einfach eine andere Art und Weise zu sagen, dass Hingabe und Vertrauen in Buddha, Dharma und Sangha in deinem Geist einen Platz eingenommen haben.

Sobald du glaubst, dass die drei Juwelen dich nicht täuschen werden und sie die höchste Wahrheit repräsentieren, gibst du dich durch die Zufluchtnahme den drei Juwelen hin.

MITGEFÜHL

Für Mahayana-Schüler ist ein noch bedeutenderer Ansporn zur Zufluchtnahme das Mitgefühl, das wir empfinden, sobald wir erkennen, dass jedes einzelne fühlende Wesen, welches im samsarischen Leiden gefangen ist, schon irgendwann einmal jemand war, den wir aus ganzem Herzen geliebt haben und der vielleicht sein Leben für das Befriedigen unserer selbstbezogenen, emotionalen Bedürfnisse aufgeopfert hat. Aber auch wenn wir einmal diese Erkenntnis hatten, sind wir immer noch machtlos zu helfen, da wir zu sehr beeinflusst und völlig abhängig sind von unseren minderwertigen Bedingungen und Umständen.

Wir kann dann ein hilfloser Mensch, der Zuflucht nimmt, jemand anderem Zuflucht gewähren? Shantideva erklärt, wenn du von jemandem beschützt wirst, der machtvoller ist als du selbst, ermöglicht dir das, auch anderen Schutz zu geben. Du wirst daher in der Lage sein, auch anderen Zuflucht, Unterstützung und Schutz zu geben, sobald du Zuflucht in Buddha, Dharma und Sangha genommen hast.

Zuflucht nehmen: Die Theorie

In Vajrayana-Texten werden Buddha, Dharma und Sangha oft mit anderen Begriffen präsentiert, wie zum Beispiel ‚Guru, Deva und Dakini' oder im Longchen Nyingthik Ngöndro ‚Prana, Nadi und Bindu' oder gar ‚Dharmakaya, Sambhogakaya und Nirmanakaya'. Die Worte, die wir nutzen um zu spezifizieren, in wen oder was wir Zuflucht nehmen, spielen nur eine geringe Rolle. Viel wichtiger ist es, die Bedeutung hinter den rezitierten Worten zu verstehen und das ist: Akzeptieren, dass wir Buddha-Natur haben und dementsprechend Erleuchtung erlangen können.

Stell dir vor, du spülst eine stark verschmutzte Kaffeetasse. Wenn du die Tasse in heißes Abwaschwasser tauchst, was machst du da eigentlich? Die meisten von uns würden sagen „Ich spüle diese Tasse ab". Aber tust du das? Spülst du die Tasse oder beseitigst du die Flecken von der Tasse? Die Anweisungen, die deine Mutter dir gab, als sie dir das Abwaschen beibrachte – in unserem Sinne, die ‚Kernanweisung' – war: „Geh und wasch deine Tasse ab". Aber obwohl sie das quasi täglich sagte, hat sie niemals erklärt, dass die Kaffeeflecken und die Tasse getrennt und verschieden voneinander sind, und dass ‚die Tasse abwaschen' in Wirklichkeit bedeutet, die Flecken von einer Tasse zu entfernen, die niemals jemals etwas anderes als sauber war beziehungsweise sein wird. In der Praxis ist jedoch ihre auf jahrelanger Abwascherfahrung basierende Kernanweisung sehr einfach und jeder kann sie verstehen und die Aufgabe erfüllen. Dennoch sind die Tasse und der Schmutz zwei getrennte Entitäten. Du spülst nicht die Tasse, du spülst den Schmutz ab. Wenn du die Tasse spülen würdest, würde sie vollständig verschwinden. Der Schmutz ist also abwaschbar, und das hat überhaupt nichts mit der Tasse zu tun.

Dieses Beispiel ist eine ziemlich gute Veranschaulichung einer der tiefgründigsten Theorien des Bodhisattvayana: Wir alle besitzen das Potential Buddhas zu werden, weil wir alle die Buddha-Natur haben. Das Problem ist jedoch, dass wir sie erst erkennen und verwirklichen müssen. Was hält uns jedoch von der Verwirklichung der Buddha-Natur ab? Oder anders ausgedrückt: Was hält uns davon ab, zu verstehen, dass die Tasse immer sauber war und sein wird? Viele Zeitalter von angesammelter Verblendung.

Wenn dir die Information fehlt, dass die Buddha-Natur inhärent in allen von uns ist, könnte dich das einfache Befolgen der Kernanweisung dazu verleiten, einen sehr verbreiteten Fehler zu machen. Über viele Jahrhunderte hinweg haben viele Vajrayana-Praktizierende den Fehler gemacht, sich den Buddha als eine Person vorzustellen, die im Himmel vor dir sitzt und die du um einen Gefallen bittest. Das ist eine theistische Herangehensweise, die viel mehr mit den konventionellen Religionen wie Christentum als mit Buddhismus zu tun hat. Und wenn die Schüler häufig fragen: „Wie lange soll ich Zuflucht nehmen?", ist die Antwort: „Bis derjenige, der Zuflucht nimmt und das Objekt der Zuflucht untrennbar werden" schon selbst eine Erinnerung daran, dass das letztendliche Zufluchtsobjekt nichts Externes, sondern die Natur unseres Geistes ist.

In Indrabhutis *Yeshe Drubpa*[9] wird gesagt, dass Buddha, Dharma und Sangha letztendlich in unserem Geist existieren und dass alle Gedanken, selbst die flüchtigsten, ihre Manifestation sind. Auf dieser Ebene sind selbst die unwichtigsten Gedanken unbefleckt von Verblendungen und ursprünglich rein, und enthalten daher die Qualitäten des Erleuchteten. Wie Jigme Lingpa sagt, ist das völlige Vertrauen in die drei Juwelen die letzte Stufe der relativen Zufluchtspraxis. Und deinen eigenen Geist als die drei Juwelen anzusehen ist die letztendliche Stufe der absoluten Zufluchtspraxis.

Zuflucht nehmen: Die Kernanweisungen

Die Kernanweisungen für die Zufluchtnahme variieren. Eine Methode ist Zuflucht in den Buddha als den Lehrer, in den Dharma als den Pfad und in den Sangha als unsere Weggefährten zu nehmen. Eine andere

---

9 Die Vervollkommnung der Weisheit (Skt. Jnana Siddhi oder jnana-siddhirna-masadhanam; Tib. yeshes grubpa zhesbya ba'i sgrubpa'i thabs), T2219 des tibetischen Tengyur

im Vajrayana gelehrte Methode besteht darin, absolutes Vertrauen in den Guru als den Buddha, den Guru als den Dharma und den Guru als den Sangha zu haben, und sogar noch expliziter: Der Geist ist Buddha, der Geist ist Dharma und der Geist ist Sangha.

Warum visualisieren wir unseren Guru in Form eines Buddha oder einer anderen außergewöhnlichen Form? Warum visualisieren wir den Guru überhaupt? Warum visualisieren wir nicht einfach die Form von Buddha Shakyamuni und glauben daran, dass er Shakyamuni ist? Ein sehr guter Grund ist, dass wir es als Menschen schwer finden zu glauben, Buddha-Natur könnte in solch gewöhnlichen Geschöpfen wie uns existieren. Zweitens finden wir es gleichermaßen schwer zu glauben, dass unser menschlicher Guru, der gähnt, Tee trinkt und so weiter ein wirklicher Buddha ist. Wie kann er das sein? Da gibt es noch so vieles, was er nicht kennt, meistens ist er sowieso weggetreten und sein Verhalten ist völlig irrational. Dennoch erfahren wir manchmal ein überwältigendes Gefühl, dass an ihm etwas wirklich Außergewöhnliches ist. Als Resultat schwanken wir dazwischen, ihm auf der einen Seite mit ganzem Herzen zu vertrauen und dieses Vertrauen auf der anderen Seite aufgrund von Zweifel und Argwohn zu verlieren.

Jamyang Khyentse Chökyi Lodrö schrieb in seinen Erklärungen zum Guru Yoga, dass sich gemäß dem Bodhisattvayana und dem Vajrayana die Buddha-Natur kontinuierlich manifestiert. Wenn jedoch diese Manifestation durch Verdienst nicht weiter entwickelt wird, drückt sie sich meist als Verblendung, wie zum Beispiel in aggressiven Emotionen aus. Sobald der Prozess der Weiterentwicklung jedoch im Gange ist, wird sich die Buddha-Natur als Mitgefühl, Liebe, Verständnis und Toleranz manifestieren, und manchmal sogar in seiner am weitesten entwickelten Ausgestaltung: Hingabe. Nur wenn wir durch die Türen der Hingabe spähen sind wir in der Lage, jemanden zu sehen, dem es lohnt zuzuhören bzw. den man nachahmen sollte, und diese Person nennen wir ‚Guru'.

Es wird gesagt, dass es den meisten von uns an Verdienst fehlt, all die unzähligen Buddhas und Bodhisattvas zu treffen, die in dieser Welt erschienen sind und weiterhin erscheinen. Und selbst wenn wir einen Buddha träfen, fehlte uns das Verdienst zu erkennen, wer er wirklich ist, zu verstehen was er sagt oder Hingabe für ihn zu empfinden. Devadatta litt an diesem Problem. Er war Buddhas Vetter und lebte sein ganzes Leben an seiner Seite, konnte aber nicht im Geringsten von seiner Erfahrung profitieren, da er so eifersüchtig auf ihn war.

Für uns ist unser Guru unser ganz persönlicher Buddha. Er hat nicht nur zu uns gesprochen, er hat auch unermüdlich und selbstlos einen Umweg gemacht, um uns zu ärgern, zu enttäuschen und unseren zerbrechlichen Stolz tödlich zu verletzen, und all das nur mit dem Ziel, unser Ego auszumerzen. Daher nehmen wir von jetzt bis zur Erleuchtung Zuflucht, nicht nur, um all unsere oberflächlichen Verblendungen zu zerstören, sondern um die Wurzel der Verblendung auszugraben, indem wir unseren Guru bitten, sie zu schlagen und auseinander zu reißen bis sie vollständig pulverisiert ist.

Warum können wir den Guru nicht einfach so visualisieren, wie wir ihn im täglichen Leben sehen? Wir sehen ihn so oft, dass wir genau wissen, wie er aussieht. Wir hatten vielleicht sogar ein gemeinsames Abendessen mit ihm oder haben ihn auf einem seiner Spaziergänge begleitet. Warum sollen wir es uns erschweren, indem wir versuchen ihn als herausgeputzt zu visualisieren, mit all dem schweren Brokat und lustigen Hüten, von denen die Tibeter es lieben, wenn Guru Rinpoche sie trägt? Schließlich hat niemand, der heute lebendig ist, jemals Guru Rinpoche getroffen oder wüsste, wie er wirklich gekleidet war. Unser einziger Bezugspunkt sind tibetische Bilder und Statuen.

In der Theorie geht es in den Vajrayana-Unterweisungen wie gesagt hauptsächlich darum, uns zu zeigen, wie wir die unreine Wahrnehmung in reine Wahrnehmung transformieren können. Wenn wir unseren menschlichen Guru genauestens untersuchen, geschieht das durch die Filter unserer gewöhnlichen, unreinen Wahrnehmung, also genau der Wahrnehmung, an deren Transformation wir hart arbeiten müssen. Obwohl uns gesagt wurde, dass alles, was uns umgibt, Wände, Dächer und Fußböden aus der Sicht der reinen Wahrnehmung ganz anders aussehen, können nur wenige von uns in der Art und Weise, wie wir die Welt sehen, solch einen Quantensprung machen. Aber diese Unfähigkeit ist nicht unser unmittelbares Problem. Entscheidend und wo wir uns so schnell wie möglich befreien müssen, ist jegliche unreine Wahrnehmung, die wir in Bezug auf unseren Guru haben. Wenn er gähnt, schläft, exzessiv einkauft oder sich schräg verhält, erinnere dich sofort daran, dass alles was du siehst, nur die Interpretation deines eigenen Geistes ist. Und genau diese Interpretation ist das, was es zu transformieren gilt.

Die Transformation eines rigiden und dualistischen Geistes benötigt ein viel größeres Maß an Anstrengung als das Bild deines Guru in gewöhnlicher Form vor deinem geistigen Auge aufrecht zu erhalten. Wenn also deine Praxis fordert, den Guru zu visualisieren, stell ihn dir im Raum vor dir in der Form von Guru Rinpoche oder Vajradhara vor. Ihn in seiner gewöhnlichen menschlichen Form zu visualisieren, würde bloß deine Gewohnheit aufrecht erhalten, ihn als unrein wahrzunehmen. Oder bestenfalls siehst du ihn als ebenbürtig an und nimmst dir damit die Möglichkeit, an der Vorstellung zu arbeiten, dass der Guru ‚unvergleichlich' ist.

Zuflucht nehmen: Die Praxis

Wenn wir Zuflucht nehmen, dann nur zu einem ‚authentischen Zufluchtsobjekt'. Aber was ist das? Ein Zufluchtsobjekt muss allwissend, mitfühlend und allmächtig sein, und kann nur authentisch ‚nicht täuschend' sein, wenn sie oder er alle drei Qualitäten verkörpert. Wenn er nicht allwissend ist, wird er nicht unsere Schwierigkeiten erkennen können. Auch wenn er allwissend, aber ohne Mitgefühl ist, oder sogar allwissend und mitfühlend – aber ohne die Macht uns zu helfen – qualifiziert ihn das nicht zum Beruf eines ‚Zufluchtsobjekts'.

Die Allwissenheit derer, in die wir Zuflucht nehmen, ist wie die Sonne: alles durchdringend, alles erleuchtend. Ihr Mitgefühl ist so schnell wie ein Blitz und völlig vorurteilsfrei. Zudem besitzen sie die allmächtige Kraft, die letztendliche Quelle all unserer Probleme zu entwurzeln. Wir müssen uns immer und immer wieder an diese drei Qualitäten erinnern. Wir sollten auch das bereits vorher besprochene intellektuelle ‚Glauben machen' nach all unseren Kräften einsetzen. Aber das ist nicht einfach. Wie viele Leute kennt ihr, die allmächtig, allwissend und mitfühlend sind? Hast du jemals eine solche Person getroffen? Oder ist es einfach zu absonderlich, dies überhaupt in Erwägung zu ziehen?

Natürlich können wir normalerweise einen Weg finden, solch eine Vorstellung auf intellektueller Eben zu akzeptieren; das Problem ist aber, dass Zufluchtnahme keine intellektuelle Übung ist. Wenn wir Zuflucht nehmen, setzen wir den Dharma in die Praxis um, und daher müssen wir uns fast zu dem Glauben zwingen, dass es tatsächlich allwissende, mitfühlende und allmächtige Menschen gibt, die als echte Zufluchtsobjekte qualifiziert sind; zudem müssen wir die Gewohnheit entwickeln, uns wiederholt an sie zu erinnern.

VISUALISIERE DEN ZUFLUCHTSBAUM

Bevor du mit dem Darbringen der Verbeugungen beginnst, solltest du zunächst das Verdienstfeld kreieren, entweder indem du all die Buddhas und Bodhisattvas vor dir visualisierst – den Guru, Devas, Dakinis und die gesamte Überlieferungslinie des Guru – oder, wenn es dir lieber ist, indem du dich ausschließlich auf deinen Guru in Form von Guru Rinpoche oder Vajradhara konzentrierst. (Eine weitere Ausführung zu dieser Visualisierung kann in den Beschreibungen des Verdienstfeldes gefunden werden, die normalerweise Teil des ‚Zufluchtsabschnitt' längerer Ngöndro-Texte sind).

Wenn du dich entscheidest, das gesamte Verdienstfeld zu visualisieren, stell dir die Hauptgottheit des Mandala (Guru Rinpoche oder Vajradhara) sitzend auf dem zentralen Ast eines wunscherfüllenden Baumes vor. Auf dem Ast vor ihm sitzt Buddha Shakyamuni und all die Buddhas, auf dem Ast zu seiner Rechten stehen all die Bodhisattvas, zu seiner Linken der edle Sangha der Shravakas und Pratyekabuddhas, und hinter ihm riesige Stapel von Dharma-Büchern. Über dem Kopf deines Guru sitzt sein Guru, und über deines Gurus Guru sitzt dessen Guru usw. bis zu Guru Rinpoche oder Vajradhara. Aber verliere dich nicht bei dem Versuch, jedes Mitglied seiner Gefolgschaft zu visualisieren. Die Meister der Vergangenheit haben uns gesagt, wenn ein König anreist, folgt die Gefolgschaft automatisch. Sobald du also deinen Guru als Guru Rinpoche visualisiert hast, ist es nur eine Frage des vollständigen Vertrauens, dass alle Mitglieder seiner Gefolgschaft auch präsent sind.

Zunächst magst du es schwierig finden, das Verdienstfeld zu sehen. Dies passiert oft, wenn du mit dem Anblick noch nicht vertraut bist, vielleicht ebenso wie die australischen Aborigines vor mehr als 200 Jahren unfähig waren, den Anblick der europäischen Schiffe am Horizont zu verstehen und deshalb diesbezüglich geradezu blind waren[10]. Oder wie die Untertanen des Königs in Hans Christian Andersens Märchen, die nicht zugeben wollten, dass sie nicht in der Lage waren, des Kaisers nicht-existierenden neuen Kleider zu sehen.

Es gibt auch hier keinen Grund, sich zu viel um die Details zu sorgen. Konzentriere dich stattdessen darauf, vollständiges Vertrauen hervorzubringen, dass Guru Rinpoche und Vajradhara vor dir sind, kraftvoll und lebendig, umgeben von all den Buddhas und Bodhisattvas.

Ich muss hier betonen, dass *Visualisieren* hier nicht bedeutet, ein Bild des Zufluchtsbaums in deinem Geist zu malen – das wäre unmöglich. Visualisierung ist so als wenn du an die dir vertrauteste Person denkst – deine Mutter zum Beispiel. Stell dir vor, sie stünde jetzt direkt vor dir. Während du das machst, bin ich mir recht sicher, dass du nicht über die exakte Form ihrer Ohren nachdenkst, ob sich ihre Zehen krümmen oder wie viele Muttermale sie am Rücken hat. Solche Details wären dir wahrscheinlich niemals eingefallen. Gleichzeitig bin ich mir ebenso sicher, dass du ein starkes Gefühl von deiner Mutter in deinem Geist kreiert hast und vollständig zuversichtlich bist, dass sie es wirklich ist. So solltest du die Objekte der Zuflucht visualisieren, und das gefühlte Vertrauen in deine Visualisierung ist von höchster Wichtigkeit.

Stell dir die Leute, die dich verärgern und irritieren, als direkt vor dir stehend vor, den Zufluchtsobjekten am nächsten, neben denen, die dich verletzt haben. Jeder einzelne von uns wurde von Leuten verletzt,

---

10 Als Kapitän Cook in den australischen Meeren ankam, haben die eingeborenen Aborigines in keiner Weise auf seine Schiffe reagiert. Gemäß dem Historiker Robert Jughes heißt es in seinem Buch ‚Die tödliche Küste' (Vintage Books, New York, 1986) „Es war der größte Gegenstand, der jemals vor der Ostküste Australiens gesehen wurde, ein so riesiges Objekt, komplex und ungewohnt, dass es sich dem Verständnis der Eingeborenen entziehen konnte."

um die wir uns gekümmert haben, und obwohl wir vielleicht darauf bestehen, all das vergessen zu haben, ist das nur selten der Fall. Visualisiere sie an dem Ehrenplatz, um den noch verbleibenden Schmerz zu lindern, und wünsche ihnen alles Gute, während du Bodhicitta entwickelst. Wenn es weiterhin schmerzhaft ist an sie zu denken, ist das ein Zeichen dafür, dass du noch nicht das Gefühl losgelassen hast, sie hätten dir Unrecht angetan. Versuche dich nicht darauf zu konzentrieren. Gestehe dir stattdessen ein, dass du noch an deinem Schmerz fest hältst. Konzentriere dich dann darauf, ihnen jedwedes Glück zu wünschen und sehne dich danach, all ihr Leiden auf dich zu nehmen. Und erinnere dich daran, dass für wirklich ernsthafte Dharma-Praktizierende schwierige Beziehungen der fruchtbarste Boden ihrer Praxis ist.

Beginne jetzt mit den Verbeugungen. Während du praktizierst, stell dir vor, dass alle, deine Freunde, Familie und all die unzähligen fühlenden Wesen, die es gibt, sich mit dir verbeugen und Zuflucht nehmen. So nimmst du Zuflucht mit der Haltung eines Anhängers des Bodhisattvayana-Pfads.

Verbeugungen ansammeln

WARUM ÜBERHAUPT VERBEUGUNGEN MACHEN?

Warum schmeißen wir uns selbst mit dem ganzen Körper auf einen oft dreckigen Fußboden, stehen dann wieder auf und wiederholen das hunderttausende Male? Verbeugungen sind eine sehr direkte Methode der Zufluchtnahme und eine der besten, die wir haben, um Stolz zu zerstören. Sie stellen eine äußere Geste dar, sich der Wahrheit des Dharma hinzugeben und sind ein Ausdruck unserer Absicht, unseren Stolz abzulegen und bloßzustellen. Wenn wir Zuflucht nehmen, verbeugen wir uns, um unser vollständiges Hingeben zu zeigen, indem wir uns vor die Füße unseres Guru werfen und die fünf Punkte unseres Körpers – Stirn, Hände und Knie – so oft es geht auf den Boden zwingen. (In der tibetischen Tradition gibt es zwei Arten von Verbeugungen: Bei einer streckt man den Körper in voller Länge aus, bei der anderen nur zur Hälfte. Wir sammeln normalerweise die vollständige Version an.)

Es wird gesagt, dass Verbeugungen eine Vielzahl von Nutzen bringen, wie die Wiedergeburt mit in einer attraktiven Erscheinung, oder dass unsere Worte Gewicht haben und geschätzt werden, oder unserer Einfluss auf Freunde und Kollegen positiv ist, oder wir in der Lage sind, unsere Mitarbeiter gut anzuleiten. Es wird gesagt, dass Praktizierende, die Verbeugungen ansammeln, eines Tages in der Gesellschaft von erhabenen Wesen sein werden und als ein Resultat davon majestätisch und reich werden, eine höhere Wiedergeburt und schließlich Befreiung erlangen.

Für weltliche Wesen ist jedoch das Kontemplieren über die spirituellen Nutzen der Verbeugungen und die Menge des angesammelten Verdienstes nicht notwendigerweise die effektivste Methode, um sich selbst zu motivieren. Die Tatsache, dass Verbeugungen gut für unsere Gesundheit sind, ist auf der anderen Seite oft der Anreiz, den wir zu Beginn brauchen. Natürlich ist das Verbeugen als gesundmachende Übung eine weltliche Motivation, aber dennoch würde ich sie niemals entmutigen. In diesen degenerierten Zeiten ist absolut alles, was dich zur Dharma-Praxis inspiriert, irgendwo nützlich. Beginne daher von mir aus deine Verbeugungen im Sinne einer Leibesertüchtigung. So wirst du nicht nur den Beitrag im Fitness-Studio sparen, sondern auch Muskeln und eine große Menge an Verdienst aufbauen.

VERBEUGUNGEN ZÄHLEN: MACH ES EINFACH!

Das traditionelle Ziel ist es, in diesem Leben 100.000 Verbeugungen anzusammeln, oder auch mehr, wenn dein Körper und deine Zeit es erlauben. Das ist ein Ziel, das du nach all deinen Möglichkeiten erreichen solltest. Wie schnell du dieses Ziel erreichst ist relativ unwichtig. 100.000 Verbeugungen schneller zu erreichen als deine Sangha-Freunde bedeutet nicht notwendigerweise, dass du als erster Erleuchtung erlangst. Wichtiger als Geschwindigkeit sind deine Einstellung und Motivation. Erinnere dich gleichzeitig daran, dass 150 Verbeugungen ungefähr 30 Minuten dauern, und dass du damit innerhalb von zwei Jahren täglicher Praxis die 100.000 Verbeugungen ganz bequem ansammeln kannst.

Für viele von uns hilft es wirklich, ein Ziel vor Augen zu haben. Manche Leute sagen, dass die Anzahl keine Rolle spielen würde, aber viele

Praktizierende finden, dass Buchführen über ihre Praxis sowohl eine konstruktive Disziplin als auch eine willkommene Ermutigung ist. Oft sind gerade diejenigen, die die Verbeugungen nicht zählen wollen, ehrlich gesagt zu faul, sich darum zu kümmern - schon der Kauf einer Mala zum Zählen ist zu viel Aufwand. Und indem sie sich ihrer Faulheit fügen, verpassen sie völlig das Wesentliche, denn diese Anstrengung für das Praktizieren der Verbeugungen zu unternehmen ist Teil der Praxis. Da gibt es auch Leute, die sich sorgen, durch die Buchführung könnten sie auf das, was sie erreicht haben, zu stolz zu werden. Ihr Argument ist, dass die Dharma-Praxis dafür gemacht wurde, Ego und Stolz zu zerschmettern, warum also Gefahr laufen, es künstlich aufrechtzuerhalten? Es gibt sogar diejenigen, für die das Konzept des ‚Ansammelns' Selbstbezogenheit impliziert, wie Geld zu horten und halten dies deshalb für ‚unter ihrer Würde'.

Wenn du in der Praxis ein starkes Gefühl hast, deine Verbeugungen nicht zählen zu wollen und dass das Zählen dich nicht ermutigen würde, dann *solltest* du ganz ohne jeglichen Zweifel zählen. Solange du kein versteckter Buddha bist, erreichen unwissende Wesen wie wir mehr, wenn wir durch den Wunsch angespornt werden, ein Ziel zu erreichen. Deswegen schreib deine tägliche Ansammlung auf, selbst wenn du nur zehn schaffst. Und erinnere dich, dass du die Anzahl der Verbeugungen und nicht die Anzahl der Versrezitationen zählst, denn Verbeugungen sind schwieriger als das Rezitieren.

Während der Verbeugung solltest du nämlich die Zufluchtsformel fortwährend rezitieren, auf dem Weg nach unten und auf dem Weg nach oben, aber es ist nicht nötig, die Worte mit der Verbeugung zu synchronisieren. Wenn du eine Pause brauchst, setz dich ruhig in Meditationshaltung und rezitiere weiterhin das Gebet. Versuche deine Motivation nach jeweils 25 Verbeugungen aufzufrischen, oder nach zehn, wenn dir das lieber ist. Das kann wirklich helfen. Erinnere dich regelmäßig, dass du mit der Zuversicht und der Gewissheit, dass dein Guru tatsächlich da ist und dich beobachtet, praktizierst und Bodhicitta entwickelst, um allen fühlenden Wesen zu nutzen.

Unausweichlich wird es Zeiten geben, in denen du durch Phasen gehst, die Verbeugungen ohne irgendein ‚Gefühl' zu praktizieren. Sollte dies der Fall sein, verbeuge dich einfach weiter. Es ist besser, einfach weiter zu machen, als die Zeit mit Nichtstun zu verschwenden, während du darauf wartest, dass das richtige Gefühl vorbeikommt. Ich persönlich fuhle so gut wie nie etwas, wenn ich Verbeugungen praktiziere.

Wie du deine Widerstände gegen das Praktizieren durchbrichst

MEDITIERE ZWISCHEN DEN VERBEUGUNGEN

Langeweile kann ein Problem sein; und wenn du sie Wurzeln schlagen lässt, könnte sich ein starker Widerstand aufbauen, weitere Verbeugungen zu praktizieren. Eine Möglichkeit zum Durchbrechen deines Widerstands wäre es, deine Verbeugungen mit Sitzmeditationen abzuwechseln. Weitere gute Methoden beinhalten, sich auf körperliche Empfindungen – wie den Schmerz in den Knien – zu konzentrieren, oder darüber nachzudenken, wie jede einzelne Verbeugung schlechtes Karma verschiedener Lebzeiten einebnet, oder sich bewusst zu werden, dass das richtige Ausführen von Verbeugungen unendliches Verdienst kreiert. Wenn du so praktizierst und dann irgendwann in die höheren Mahasandhi-Meditationen und die Natur des Geistes eingeführt wirst, wirst du schließlich einen echten Geschmack von Meditation erfahren.

Für diejenigen, die sich zu den Mahasandhi-Unterweisungen hingezogen fühlen, wird sich alles fügen, sobald du diesen ersten Geschmack hast, und du wirst unwiderruflich angebissen haben. Natürlich dauert es, sich neue Gewohnheiten zuzulegen, aber wenn du beständig und regelmäßig praktizierst, wird sich deine Welt auf eine bisher unvorstellbare Weise zu öffnen beginnen und von da an wird Meditation alles andere als langweilig sein.

FAULHEIT ÜBERWINDEN

Viele Schüler beschweren sich, dass sie einfach zu faul sind, um irgendeine Praxis auszuführen, ganz zu schweigen Verbeugungen. Zum Überwinden der Faulheit schlage ich die Methode vor, Geschichten über die großen Meister der Vergangenheit zu lesen, wie die von Milarepa.

Aber sei vorgewarnt, denn dein schlauer Geist wird keine Zeit verlieren, Fluchtwege aus dieser Inspirationsquelle zu finden. Wenn du dich nur darauf stützt, wirst du schnell abstumpfen, und sobald das geschieht, wäre selbst, wenn Buddha Shakyamuni persönlich einen Monat an deiner Seite verbrächte, nicht garantiert, dass du weniger faul wärest. Eine andere sehr gute Methode, um Faulheit zu überwinden, ist in Wunschgebeten um den Schutz zu bitten, nicht Gefahr zu laufen halbherzig oder uninspiriert zu werden. Räucherwerk oder Kerzen anzünden funktioniert auch, ebenso wie sich vor jeder Praxis anzustrengen, eine inspirierende Atmosphäre zu schaffen.

Die Inspiration zur Praxis zu finden ist nicht immer einfach; selbst die erfahrensten Praktizierenden verlieren Inspiration, wenn sie vergessen, dass sie jeden Tag dem Tod einen Schritt näher kommen. Und für diejenigen, die eine Familie, anstrengende Berufe und offene Rechnungen haben, ist es noch viel schwieriger, Zeit für Praxis zu finden. Paradoxerweise fehlt es uns, gerade wenn wir Zeit haben, oft an Inspiration bzw. dem Willen, uns selbst zu inspirieren, so dass wir schließlich mehr Energie dafür aufbringen, ein Fußballspiel anzuschauen, als den Dharma zu praktizieren.

JEDE MÖGLICHKEIT ZUR PRAXIS NUTZEN

Gemäß Patrul Rinpoche sollten wir dem Beispiel eines hungrigen Yak folgen, das jeden Grashalm sofort frisst, ohne auch nur daran zu denken, welche für später aufzusparen. Versuch aus jedem Moment, den du für die Praxis hast, einen Nutzen zu ziehen und vergiss niemals zu zählen. Erinnere dich stets, dass – solange der Geist nicht gezähmt und Achtsamkeit nicht intakt ist – genau die Methoden, die dafür da sind, Ego und Stolz niederzuschmettern, von eben diesen beiden als Werkzeuge benutzt werden, um sich zu stärken.

Du solltest auch versuchen im täglichen Leben zu praktizieren. Offensichtlich ist es nicht möglich, auf der Arbeit mit den Verbeugungen weiter zu machen, aber du kannst dich selbst disziplinieren, immer dann an Bodhicitta zu denken, wenn du durch eine Tür gehst oder ein Telefon klingeln hörst. Sei dir aber bewusst, dass jede gewählte Erinnerungshilfe schnell alt wird und zu einem weiteren bedeutungslosen Ritual degeneriert. Halte daher deine Praxis frisch, indem du immer wieder deine Erinnerungshilfe änderst.

Den Dharma praktizieren ist wie verschiedene Hautschichten abzuschälen. Zunächst hast du keine Wahl: Vor dir liegt eine äußere Schicht und deine einzige Option ist es, diese abzuschälen. Wenn du das gemacht hast, ist es durchaus möglich, dass du plötzlich von Verwirrung und Zweifel überrollt wirst, so dass du die Methode selbst beginnst anzuzweifeln. Aber nicht alle Zweifel sind notwendigerweise schädlich. Manche entspringen deinem hochgeschätzten ‚unterscheidenen Geist', und manchmal kann kritische Analyse helfen, insbesondere wenn dadurch die Fehlerhaftigkeit der egoistischen Interpretationen deiner Erfahrungen aufgezeigt werden, die so wenige von uns jemals in Frage stellen. Tatsächlich neigen wir dazu, die egoistische Version der Geschehnisse vorschnell zu absorbieren; wenn wir daher anfangen uns zu fragen, ob die bisher schon für so lange akzeptierten Wahrheiten wirklich ‚wahr sind', kann dies durchaus ein Zeichen sein, dass der Dharma anfängt, in unseren Geist einzusickern.

Obwohl eine gestärkte Unterscheidungskraft ein gutes Zeichen sein kann, versuche nicht in deiner Kritik feststecken zu bleiben. Beweg dich weiter vorwärts, denn auch wenn du einen kleinen Fortschritt auf dem Pfad gemacht hast, indem du erfolgreich eine Schicht abgetragen hast, wirst du schon bald mit der nächsten Schicht konfrontiert werden, die auch abgeschält werden muss. Tatsächlich ist die Lösung: Wann immer du fest steckst, gibt es stets eine weitere Schicht abzutragen. Und du wirst das Ende des Pfades nur erreichen, wenn all diese Schichten von Fortschritt und Feststecken vollständig beseitigt wurden.

Vergiss niemals, dass wir Dharma praktizieren, weil unser Ziel das Erreichen der vollkommenen Erleuchtung ist, und nicht bloß, weil wir ein guter Mensch – ein Philanthrop oder Angestellter im Hospiz – werden wollen, oder weil wir Anerkennung oder Preise erhalten möchten. Schüler des Bodhisattvayana sehnen sich nach Erleuchtung nicht nur für sich selbst, sondern für alle fühlenden Wesen. Das Fazit ist: *Erleuchtung* ist der Preis.

DAS ENDE DER SITZUNG

Nachdem du dein tägliches Soll an Verbeugungen angesammelt hast, geh gleich zur nächsten Praxis über. Wenn du Bodhicitta erweckst, werden die Zufluchtsobjekte die Zeugen deiner Praxis sein und direkt am Ende der Sitzung lösen sie sich in Licht und dann in dich auf. Oder, wenn dir das lieber ist, stell dir vor, dass sie immer und immer näher kommen, sich langsam auflösen und eins mit dir werden und du dann so lang wie möglich in einem unbeschreiblichen Zustand der Einheit verweilst.

8

Bodhicitta erwecken

In unserer Welt gibt es viele freundliche Menschen. Jigme Lingpa erzählt, er habe in seinem Leben viele freundliche Menschen getroffen und ergänzt, dass sehr wenige eine Vorstellung davon hatten, was Bodhicitta des Strebens und der Anwendung wirklich sei.

Wie wir bereits gesehen haben, ist die Zufluchtnahme das Fundament des Weges zur Befreiung. Als Nächstes erwecken wir Bodhicitta, die Quintessenz der gesamten Ngöndro-Praxis.

Was ist Bodhicitta?

Ganz allgemein gesprochen ist Bodhicitta der Wunsch, alle fühlenden Wesen zur vollständigen Erleuchtung zu führen. Es ist Herz, Kopf, Augen, Blut und Rückgrat des Mahayana-Pfades und eine absolut unentbehrliche Praxis. Tatsächlich ist es eine so machtvolle Vorstellung, dass schon das Wertschätzen des Wunsches, anderen die Weisheit der Erleuchtung zu übermitteln, eine der gewaltigsten Opfergaben ist, die man überhaupt machen kann.

Nur zu oft missverstehen allerdings selbst sogenannte Buddhisten das Bodhicitta und schmälern es auf wenig mehr als mitfühlende liebende Güte. Liebe, Mitgefühl und der Wunsch, Menschen glücklich zu machen, sind heutzutage sehr populäre Ideale und werden häufig als die wichtigsten Eigenschaften von Bodhicitta angesehen. Wir vergessen, dass es ohne Bodhicitta keinen Mahayana- oder Vajrayana-Buddhismus gäbe und der wesentlichste Aspekt dieser Yanas die Weisheit des Verstehens von Shunyata (Leerheit) ist. Mitgefühl ohne Weisheit ist nicht ‚Bodhicitta' und das gilt auch umgekehrt, beide Qualitäten sind unerlässlich.

Die meisten Buddhisten sind sich bewusst, dass Bodhicitta etwas mit Toleranz, Rücksichtnahme und wohltätigem Bemühen zu tun hat, bemerken aber kaum den Teil – den sehr großen Teil – der mit der Weisheit zu tun hat, welche die Nicht-Dualität (Leerheit) begreift. Ohne ein umfassendes Verständnis von Bodhicitta wird allerdings jede buddhistische Praxis in spirituellen Materialismus ausarten, denn es fehlt ihr der eine grundlegende Bestandteil, der den Pfad so strahlend belebt: Bodhicitta.

Karma Chagme Rinpoche zufolge gibt es nur einen Weg, untugendhafte, negative Gedanken und Taten in heilsame zu verwandeln, und heilsame Gedanken und Taten in den Pfad der Befreiung, nämlich durch Bodhicitta. Um das Entwickeln von Bodhicitta zu ermöglichen, müssen wir zunächst bestimmte Ursachen und Umstände schaffen, und zwar vor allem Zuflucht nehmen, Mitgefühl erwecken und Verdienst ansammeln. (Eine sehr umfassende und genaue Erklärung dazu, warum Bodhicitta so wesentlich für einen buddhistischen Praktizierenden ist, findet man im Bodhicharyavatara von Shantideva.[11])

BODHICITTA, LIEBE, MITGEFÜHL UND DIE WEISHEIT DER NICHT-DUALITÄT

Mahayana-Praktizierende möchten nicht nur alle fühlende Wesen vom Leiden an sich befreien, sondern auch von den Ursachen des Leidens, dessen Wurzel der dualistische Geist ist. Konsequenterweise beschränkt sich ein Bodhisattva nicht auf wohltätige oder humanitäre Aktivitäten. Wie Jigme Lingpa betonte, gibt es in dieser Welt viele freundliche und zutiefst mitfühlende Leute und einige bemerkenswert aktive Huma-

11 Überarbeitete 2. Edition von *The Way of the Bodhisattva (Bodhicharyavatara)* von Shantideva; englische Übersetzung der Padmakara Translation Group, *Shambhala Publications.*

nisten, aber da Bodhicitta nicht bloß die liebevolle Sorge um lebende Wesen ist, sind diese Menschen nicht notwendigerweise Bodhisattvas.

Diejenigen, die im Auftrag anderer arbeiten, tun das manchmal aus völlig falschen Gründen. Sie können auch in Bezug auf ihre Ziele besessen oder inflexibel werden. Und wenn Projekte sich dann nicht so entwickeln wie erhofft, quälen sie sich mit Selbstanklagen, Schuldgefühlen und Wut – alles Nebenwirkungen von Besessenheit. Sehr gute Menschen verlieren ihren Mut, ihre Hoffnung und ihre Entschlossenheit, und diejenigen, die anstreben, Bodhisattvas zu werden, können sogar resignieren und den Versuch aufgeben, Bodhisattva-Aktivitäten überhaupt weiter zu verfolgen. Wie fürsorglich und aufmerksam Menschen auch erscheinen mögen, gibt es daher immer die Gefahr, dass sie doch eingefleischte Egoisten sind. Und ein weiterer Grund dafür, dass Bodhicitta so hoch gelobt wird, ist der, dass es ein unfehlbares Gegenmittel gegen Ichbezogenheit ist.

Wenn Meister, die sanft und bescheiden auftreten, immer lächeln und niemals Irritationen oder Ärger zeigen, als ‚große Bodhisattvas' bezeichnet werden, während Lamas, die regelmäßig die Beherrschung zu verlieren scheinen und möglicherweise sogar ihre Schüler schlagen, als ‚arrogant' bezeichnet werden – sind das die offensichtlichsten Anzeichen dafür, dass Bodhicitta missverstanden worden ist.

Solche Unterscheidungen sind ein klarer Hinweis dafür, wie wir vergessen haben, dass Weisheit ein nicht zu trennender Aspekt von Bodhicitta ist. Und da wir nicht wissen können, ob diese Lamas vollkommen verwirklichtes Bodhicitta besitzen oder nicht, ist es schlichtweg dumm, darüber zu richten, ob sie nun Bodhisattvas sind oder nicht, und uns dabei einzig darauf beziehen, wie wir ihr Verhalten wahrnehmen. Dies Beispiel zeigt, wie einfach es ist, in die Falle von Missverständnissen zu tappen, und Bodhicitta mit Freundlichkeit, Sanftmut und selbstloser Sorge für andere zu verwechseln. Wenn wir erst einmal ein umfassenderes Bild von Bodhicitta bekommen haben, beginnen wir zu erkennen, dass nicht die Erscheinung und das Verhalten einer Personen aufzeigt, ob sie ein Bodhisattva ist oder nicht, sondern ihr Verständnis von Shunyata, dessen Essenz Mitgefühl ist.

Eine Anfängerpraxis des absoluten Bodhicitta

Beginne deine Praxis mit der Motivation, alle fühlenden Wesen zur Erleuchtung zu führen, und erinnere dich daran, dass alles, was du tust, auf deine eigene Vorstellung zurückgeht und eine Manifestation deines eigenen Geistes ist. Indem du das machst, kommst du dem Konzept von Leerheit und Nicht-Dualität ein wenig näher, und gleichzeitig wirst du rasch entdecken, dass ein intellektuelles Verständnisses von Shunyata vermutlich das einzige ist, was du erreichen kannst. Es ist natürlich ziemlich leicht, über ‚Leerheit' zu sprechen, darüber etwas zu lesen und sogar zu versuchen, sie sich vorzustellen, aber unsere Schlussfolgerungen werden sich immer innerhalb der Grenzen unserer eigenen, extrem begrenzten Bemessungsspielraums befinden. Unsere intellektuelle Version von Nicht-Dualität ist möglicherweise logisch, auf einer praktischen Ebene ist Nicht-Dualität aber außerordentlich schwer zu begreifen.

Longchenpa erzählte: Wie kann man jemandem den Geschmack von Salz erklären, der es noch nie gekostet hat? Wir können ihm nur etwas Süßes geben und sagen: „So schmeckt Salz nicht." Wenn wir über absolutes Bodhicitta sprechen, haben wir das gleiche Problem. Ein bedeutendes Hindernis zum vollständigen Verständnis ist das Fehlen einer Sprache, die imstande wäre, Bodhicitta zu entschlüsseln und zu erklären. In der Praxis dagegen ist absolutes Bodhicitta gar nicht unerreichbar, ganz im Gegenteil. Momentan befinden wir uns allerdings im Hoheitsgebiet des Dualismus. Unser Ziel mag es sein, durch den Dualismus zum Nichtdualismus überzugehen, aber wir können tatsächlich nur unter Einbeziehung dualistischer Methoden versuchen, Nicht-Dualität zu verstehen. Und obwohl wir keine andere Wahl haben, als solche Methoden zu nutzen, sollten wir doch kontinuierlich nach einem nicht-dualistischen Resultat streben.

Die Kraft des Mitgefühls entwickeln

Solange wir noch kein vollständiges Verständnis von Bodhicitta entwickeln konnten, werden wir weiterhin fälschlicherweise die Vorstellung haben, dass Schmerz wahrhaft existiere. Als Resultat werden wir mit ziemlicher Sicherheit zum Opfer unseres eigenen Mitgefühls werden, und wenn wir Nicht-Dualität nicht vollständig erfassen, wird jede Aktivität zu Enttäuschung führen. Wie weit wärest du beispielsweise bereit zu gehen, um als Therapeut einem Alkoholiker oder Drogenabhängigen zu helfen? Stell dir vor, eine deiner Patientinnen wird mit Sicherheit als Drogenabhängige wiedergeboren werden, und zwar für die nächsten fünftausend Leben. Als Bodhisattva sollte deine Entschlossenheit, ihr zu helfen, so groß sein, dass du wünschst, in jeder dieser Lebenszeiten zur rechten Zeit und am rechten Ort geboren zu werden, um ihre Behandlung fortsetzen zu können.

Wir spulen vor bis zum fünftausendsten Leben: Deine Patientin wurde in einem einsamen, gottvergessenen Land wiedergeboren, und um sicherzustellen, dass sie nie wieder als Abhängige wiedergeboren wird, musst du nur einen halben Tag mit ihr verbringen. Das heißt, dass du ebenfalls an diesem erbärmlichen Ort wiedergeboren werden musst und es deine gesamte Ausrichtung in diesem Leben sein wird, zur rechten Zeit am rechten Ort zu sein, nur um die paar Stunden mit deiner Patientin zu verbringen. Um das zu tun, brauchst du etwas, was in den Lehren als ‚Stärke' oder ‚Entschlossenheit' bezeichnet wird, und diese Stärke wirst du erst finden, wenn du die illusorische Natur aller Phänomene realisiert hast, oder in anderen Worten: ‚Leerheit'.

Wie nun entwickelst du diese bemerkenswerte Stärke des Mitgefühls, die du brauchst, um dich so selbstlos verhalten zu können? Wie entwickelst du die Entschlossenheit, niemals aufzugeben? Wo findest du die Zuversicht und Beharrlichkeit, es immer wieder zu versuchen? Jede dieser Qualitäten entspringt der Erkenntnis, dass die Drogenabhängige, ihr Problem und ihre mögliche Heilung – selbst die Vorstellung, dass sie der Heilung bedarf – dass all dies nur Produkte unseres eigenen Geistes sind. Nichts davon existiert wahrhaft außerhalb des Geistes. Wenn du diese Wahrheit erkannt hast, kannst du das starke und aufrichtige Mitgefühl entwickeln, das Bodhicitta ist.

Im Prajnaparamita-Sutra wird erzählt, wie sich dem Buddha einst ein Bodhisattva-Praktizierender näherte, der sich beschwerte, wie äußerst erschöpft er sei, nachdem er nun viele Jahre seines Lebens der Unterstützung fühlender Wesen gewidmet habe. Buddha antwortete, indem er erklärte, wie relativ Zeit sei. Die Lehren des Bodhisattvayana sagen uns, der Zeitraum zwischen dem Moment, in dem ein Bodhisattva seinen ersten Bodhisattva-Eid ablegt, und dem letzten Moment auf dem zehnten Bhumi dauere drei zahllose Weltzeitalter. Allerdings ist eines der ersten Erkenntnisse eines Bodhisattva auf dem zehnten Bhumi, dass all diese zahllosen Weltzeitalter so schnell vorbeiziehen wie ein Funke, der aus dem Feuer heraus stiebt.

Zu einer anderen Gelegenheit erzählte ein Bodhisattva dem Buddha, wie entmutigt er sich fühle, weil es so schmerzlich sei, den Wesen zu helfen, und weil noch so viele übrig wären, die es zu befreien gelte. Der Buddha antwortete mit einer Analogie: Stell dir eine Mutter vor, die träumt, ihr einziges Kind sei von der kraftvollen Strömung eines reißenden Flusses fortgeschwemmt worden. Sie ist völlig machtlos, aber in ihrem Schmerz und ihrer Verzweiflung ist sie bereit, alles für ihren Sohn zu tun, ohne Rücksicht auf ihr eigenes Wohl und ihre Sicherheit, sie würde sogar ihr eigenes Leben opfern. Wie lange die Rettung dauert, ist für sie völlig bedeutungslos, und sie verschwendet keinen Gedanken daran, wie viel Mühe das macht. In ihrem Traum springt sie also in den Fluss. Schließlich erweisen sich ihre Kraft und ihre einsgerichtete Entschlossenheit als groß genug, so dass sie es schafft, ihren Sohn zu retten. Dann wacht sie auf. All der Schmerz, den sie ertragen hat, die gewaltigen Anstrengungen, die sie unternommen hat, all die Zeit, die sie aufgewandt hat, um ihr Kind zu retten, existierten nie; selbst die Idee, sein Leben gerettet zu haben, ist eine Illusion.

Das ist unsere Realität. Und als Praktizierende sollten wir diese Realität im Hinterkopf behalten. Die Versuche, fühlenden Wesen zu helfen, sind extrem schmerzhaft und schwierig, aber selbst wenn wir meinen, wir seien aus dem Albtraum von Samsara erwacht, träumen wir immer noch. Meistens jedoch sind unsere Erfahrungen darauf zugeschnitten, zu glauben, der Traum sei Realität, nur selten zeigen sie uns, dass unsere Existenz eigentlich völlig illusorisch ist.

Relatives Bodhicitta

Wenn alle Aspekte von Bodhicitta irgendwann auf natürliche Weise in unserem Geist entstehen sollen, müssen wir uns einem ernsthaften Training unterziehen und ein wesentlicher Teil dieses Trainings ist das Entwickeln von relativem Bodhicitta.

Relatives Bodhicitta hat zwei Aspekte: Das Bodhicitta des Strebens oder der Absicht und das Bodhicitta der Anwendung oder Handlung. Das Bodhicitta des Strebens hilft, die Motivation und den Wunsch zu entwickeln, andern nützlich zu sein, beispielsweise durch die Praxis der vier Unermesslichen. Bodhicitta der Handlung ist eigentlich das Engagement für wohltätige Aktivitäten, wie die Praxis der sechs Paramitas von Großzügigkeit, Disziplin, Geduld, freudiger Anstrengung, Samadhi und Weisheit.

Viele von uns haben bis zu einem gewissen Grad Großzügigkeit praktiziert, indem sie Bettlern in der U-Bahn vielleicht ein oder zwei Münzen hingeworfen haben, sich aber vollkommen der Art von Großzügigkeit zu verpflichten, wie sie in den Lehren beschrieben wird, ist eine ganz andere Geschichte. Kannst du dir vorstellen, deine Arme und Beine abzuschlagen, um sie an einen hungrigen Tiger zu verfüttern? Solch selbstlose Taten der Großzügigkeit waren unter den großen Bodhisattvas der Vergangenheit nicht unüblich. Dies ist allerdings nicht die Art von Praxis, mit der Anfänger sich direkt beschäftigen sollten.

In einem Moment der Inspiration hat mancher frisch gebackene Bodhisattva alles aufgegeben: Heim, Familie und all seine materiellen Güter. Meistens jedoch haben sie ihre Handlung innerhalb weniger Stunden bitterlich bereut. Daher lautet der häufig wiederholte Rat großer Meister wie Jigme Lingpa, dass Anfänger wie wir nicht sofort versuchen sollen, die extremeren Praktiken umzusetzen, sondern stattdessen Nachdruck auf die Praxis des Strebens legen sollten, bevor sie sich stufenweise zum Bodhicitta der Anwendung und zum absoluten Bodhicitta vorarbeiten.

Bodhicitta des Strebens

Das Bodhicitta des Strebens ist eine verhältnismäßig einfache Praxis für Anfänger. Es ist beispielsweise einfach, danach zu streben, ein König zu sein. Du musst einfach nur denken: „Ich wünschte, ich wäre ein König" und dir den ganzen Tag vorstellen, du seist ein König, sowie all das, was ein König besitzen könnte, im Geiste den Bettlern geben, die sich dir auf der Straße nähern. Wenn du darüber nachdenkst, gibt es unendlich viele Möglichkeiten für diese Art des Strebens. Wenn du zum Beispiel einen Bedürftigen siehst, denkst du: „Mögen alle fühlenden Wesen all das haben, was sie brauchen!".

Natürlich ist es auch möglich, der Vorstellung ins Netz zu gehen, das Streben habe überhaupt keinen Effekt. „Es ist ja bloß ein Wunsch! Sich etwas wünschen ist ja schön und gut, aber es ändert rein gar nichts. Mit Sicherheit ist es nicht dasselbe wie tatsächlich etwas zu tun!" Die Macht des Strebens auf diese Art zu unterschätzen ist sehr unklug. In unserer profanen Welt sind es der Gedanke und der Wunsch, die zählen; begehe daher nicht den Fehler, dir wie manch andere vorzustellen, Bodhicitta zu erwecken bedeute nicht, ‚seinen Worten Taten folgen lassen', denn das ist es – und dies ist auch ein wichtiger Teil unseres spirituellen Trainings.

Warum ist es dann so schwierig für Anfänger, Bodhicitta in Handlung umzusetzen? Das Hauptproblem liegt darin, dass es uns an Entschlossenheit fehlt und unser Bodhicitta des Strebens schwach ist, denn die einzigen Wunschgebete, die wir machen, sind die in den Gebeten, die wir jeden Morgen gedankenlos abspulen. Wir müssen daher aktiv praktizieren, um ein intensives Verlangen in unserem Geist erwecken, alle fühlenden Wesen zum letztendlichen Glück der Erleuchtung zu bringen.

Wie Longchenpa sagte, ist für Anfänger das Streben die einzige Mission und Aufgabe. Nicht zuletzt weil es uns bis zum ersten Bhumi nicht möglich sein wird, körperlich und praktisch die Aktivitäten von höher realisierten Bodhisattvas auszuführen, wie zum Beispiel einen Finger abzuhacken, um damit einen Leguan zu füttern. Wir haben keine Ahnung, ob unsere Handlungen wirklich dem Wesen helfen werden, dem wir zu helfen versuchen, und da unser Bodhicitta unausgereift ist, werden wir wahrscheinlich entmutigt, enttäuscht oder ärgerlich werden, wenn die Person oder das Lebewesen sich nicht ändert oder es ihm nicht besser geht, und möglicherweise geben wir es dann sogar ganz auf, es weiterhin zu versuchen.

Im ‚Sutra zum Gebrüll eines Löwen' (Srimaladevi Sutra) legte die Königin Shrimala drei große Gelübde des Strebens ab, um dann zu bekennen, dass sie nicht den Mut gehabt hätte, dies zu tun, wenn es nicht in der Präsenz und mit dem Segen des ehrwürdigen Buddha geschehen wäre. Erstens widmete sie ihr angesammeltes Verdienst der Erfüllung ihres Wunsches, in jedem ihrer zukünftigen Leben immer den Dharma hören zu können. Zweitens strebte sie an, dessen nicht müde zu werden, den Dharma mit anderen fühlenden Wesen zu teilen. Und drittens wünschte sie, den Dharma stets höher zu schätzen als ihr Leben und ihren Körper, und dies auch zu praktizieren. Ihr sollten wir alle nacheifern. Das können wir auch, denn selbst, wenn wir mit Schuldgefühlen nur so gespickt sind, von Pflichten gebunden und unendlich beschäftigt damit, unsere Familie zu versorgen und Rechnungen zu bezahlen, hält uns keine dieser Bedingungen davon ab, das Bodhicitta des Strebens zu praktizieren. Es ist sogar tatsächlich die perfekte Praxis für uns.

Vor fast drei Jahrtausenden gab Buddha einem König einen Rat, der für heutige Praktizierende, die einfach zu viel zu tun haben, noch genau so angemessen ist. Während er mit dem König mit empfand, was für eine enorme Aufgabe es sei, ein Land zu regieren einschließlich all der Verantwortung und den Pflichten, die damit einhergehen, war dem Buddha klar, dass es für den König schwer sein würde, sich Tag und Nacht mit Bodhisattva-Aktivitäten zu beschäftigen, selbst wenn er sich sehr anstrengen würde. Daher schlug er dem König vor, einen starken Wunsch zu entwickeln, ein Sehnen nach der Erleuchtung; das Bodhicitta des Strebens in seinem Geist so oft zu erwecken wie er konnte und sich an den verdienstvollen Aktivitäten anderer zu erfreuen. Indem er all das Verdienst, das durch diese Praktiken angesammelt wurde, seiner Erleuchtung widmete, so versicherte der Buddha dem König, würde er nicht nur all seine königlichen Verpflichtungen erfolgreich erfüllen, sondern auch seine Pflichten als Bodhisattva und eine unendliche Menge an Verdienst ansammeln.

Bodhicitta zu erwecken bedeutet nicht nur, die zu bedauern, von denen du annimmst, sie bräuchten Hilfe. Die Sorge um das Wohlergehen anderer ist eine sehr viel geringere Art von Mitgefühl als der Herzenswunsch des Bodhicitta des Strebens, alle fühlenden Wesen zu erleuchten. Kannst du dir ein größeres Geschenk vorstellen, als allen Wesen die Wahrheit nahe zu bringen, indem das Netz der Wahnvorstellungen, das sie umschlingt, demontiert und entlarvt wird? Oder sie aus den selbst auferlegten Begrenzungen zu befreien, die sie als Folge des Kokons erdulden müssen, den sie um sich herum gesponnen haben? Man kann das Sehnen danach, jedes Lebewesen zu erleuchten, einfach nicht mit dem Wunsch vergleichen, Straßenkinder mit einer heißen Mahlzeit versorgen zu wollen.

Stell dir eine Höhle auf einem Berg irgendwo im Himalaya vor. In der Höhle sitzt ein Yogi. Tag für Tag praktiziert er relatives Bodhicitta, während in den umliegenden Dörfern am Berg kleine Kinder in furchtbarem Ausmaß an Hunger sterben. Die Babies brauchen offensichtlich sofortige praktische Hilfe, aber dieser Yogi bleibt in seiner Höhle und kontempliert, wie sehr er all diese Babies, ihre Mütter und Väter und alle fühlenden Wesen zur Erleuchtung bringen möchte. Wie bizarr das aus weltlicher Perspektive auch erscheinen mag, ist dieser Yogi in der Höhle unserer Ehrerbietung sehr viel würdiger als die internationale Hilfsorganisation, die letztendlich humanitäre Hilfe leistet. Warum? Weil es überraschend schwierig ist, wahrhaft und aufrichtig zu wünschen, dass andere Menschen Erleuchtung erlangen mögen; es ist sehr viel einfacher, ihnen Essen, Medikamente und Ausbildung zu geben. Wer den wahren Wert der Erleuchtung nicht versteht, wird das nur schwer akzeptieren können.

Shantideva hob dies im ersten Kapitel des *Wegs des Bodhisattva* hervor:

Hätten unsere Väter oder unsere Mütter
Je einen so edelmütigen Wunsch gehabt?
Haben die Götter, die Weisen, selbst Brahma
Je solch eine Güte gehegt?[12]

12 Shantidevas The Way of the Bodhisattva (Bodhicharyavatara) Shambhala Publications, hier jeweils ins Deutsche übertragen nach der englischen Übersetzung der Padmakara Translation Group, Kapitel 1, Stanza 23

Körperliche Erkrankungen zu erleichtern, ist eine weltliche Aktivität, die nur vorübergehende Erleichterung bringt, wohingegen die Erleuchtung aller fühlenden Wesen zu planen eine dauerhafte Lösung für alles Leiden ist. Sollten wir nicht diejenigen, die all unseren Schmerz und unser Leid endgültig beseitigen wollen, höher schätzen als jene, die uns nur einen befristeten Aufschub anbieten? Leider sind sich die meisten von uns dieses Unterschieds nicht bewusst, weil wir niemals ernsthaft gewünscht haben, dass jemand Erleuchtung erlangen möge. Wenn uns eine einzelne Fahrkarte zur Erleuchtung angeboten würde, würden wir sie höchstwahrscheinlich sofort ergreifen, ohne auch nur in Erwägung zu ziehen, sie jemand anderem anzubieten.

Stell dir vor, du bekämest einen Zaubertrank, der dich hellsichtig und allwissend macht, wenn du ihn getrunken hast. Würdest du alles allein trinken oder würdest du ihn mit jemandem teilen? Bevor du dich entscheidest, denk daran, wie häufig Praktizierende auf Sangha-Mitglieder eifersüchtig sind, die engagiertere Praktizierende zu sein scheinen als sie selbst. Oder daran, wie eifersüchtig du wirst, wenn du hörst, dass ein anderes Sangha-Mitglied eine hohe Unterweisung erhalten hat, zu der du nicht eingeladen wurdest. Wenn du Bodhicitta aufrichtig in deinem Geist geweckt hättest, wärest du glücklich, dass deine Freunde so viel praktizieren und du würdest dich über all die Unterweisungen freuen, die sie erhalten. Man vergisst so leicht, dass sich schließlich deine Wunschgebete und Bestrebungen erfüllt hätten, wenn am Ende jemand Erleuchtung erlangen sollte.

Wunschgebete erhalten die Demut des Anfängers

Ich muss hervorheben, wie unklug es für frischgebackene Bodhisattvas ist – deren Liebe, Mitgefühl, Bodhicitta und Vertrauen in die Sicht erst noch reifen müssen – zu versuchen, zu früh zu handeln oder – was viele tun – sich vorzustellen, sie seien auf einer Art Mission. Wenn du denn eine Mission hast, dann wäre es die, zu beten und danach zu streben, dass du eines Tages ein wirklicher Held wirst. Auf keinen Fall solltest du dich vom ersten Tag an wie ein Held benehmen, denn wenn du das tust, wird das nur Enttäuschung und Frustration mit sich bringen. Wenn du ansetzt, das zu tun, was dir eine Bodhisattva-Aktivität zu sein scheint, wie ein Kinderkrankenhaus zu bauen oder ein Straße voller Bettler zu speisen, und wenn das dann ein Erfolg wäre, würdest du wahrscheinlich ein Opfer deines eigenen glühenden Stolzes. Sehr viel weniger wahrscheinlich ist es, dass dein Stolz mit dir durchgeht, während du dir wünschst, dass allen kranken Kindern geholfen wird oder alle hungrigen Bettler genährt werden. Deshalb wird diese Praxis des Wünschens Anfängern so sehr empfohlen. Der natürliche Sinn für Bescheidenheit, der in die Praxis des Wünschens quasi eingebaut ist, ist eines der Dinge, der sie zu etwas Wunderschönem macht.

Gewöhnlich halten Anfänger Gebete und Bestrebungen für eine schwache Alternative zum Handeln, weil wir uns so nutzlos fühlen, wenn wir nicht geschäftig sind. Nützlich zu sein und etwas Sinnvolles zu tun ist uns extrem wichtig – oft wollen wir ziemlich verzweifelt als ‚fähig' und ‚wertvoll' angesehen werden – aber ‚nützlich' oder ‚nutzlos' sind relative Zustände und für Neulinge ist es viel wichtiger, anzustreben, nützlich zu werden, als etwas Konkretes zu erreichen.

Wie Shantideva schrieb:

Möge ich ein Wächter sein für die Schutzlosen,
Ein Führer für die Reisenden auf der Straße,
Möge ich für jene, die das Wasser überqueren möchten,
Ein Boot, ein Floß, eine Brücke sein.

Möge ich eine Insel sein für die, die sich nach dem Festland sehnen,
Eine Lampe für die, denen es nach Licht verlangt,
Ein Bett für die, die einen Ruheplatz brauchen,
Möge ich allen, die einen Diener brauchen, ihr Sklave sein.[13]

Es immer und immer wieder anzustreben, auf diese Weise nützlich zu sein, entwickelt allmählich unsere Zuversicht und stärkt unseren Geist, bis du irgendwann auf ziemlich natürliche Weise nützlich wirst.

13 Ebd., Kapitel 3, Stanzas 18-19

Ohne eine solche Zuversicht und Stärke könnte dich jeder einmalige, zufällige Erfolg für einen oder zwei Tage auf einen Sockel stellen, aber bald wirst du wieder heruntergeworfen, was sehr desillusionierend sein kann.

Wie man für andere sorgt

Warum sollten wir uns um andere Leute kümmern, besonders heutzutage, da wir in einer Kultur der Habgier und Selbstsucht leben, wo die Mehrheit einzig darum besorgt ist das eigene Nest auszuschmücken? Der mächtigste Grund dafür, uns um andere zu kümmern, ist vielleicht unsere Sehnsucht danach, dass sich einmal jemand um uns kümmern möge. Eine der heimtückischsten Erscheinungen dieser degenerierten Zeit ist es, dass so viele Menschen das Gefühl haben, nicht umsorgt zu werden, und all ihre Anstrengungen da hinein setzen, sich von ihren Freunden, Liebhabern oder sogar Mitgliedern des Clubs, dem sie beigetreten sind, geliebt zu fühlen.

Klassische buddhistische Texte über Bodhicitta erklären, dass wir mit der Praxis beginnen sollen, Liebe und Mitgefühl für andere zu empfinden, indem wir daran denken, was unsere Mutter durchmachen musste, als sie uns bekam. Natürlich müssen wir uns auch klar machen, dass das Konzept ‚Mutter' abhängig von der Kultur und der Zeit, in der wir leben unterschiedlich wahrgenommen wird. Heutzutage werden beispielsweise viele Kinder von ihren Eltern abgelehnt und missbraucht und dadurch reagieren wir nicht automatisch positiv auf den Gedanken an die Mutter. Einigen von euch mag dieses Beispiel nicht hilfreich erscheinen, aber es ist ja auch nur ein Beispiel. Wenn du es vorziehst, kannst du auch an eine Tante, einen Bruder oder einen guten Freund denken, von dem du weißt, dass er dich liebt, sich um dich sorgt und dir nur das Beste wünscht, der dich vermisst, wenn ihr getrennt seid und der mitten in der Nacht aufwacht, weil er sich um dich sorgt. Und nun stell dir vor, dass jedes einzelne fühlende Wesen dich einmal auf diese Weise geliebt und umsorgt hat.

Für unwissende Wesen wie uns ist das, was wir gerade jetzt fühlen und erfahren, viel machtvoller als Erinnerungen aus vergangenen Beziehungen. Ich bin sicher, dass uns allen jemand einfällt, dem wir vor zehn Jahren nahe standen, an den wir heute aber kaum noch denken. Wenn wir so leicht Menschen vergessen, die uns in diesem Leben wichtig waren, wie viel Hoffnung gibt es da noch, dass wir uns an die erinnern, die uns in unseren früheren Leben wichtig waren? Es haben aber Hunderttausende von fühlenden Wesen ihre Nahrung, ihren Reichtum und ihr Glück unserem Wohl geopfert, und wäre es nicht unsere angemessene Antwort auf solch eine Güte, wenn wir unsere Schuld begleichen wollen? Aber wie? Wie können wir in diesem Leben denjenigen ihre Güte vergelten, denen wir in vergangenen Leben begegnet sind? Wie können wir ihnen Nahrung, Obdach, Geld und Behaglichkeit geben, wenn wir nicht wissen, wer sie sind? Das Beste, was wir in dieser Situation tun können, ist, für alle fühlende Wesen gleichermaßen zu sorgen, indem wir alles tun, um sie zur Erleuchtung zu führen.

Manche Praktizierende meinen, die wichtigste Art von Bodhicitta sei absolutes Bodhicitta, wobei das Bodhicitta der Anwendung eher nicht so wichtig ist und das Bodhicitta des Strebens am unwichtigsten von allen. So funktioniert es aber nicht. Alle drei Aspekte von Bodhicitta sind gleich wichtig. Meistens, speziell als Anfänger, kreieren wir beim Gedanken an ‚Leerheit' sofort ein geistiges Bild von Leerheit, was im Gegensatz zu dem steht, was Leerheit wirklich ist. Deshalb ist der beste Ratschlag, mit dem Bodhicitta des Strebens zu beginnen und uns stufenweise vorzuarbeiten zum Bodhicitta der Anwendung und zum absoluten Bodhicitta.

Die Objekte unseres Mitgefühls

Rongzompa zufolge sollten Anfänger fühlende Wesen als Objekte ihres Mitgefühls nutzen, wobei er nicht behauptet, dass fühlende Wesen wahrhaft existieren. Fühlende Wesen sind eine Illusion und ihrer Natur nach leer, aber ihr Leiden können wir leicht erkennen, wie einen Regenbogen am Himmel. Wenn Mitgefühl mit einem solchen Objekt erweckt wird, wird es nicht von Anhaftung getrübt und ermüdet dich niemals; es ist grenzenlos, unerschöpflich und es ist auch nicht grundsätzlich ohne Weisheit.

Entsprechend Maitreyas *Mahayanasutralamkara*[14] teilt man fühlende Wesen als Objekte unseres Mitgefühls in verschiedene Kategorien ein:

- Wesen, die sich nach begehrenswerten Objekten sehnen
- Wesen, die sich unter dem Einfluss des ‚Feindes' (ihren Gefühlen) befinden
- Wesen, die unter den Auswirkungen ihrer negative Handlungen leiden, das sind diejenigen, die in niederen Bereichen wiedergeboren wurden, als auch die ‚Unwissenden', die Richtig und Falsch nicht unterscheiden können und keine Ahnung von Ursachen, Bedingungen und Wirkungen haben (beispielsweise der Schlachter, der meint, er müsse um des Überlebens willen töten)
- Wesen, die falsche Ansichten haben und dadurch einer ‚zusätzlichen Bindungskraft' unterliegen (sie sind nicht nur unwissende fühlende Wesen, sie wurden zusätzlich noch von Theoretikern unterrichtet und sind daher mit weiteren falschen Ansichten belastet, die einer Klärung bedürfen) und jene, die die ‚vergiftete Nahrung' der weltlichen Freuden lieben
- Praktizierende, die ‚verloren' sind, weil sie stolz sind und jene, die zwar hingebungsvoll, eifrig und ohne Stolz sind, aber dahingehend abgelenkt werden, dass sie einen geringeren Pfad wählen wie z. B. den Pfad der Selbstbefreiung
- Bodhisattvas, die noch enorm viel Verdienst ansammeln müssen und daher ‚schwach' sind.

Bestimmte Mahasandhi- oder Mahamudra-Praktizierende könnte man dieser Liste noch hinzufügen, wenn ihre Motivation, diese Pfade zu praktizieren, in Neugier auf die Natur des Geistes besteht und sie den Wunsch hegen, sie besser zu verstehen. Das ist nicht die richtige Motivation für einen buddhistischen Praktizierenden, unabhängig davon, um welchen Aspekt des Dharma es geht, denn ob du nun Sha-

14 Lopsang Jamspal, Robert Thurman und das AIBS Team (Übersetzer): *Universal Vehicle Discourse Literature (Mahayanasutralamkara)*, American Institute of Buddhist Studies, New York, 2004

matha-Meditation oder Mahasandhi praktizierst, jede buddhistische Praxis sollte motiviert sein durch Mitgefühl für das Leiden fühlender Wesen.

BODHICITTA DES STREBENS: DIE PRAKTIKEN

Wie wir nun gesehen haben, ist das Bodhicitta des Strebens eine Praxis, die den Fähigkeiten eines Anfängers bequem entgegen kommt. Dazu gehört es, die wunderbaren von großen Bodhisattvas verfassten Wunschgebete zu lesen, wie *Der König der Wunschgebete: Samantabhadras ‚Bestreben zu Edlem Handeln'*[15], und alles zu vermeiden, was dein Streben untergräbt. Auf den ersten Blick sieht es ziemlich einfach aus, denn du musst nur wünschen, dass alle fühlenden Wesen erleuchtet werden, immer und immer wieder. Aber da gibt es Stolpersteine, daher musst du alles Mögliche unternehmen, um die Praxis aufrecht zu erhalten.

Beispielsweise wird es Zeiten geben, in denen du merkst, dass du nur so tust, als ob. Wie sehr du dich auch anstrengst, aufrichtig zu praktizieren, es fühlt sich einfach nicht echt an. In den seltenen Fällen, in denen es sich authentisch anfühlt, ist die Empfindung schon fast vorbei, ehe sie richtig angefangen hat. Versucht daher, mit eurer Praxis zufrieden zu sein, wie sie sich auch anfühlt, selbst wenn ihr wenig mehr zustande bringt als Lippenbekenntnisse, denn zumindest gebt ihr euch damit etwas Mühe.

Fühlende Wesen sind unwissend und äußerst emotional. Wonach wir uns heute sehnen, das weisen wir morgen ganz und gar zurück. Unsere Stimmungen schwanken von einem Extrem ins andere, dabei wissen wir gar nicht, was wir wirklich wollen. Selbst wenn du das Geld hättest, deinen Freunden die teuren Luxusartikel zu kaufen, die sie gern hätten, könntest du ihre Begierde nach materiellem Reichtum jemals befriedigen? Auch wenn die große Mehrheit das noch nicht weiß – was alle fühlenden Wesen in Wahrheit brauchen, ist Erleuchtung, und es liegt bei dir, für sie zu entscheiden. Wünsche dir, „Möge ich alle füh-

---

15 www.lotsawahouse.org/samantabhadra.html, in Deutsch auch in: Dzongsar Jamyang Khyentse Rinpoche, Was mache ich auf Pilgerreisen…, Manjughosha Edition, Zeuthen, 2010

lenden Wesen zur Erleuchtung führen" und dann erlege dir die Disziplin auf, deinem Praxisplan zu folgen, komme was da wolle. Beschließe, fühlenden Wesen niemals das zu geben, was sie wollen, sondern nur das, was sie brauchen: Freiheit von allen dualistischen Unterscheidungen, von Besessenheit und Verwirrungen sowie Freiheit davon, ständig in die Extreme von Gut und Schlecht zu verfallen. Und erinnere dich daran, dass all dies durch die Praxis des Strebens vollendet werden kann, also praktiziere einfach weiter, auch wenn es sich so anfühlt, als würdest du nur so tun als ob.

Zwei Methoden sind für das Erwecken von Bodhicitta besonders bekannt: Die Tonglen-Praxis und eine Reihe von Kontemplationen, die man die vier Unermesslichen nennt.

1. Tonglen

Tonglen ist eine wunderbare Praxis, denn sie bietet uns eine besondere Technik, durch die wir Mitgefühl und Bodhicitta hervorrufen können. Wieder und wieder haben wir gehört, dass unsere Gewohnheit der Selbstliebe und der einzigen Sorge um unser eigenes Wohlergehen die Quelle von Elend ist und unseren spirituellen Weg sabotiert, daher ist das offensichtliche Gegenmittel dafür: andere zu lieben.

Die Methode ist einfach. Wenn du ausatmest, gib all dein Glück, dein Verdienst und deinen materiellen Reichtum jedem einzelnen fühlenden Wesen ohne Ausnahme; wenn du einatmest, nimm all ihren Schmerz, ihr Leid, ihre Probleme, Verdunklungen und untugendhaften Gedanken und Handlungen auf dich.

Mit der Tonglen-Praxis beginnen wir, unsere Motivation einzustimmen, und es ist die vielleicht beste Praxis für einen Anfänger. Wie uns die großen Kadampa-Meister vergangener Zeiten wiederholt gesagt haben, geht es bei der Praxis von Bodhicitta darum, die Haltung zu stärken, allen Profit und Gewinn anderen zu geben und jeden Verlust, jede Niederlage auf uns zu nehmen.

Moderne Menschen leiden unter zerstörerischen Einflüssen, wie dem Mangel an Selbstachtung oder Mangel an einem gesundem Gefühl für sich selbst. Das führt bei manchen neuen Schülern dazu, dass sie fragen, ob sie nicht ihr Selbstvertrauen verlieren würden, wenn sie in der Tonglen-Praxis das Leiden anderer auf sich nehmen. Tatsächlich ist es ziemlich genau andersherum. Die Haltung, die wir als Bodhisattvas einnehmen – uns danach zu sehnen, das Beste von allem den anderen zu geben und bereitwillig jeden Verlust, jede Unannehmlichkeit oder Schwierigkeit auf uns zu nehmen – diese Haltung stärkt unsere Zuversicht und merzt unseren Mangel an Selbstwertgefühl völlig aus.

Shantideva schrieb:

Was gibt es da noch zu sagen?
Die Kindischen arbeiten zu ihrem eigenen Nutzen,
Die Buddhas arbeiten zum Nutzen Anderer.
Schau dir nur den Unterschied an.

Wenn ich mein Glück nicht eintausche
Gegen das Leid der Anderen,
Werde ich die Buddhaschaft nicht erlangen
Und selbst in Samsara keine wahre Freude erleben.[16]

Woher kommt ein niedriges Selbstwertgefühl? Menschen mit geringem Selbstwertgefühl haben gewöhnlich ein hoch entwickeltes Ego; sie sehnen sich danach, in allem am besten zu sein und von jedem, den sie treffen, hoch geschätzt zu werden, und sie stellen sich vor, ihr Ego sei unterdrückt, schwach und brauche Verstärkung. Sobald wir jedoch die Haltung eines Bodhisattva entwickeln, haben wir wenig oder kein Ego. Daher ist da kein ‚Ich' mehr, über das wir uns Sorgen machen müssen, wenn wir all die guten Dinge weggeben oder uns von den schlechten Sachen belastet fühlen. Bodhisattvas fehlt das ‚Ego' als Bezugspunkt, daher wächst ihre Zuversicht beständig und selbst die Idee einer geringen Selbstwertschätzung hat keine Chance, ihr hässliches Haupt zu er-

16 Stephen Batchelor (Übersetzer), A Guide to the Bodhisattva's Way of Life (Bodhicharyavata), Library of Tibetan Works and Archives, Dharamsala, 1979, S. 120f

heben. Habt also keine Angst, das Bodhicitta des Strebens immer und immer wieder anzuwenden.

2. Die vier Unermesslichen

Es gibt ein weitverbreitetes Missverständnis zum Thema Liebe und Mitgefühl, das schwer zu korrigieren ist. Es ist sicherlich falsch, aber der Haken dabei ist, dass es auch ein Quentchen Wahres enthält. Nimm beispielsweise die Liebe, die wir für unseren Hund empfinden. Allgemein wird diese Art der Liebe angespornt durch unser Bedürfnis nach Gesellschaft, bedingungsloser Bewunderung und Gehorsam – es ist befriedigend, wenn ein Hund sich setzt, weil wir es ihm sagen. Auf gewisse Weise ist es eine Art von Liebe, aber sie ist unvollständig. Tiefe Liebe ist völlig bedingungslos, ohne Erwartungen, versteckte Absichten und eigensüchtige Motive. Tiefe Liebe für einen Hund zu empfinden würde nicht nur bedeuten, für ihn zu sorgen, indem man ihn füttert, ihn ausführt und sauber hält, sondern ihm auf der höchstmöglichen Ebene die Gelegenheit zu geben, den Dharma zu entdecken, der ihn schließlich zur Erleuchtung führen wird.

Wie der Ausdruck vermuten lässt, sind die vier Unermesslichen eine Praxis, die aus den vier Kontemplationen besteht, die in jedweder Hinsicht unermesslich sind, eingeschlossen die unermesslichen Objekte unserer Praxis: *alle* fühlenden Wesen.

Was sind diese vier unermesslichen Gedanken?

Liebe

Durch die Kontemplation der Liebe entwickelt sich der Wunsch, dass alle fühlenden Wesen glücklich sein und immer den Ursachen von Glück begegnen mögen. Beginne mit dem Gedanken: „Mögen alle fühlenden Wesen glücklich sein, genau in diesem Moment.“ Dann vergegenwärtige dir jemanden, der gerade an einer schweren Depression leidet. Während du denkst: „Mögen alle fühlenden Wesen glücklich sein!“, stell dir vor, dass diese Person genau das bekommt, was sie braucht, um ihre Depression zu lindern, und wünsche: „Möge diese Person alle Ursachen des Glücks antreffen und idealerweise den Dharma.“ Der erste unermessliche Gedanke ist also: „Mögen alle fühlenden Wesen Glück erfahren und die Ursachen von Glück." Das ist etwas anderes als die gewöhnliche humanitäre Vorstellung vom ‚Geben', denn statt eine Person nur mit einem Bett oder einer Mahlzeit zu versorgen, geben wir absolut jedem sowohl Glück als auch die Ursachen von Glück.

Mitgefühl

Hier entwickeln wir den Wunsch, dass fühlende Wesen frei sind vom Leid und den Ursachen des Leidens. Indem wir uns wieder auf die Person ausrichten, die an Depression leidet und auf alle depressiven Leute dieser Welt, denken wir: „Mögen sie frei sein von der Depression als auch von den Ursachen der Depression." Die Ursachen sind in diesem Fall ihre Emotionen und ihre untugendhaften Gedanken und Handlungen. „Mögen sie von all ihrem Leid befreit sein, genau in diesem Moment!" Und auch: „Mögen fühlende Wesen das Töten, Stehlen und Lügen unterlassen und alle negativen Emotionen, die Unglück verursachen." Mit dieser Kontemplation hast du den fühlenden Wesen sowohl Glück geben als auch die Ursachen für Glück, und sie vom Unglück und Leiden trennen, wie auch von den Ursachen von Unglück und Leiden.

Karma Chagme Rinpoche erklärte, dass alle fühlenden Wesen zwar irgendwann einmal seine Mütter gewesen sind, da sie jedoch keine Erinnerung mehr an diese Beziehung haben, zögern sie nicht, ihn anzugreifen oder bleiben ihm fremd. Wir dagegen wissen von unserer Verbindung; wie kann man da nicht zu allen freundlich sein?

Das gilt vermutlich für uns alle. Wenn beispielsweise deine liebende Mutter plötzlich verrückt würde und dich angreifen würde, wäre deine erste Reaktion vermutlich Besorgnis, gefolgt von noch mehr Liebe und Mitgefühl für sie.

Freude

Als Nächstes entwickeln wir den Wunsch, dass alle fühlenden Wesen niemals vom ‚Glück' und ‚Nicht-Leiden' getrennt sein mögen, indem wir ein Gefühl für wertschätzende Freude entwickeln: „Mögen alle fühlenden Wesen auf ewig Freude empfinden."

Freude ist im Zusammenhang mit diesen unermesslichen Kontemplationen extrem wichtig, denn selbst wenn wir wünschen, dass alle völlig glücklich sind, neigen wir noch dazu, auf diejenigen eifersüchtig zu sein, denen es besser zu gehen scheint als uns. Eifersucht und Neid sind das, was ich die ‚Verlierer-Gefühle' nenne, und das Gegenmittel für beide ist ein Gefühl für wertschätzende Freude.

Gleichmut

Weil fühlende Wesen als Resultat ihrer Anhaftung und Aggression leiden, wünschen wir schließlich, dass sie von aller Hoffnung und Furcht, von Aggression und Anhaftung an weltliche Dinge (den acht weltlichen Dharmas) befreit werden, so dass ihnen letztlich nicht einmal mehr der Gedanke kommt, Unterscheidungen zu machen.

Denke:

> Mögen alle fühlenden Wesen in Gleichmut verweilen, frei von Vorurteil, Anhaftung und Wut.
> Mögen sie frei sein von Hoffnung und Furcht, von Leidenschaft und Aggression.
> Mögen sie keine Vorstellung von ‚Familie' oder ‚Feind' haben;
> Mögen sie vorurteilsfrei bleiben, weder aggressiv zu Feinden noch anhänglich an ihre Freunde.
> Und mögen so alle Wesen und alle Erscheinungen gleichwertig sein.

Wenn du diesem Gedanken erlaubst, in deinem Geist zu ruhen, ist das die Praxis des Gleichmuts.

Praktizierende müssen Zeit und Energie investieren, sich diese vier Unermesslichen in Erinnerung zu rufen, und auch wenn es so abstrakt klingen mag, als ob man eine unendlich lange Leiter in den Himmel baut – erinnert euch stets daran, dass dies eine sehr wichtige Methode für das Geistestraining ist. Bodhisattvas müssen unbeirrbaren Mut und Motivation entwickeln und mit diesem Prozess solltest du hier und heute beginnen. Betrachte jeden Gedanken einzeln, wende ihn zuerst auf die an, die dir lieb sind, erweitere ihn dann auf deine Freunde und Nachbarn und schließlich auf alle fühlenden Wesen. Und dies ist nicht nur eine Übung des Wunschdenkens. Letztendlich wünschen wir aus ganzem Herzen, dass alle fühlenden Wesen davon befreit sein mögen, zwischen Gut und Schlecht zu unterscheiden, zwischen Richtig und Falsch.

Es gibt gute Gründe, dass diese vier Gedanken als ‚Unermessliche' bezeichnet werden – dies ist ein Wort, dem wir einige Beachtung schenken sollten und das im Zusammenhang von ‚der Weg ist das Ziel' zu verstehen ist. Wenn wir heute beten „Mögen alle fühlenden Wesen erleuchtet sein", dann stellen wir uns automatisch vor, es sei ein messbares Ziel, alle Wesen zur Erleuchtung zu führen, und dass es ein Ende dieses Prozesses gäbe. Aber so ist es nicht. Wenn es so wäre, würden wir von den ‚vier messbaren Gedanken' sprechen. Wir müssen uns also an die Vorstellung gewöhnen, dass unser spiritueller Weg ein unermessliches Ziel hat und dass wir ihm mit einer unermesslichen Haltung und einer unermesslichen Motivation folgen. Es gibt in anderen Worten kein Ziel, kein Ende des Prozesses und eine nicht zielgerichtete Motivation.

Das Bodhicitta der Anwendung

DIE SECHS PARAMITAS

Das Bodhicitta der Anwendung zu praktizieren, bedeutet, sich mit den besonderen Aktivitäten zu beschäftigen, die als die sechs Paramitas bekannt sind. Es gibt die Praktiken der Großzügigkeit, Disziplin, Geduld, des freudigen Eifers, von Samadhi oder Meditation und von Weisheit. Warum sind es sechs? Weil wir sie, wie der ehrwürdige Maitreya betonte, brauchen, um den sechs besonderen Gewohnheiten entgegenzutreten, die er als ‚Vorlieben' bezeichnet oder als ‚Lieben'. Welche Paramita du auch praktizieren magst, wenn du motiviert bist durch den Wunsch, alle fühlenden Wesen zu erleuchten, dann kann das als echte Praxis des Bodhicitta der Anwendung eingestuft werden, selbst auf der Anfängerstufe.

1. Grosszügigkeit

Wir haben eine Neigung, uns vorzustellen, wir seien arm, und auch zu beschäftigt; für viele von uns ist es fast unerträglich, nicht beschäftigt zu sein. Wir können dieser und allen anderen Gewohnheiten, die mit Armutsmentalität zu tun haben, mit der Praxis der Großzügigkeit begegnen.

Buddha selbst empfahl – selbst wenn unsere Großzügigkeit nicht weiter geht als das Vermögen, ein Stück Gemüse verschenken zu können – wenn wir uns vorstellen, das Gemüse sei eines unserer Gliedmaßen oder ein Brocken unseres Fleisches, werden wir uns an weit größere Formen der Großzügigkeit gewöhnen. Wie immer, sollte unser Wunsch, wahrhaft großzügig zu sein, durch ein Verlangen nach Erleuchtung motiviert sein, dies ist aber nur all zu oft gefärbt durch Ehrgeiz, als guter Mensch und als Stütze der Gemeinschaft erkannt zu werden, oder durch die Hoffnung auf eine prächtigere Wiedergeburt. Ein Bodhisattva muss sich also daran gewöhnen, den Verlockungen geringerer weltlicher Errungenschaften zu widerstehen.

Wie Maitreya im *Mahayanasutralamkara* sagte, kann für einen Bodhisattva ein Bettler der Grund für das Vervollkommnen von Großzügigkeit sein. Wenn dich also ein Bettler anspricht, denke dir: „Dieser Mensch gibt mir die Möglichkeit, den Samen unerschöpflichen zukünftigen Reichtums zu pflanzen. Er könnte sogar die Manifestation eines Buddha oder Bodhisattva sein. Indem ich diesem Bettler eine Opfergabe gebe, wie klein sie auch sein mag, schaffe ich die erste Verbindung, durch die ich ihm eines Tages den unerschöpflichen Reichtum der Erleuchtung bringen werde." Das Vajrayana lehrt, dieser Bettler oder jeder andere Quälgeist könnte sogar die Manifestation deines Guru sein.

2. Disziplin

Wir sind auch auf Schwierigkeiten versessen, und um diese Gewohnheit anzugehen, wird ein Bodhisattva als Anhänger des Mahayana-Pfades drei Arten der Disziplin anwenden: Die Disziplin, untugendhafte Handlungen zu unterlassen, wie töten, lügen oder andere zu verleumden, die Disziplin, die dazu beiträgt, tugendhafte Qualitäten anzusammeln, wie die Zufluchtnahme, das Erwecken von Bodhicitta und die Praxis der sechs Paramitas; und die Disziplin, anderen zu helfen.

Übrigens, wenn du als Bodhisattva lügen musst oder deine spirituelle Praxis unterbrechen musst, um die Disziplin aufrecht zu erhalten, anderen zu helfen, dann sei es so. Du solltest immer alles Notwendige tun, um fühlenden Wesen zu helfen, selbst wenn das bedeutet, die ersten beiden Disziplinen aufgeben zu müssen.

3. Geduld

Sich aufzuregen und unsere Gefühle bis zum Äußersten treiben, das ist eine andere Neigung, der wir nachgeben, und um dieser Gewohnheit einen Stoß zu versetzen, brauchen wir Geduld.

Es gibt für einen Bodhisattva viele Wege, Geduld zu üben. Du könntest beispielsweise freiwillig den Schmerz und das Leiden anderer auf dich nehmen; du könntest keinerlei Zugeständnisse in Bezug auf deine Dharma-Praxis machen, egal was in deinem Leben passiert, so dass der Dharma immer Vorrang hat; und du könntest eine Haltung von ‚ist mir doch egal' all denen gegenüber einnehmen, die dir schaden oder dich verleumden wollen.

Die Praxis, in Bezug auf die Dharma-Praxis kompromisslos zu sein, kann aus zwei Perspektiven gesehen werden: aus der relativen und der absoluten. Wenn jemand dir schadet, solltest du als Bodhisattva die Haltung entwickeln, dass Samsara Schmerz und Leiden ist, so wie eben Feuer heiß ist. Schmerz ist unvermeidlich, daher gibt es keinen Anlass, die Geduld mit demjenigen zu verlieren, der Verursacher deines Schmerzes ist. Da die Natur samsarischer Wesen außerdem grundsätzlich gut ist, ist das Leid, was sie verursachen, vorübergehend, und daher gibt es wiederum keinen Grund, die Geduld zu verlieren. Frage dich stattdessen, wie Shantideva es anregte, warum du entsprechend gehandelt hast, als du dies Karma geschaffen hast, das jemand anderen nun dazu brachte, dir zu schaden.

Stattdessen: Warum handelten sie in vergangener Zeit
Dass sie nun so von Anderen verletzt werden?

Da alles vom Karma abhängt,
Warum sollte ich wegen solcher Dinge wütend sein?[17]

‚Absolute' Geduld wäre, zu erkennen, dass du, der Akt des Schadens und derjenige, der schadet, gleichermaßen Illusionen sind. So entwickeln wir Geduld.

4. Freudiger Eifer

Wie sehr wir auch darauf bestehen, dass wir hart arbeiten wollen und uns wirklich auf das ausrichten wollen, was getan werden muss, haben wir doch tatsächlich eine große Neigung dazu, faul, diffus und gänzlich achtlos zu sein, und das Gegenmittel dazu ist freudiger Eifer.

Freudiger Eifer bedeutet, Freude am Weg und an den Aktivitäten eines Bodhisattva zu entwickeln. Weil wir aber seit so vielen Lebzeiten Freude nur durch samsarische Unterfangen erfahren haben, ist es schwierig, sich für die Aktivitäten eines Bodhisattva zu begeistern; die Vorstellung, still zu sitzen und eine Stunde lang zu meditieren kann unerreichbar erscheinen. Daher sollten wir mit allen verfügbaren Mitteln eifrig sein, Freude zu entwickeln, indem wir beispielsweise Dharma-Unterweisungen anhören, über sie nachdenken und mit einer inspirierenden Gruppe abhängen.

Wenn wir in ähnlicher Weise von ungünstigen Umständen oder Traurigkeit betroffen werden, müssen wir lernen, sie als Mahnung zu nutzen, uns nicht obsessiv darauf auszurichten, unsere Probleme zu lösen – die im Großen und Ganzen sowieso unlösbar sind – sondern stattdessen die Tücken von Samsara als Wege zu betrachten, die uns dazu verhelfen, unsere Faulheit zu überwinden.

5. Samadhi

Die nächste ‚Neigung' ist für moderne Menschen besonders relevant, da sie Persönlichkeitsrechte, das Bedürfnis nach persönlichem Raum und Unabhängigkeit so wichtig nehmen. Unabhängigkeit, so verkünden wir laut und häufig, sei entscheidend für unser Wohlbefinden. In

17 Padmakara Translation Group, The Way of the Bodhisattva, Kap. 6, Stanza 68

der Tat haben wir jedoch eine Neigung zur Sklaverei. Wir lieben es, wenn andere Leute und Dinge uns regieren, wenn wir angekettet werden, am Haar gezerrt und geschoben und gezogen von der Atmosphäre, den Umstanden und der Situation. Um diese Neigung zu bekämpfen, wenden wir die Praxis der Meditation an, denn weil diese Praxis beinhaltet, ganz und gar nichts zu tun, unterwirft sie sich den Umständen so wenig es überhaupt möglich ist.

Eine der größten Herausforderungen, denen wir uns stellen müssen, ist unsere Unfähigkeit, uns auf eine Sache zur Zeit auszurichten, und das ist ein Resultat davon, dass wir über viele Lebzeiten hinweg eine Neigung entwickelt haben, vom Wege abzukommen. Diese alte Gewohnheit macht das Überwinden der blind machenden Blendung unserer widersprüchlichen Gefühle extrem schwer, denn unsere Gefühle überstrahlen uns all zu oft. Deshalb müssen wir unsere Fähigkeit, ohne Ablenkung zu verweilen, kontinuierlich weiter entwickeln.

6. Weisheit

Wir haben eine Neigung zu falschen Ansichten, was ein unendlich komplexes und faszinierendes Thema ist, aber um es einmal ganz einfach auszudrücken, ist eine falsche Ansicht jede Art von extremer Sichtweise.

Schockiert zu sein, weil etwas nicht so funktioniert, wie wir es erwarten, ist ein Hinweis darauf, dass wir eine falsche Ansicht aufrecht erhalten. Das passiert, weil wir uns nur auf oberflächliche Ursachen und Bedingungen ausrichten, nicht auf die subtileren. An der Oberfläche scheint die wissenschaftliche Sichtweise, dass nichts ohne Grund passiert und alles ein Resultat von Ursachen und Bedingungen ist, die ‚richtige Sichtweise' zu sein. Heutzutage gibt es aber auch Leute, die geradezu stolz darauf sind, nicht an die Wirksamkeit von Ursache, Bedingungen und Wirkungen zu glauben, also auch nicht an Reinkarnation. Folgerichtig bedeutet das, dass sie nicht an die Vorstellung von Tugend und Untugend glauben, von gutem oder schlechtem Karma. Da ist es dann keine Überraschung, dass tief drinnen selbst diejenigen unter uns, die sich als Anhänger der Lehren des Buddha sehen (besonders der Lehren über Karma) gewohnheitsmäßig akzeptieren, dass sich Situationen und Dinge zufällig manifestieren können.

Weisheit ist das wichtigste Merkmal eines Bodhisattva, denn, wie Dharmakirti sagte, wie wichtig es auch sein mag, tiefe, kostbare Liebe und Mitgefühl zu entwickeln, wird dies die Unwissenheit nicht grundlegend anfechten. Daher wird das Entwickeln von Liebe und Mitgefühl allein die samsarische Existenz nicht ausrotten.

Eine Frage, die Schüler häufig stellen, ist: „Was ist ‚Sünde' im Buddhismus?" ‚Sünde' ist üblicherweise die Übersetzung des tibetischen Ausdrucks ‚Untugend', und das ist alles, was den sechs Neigungen entspringt; es könnte nur mit einer Neigung verbunden sein oder eine Kombination verschiedener Neigungen, oder auch alle gleichzeitig.

Traditionell wird gesagt, wenn fühlende Wesen die sechs Paramitas nicht praktizieren, gleichen sie einem blinden Mann, der sich verirrt hat und in einem Dschungel oder einer Wüste umherwandert. Er ist blind, weil er nicht weiß, welche Handlungen zu tun sind und welche man lassen sollte und weil er keinen Freund oder Meister hat, der ihn führt. Es fehlt ihm die Verpflegung der Großzügigkeit für seine Ernährung, wie auch die Rüstung der Disziplin für seine Verteidigung. Der Reichtum seiner Geduld ist ihm ausgegangen und der freudige Eifer, der seinen Fortschritt vorantreibt, ist unstet. Er hat keine Meditation und daher keine Ruhe und – was am allerschlimmsten ist – es fehlen ihm die Mitarbeiter der Weisheit zur Unterstützung.

Denke aber niemals, dass die sechs Paramitas für dich unerreichbar wären, denn wie Shantideva sagte, gibt es nichts, an das du dich nicht gewöhnen könntest.

Absolutes Bodhicitta

Leerheit als ein Gegenmittel zum Ego anzuwenden ist vielleicht etwas diffizil, wenn du frisch in die Lehren des Bodhisattvayana einsteigst. Wenn das der Fall ist, ist das beste mögliche Gegenmittel, einfach nur den Wunsch zu entwickeln, jedes einzelne fühlende Wesen zu erleuchten (Bodhicitta).

Wenn du allerdings Anweisungen erhalten hast, wie man absolutes Bodhicitta gemäß der Mahamudra- oder Mahasandhi-Tradition praktiziert, oder im Vipashyana, oder bei der Nicht-Unterscheidung von Samsara und Nirvana, der Einheit von Glückseligkeit und Leerheit oder einfach als Teil einer Unterweisung, die einen systematischen Leitfaden zur Leerheit darstellt, dann solltest du die jeweilige Übung auf jeden Fall praktizieren. Wenn du diese Anweisungen erst noch erhalten musst und du dich als Anfänger danach sehnst, absolutes Bodhicitta zu verstehen und zu praktizieren, kann es deine Praxis sein, darüber Lehren zu hören und nachzudenken.

Das Ende der Sitzung

Sobald du die Praktiken der Zufluchtnahme und des Erweckens von Bodhicitta vollendet hast, löse das Feld des Verdienstes in dich auf und vermische deinen Geist mit dem Geist deines Guru. Bleibe dann so lange wie möglich im Zustand der Untrennbarkeit (ein paar Momente, eine Minute oder sogar eine Stunde) ohne irgendetwas künstlich herzustellen. Das kann als Meditation über absolutes Bodhicitta angesehen werden.

Üblicherweise erweckt man Bodhicitta durch das Rezitieren eines Textes, aber sei dir bewusst, dass das Rezitieren der entsprechenden Verse aus dem Ngöndro-Text völlig nutzlos ist, wenn man nicht wirklich motiviert ist, für die Erleuchtung aller fühlenden Wesen zu praktizieren.

Inzwischen kannst du eher wertschätzen, wie das Erwecken von Bodhicitta als Gegenmittel zum Ego wirkt und ganz offensichtlich solltest du daher niemals versuchen, Bodhicitta mit der Ambition zu erwecken, als großer Bodhisattva erkannt zu werden.

Denke immer daran, dass keiner von uns nur mit Leuten zusammen sein kann, die wir mögen, wenn du dich also Schulter an Schulter wiederfindest mit Menschen, die du wirklich nicht magst, versuche deinen Geist darauf auszurichten, gute Gedanken zu haben, egal wie schwach, falsch oder sogar scheinheilig sie auch erscheinen mögen. Erinnere dich daran, dass deine Reaktion auf andere nur deine Interpretation dessen ist, wer sie sind, und versuche dich stattdessen an die Stelle desjenigen zu versetzen, der dir auf die Nerven geht. Erinnere dich, sie fühlen sich ebenso paranoid wie du und sie werden von ihren mächtigen Gefühlen genauso gefesselt. Oder stell dir vor, dass diese schreckliche Person dir von den Buddhas und Bodhisattvas geschickt wurde, damit du mehr Bodhicitta entwickeln kannst.

Versuche in jeder Situation und immer ein gutes Herz zu entwickeln. Schließlich ist ein gutes Herz der Schlüssel zu Liebe, Mitgefühl und Bodhicitta. Ohne Bodhicitta wird jede Praxis, die du ausführst, nur dein bereits mächtiges Ego verstärken. Ein gutes Herz zu haben und liebende Güte zu praktizieren (was nur unterschiedliche Arten sind, die gleiche Sache zu beschreiben), das ist die Saat von Bodhicitta, aber wenn du nicht zusätzlich den Wunsch entwickelst, alle fühlenden Wesen zu erleuchten, wird Bodhicitta in deinem Geiste niemals vollständig erblühen.

Für diejenigen, die das Erwecken von Bodhicitta in einer Retreat-Situation praktizieren, ist das Visualisieren des Verdienstfeldes extrem wichtig. Es ist genau wie bei der Zufluchtnahme, nur sind die Buddhas und Bodhisattvas hier Zeugen deines Entschlusses. In Anwesenheit dieser unvergleichlichen Wesen zu schwören, alle fühlenden Wesen zur Erleuchtung zu führen, wird dich nicht nur vor Hindernissen schützen, es wird auch Bodhicitta wirklicher erscheinen lassen und daher segensreicher und kraftvoller sein, und es wird deine heilige Verpflichtung verstärken, dein Wort zu halten.

9

Die Reinigungspraxis durch das Meditieren auf den Guru als Vajrasattva

Die Essenz aller Ngöndro-Praktiken ist es, unseren gewohnheitsmäßig starren Geist zu trainieren, so dass er flexibler wird, und wir alle leiden unter einem starren Geist. Warum? Vor allem, weil wir uns unseren emotionalen Reaktionen und auch den Objekten unserer Emotionen so leicht überlassen: der Hoffnung und der Furcht. Seit Urzeiten wurzelte nahezu alles, was wir denken und fühlen, all unsere Interpretationen, in Hoffnung und Furcht, die ihrerseits unseren Geist verschnürt haben mit turbulenten Gefühlen, welche ihn in einem Maß einengen, dass wir keine Kontrolle mehr über ihn haben. Deshalb müssen wir den Shravakayana-Lehren zufolge den Geist *zähmen*, oder ihn gemäß Bodhisattvayana-Sichtweise *schulen*, damit er nützlich wird, oder den Geist gemäß der Vajrayana-Sichtweise *erkennen*.

Der Einfachheit halber bleiben wir jedoch bei dem Begriff ‚Geistestraining'. Und der erste Schritt in Richtung Geistestraining ist es, die Vergeblichkeit samsarischen Lebens wiederholt zu erkennen und zu reflektieren. Wir haben dies bereits gesehen: Weiterhin irgendeinen Teil weltlichen Lebens wertzuschätzen, erzeugt ein Schlupfloch in unserer grundlegenden Haltung, und das gefährdet letztendlich unsere Dharma-Praxis. Deshalb ist es wichtig, die Aussichtslosigkeit weltlicher Aktivitäten, materieller Besitztümer und Beziehungen aufrichtig zu erkennen. Und wie wir schon gesehen haben, ist das Kontemplieren der gewöhnlichen Grundlagen eine sehr gute Methode, um uns sehr lebendig in den Geist zu rufen, wie unheilbar krank das karge Samsara eigentlich ist. Auch wenn der Dharma einen unermesslichen Schatz an außergewöhnlichen Unterweisungen in sich trägt, können wir enormes Verdienst ansammeln, indem wir einfach nur Unterweisungen über diese vier Gedanken oder Kontemplationen anhören, immer und immer wieder.

Nachdem wir die ersten beiden Grundlagen der Ngöndro-Praxis gelegt haben, indem wir unsere Aufmerksamkeit durch die Praxis der Zufluchtnahme vom falschen Pfad weg und zum rechten Pfad hin gelenkt haben, und durch das Erwecken von Bodhicitta vom geringeren Pfad zum größeren Pfad, zeigt uns die Praxis von Vajrasattva nun, wie wir das Gefäß von Körper, Sprache und Geist säubern und klären, in das wir den Nektar des Dharma gießen werden.

Dem Vajrayana zufolge ist unser physischer Körper ebenso ein Gefäß wie unser Geist, und auch er muss gesäubert und gereinigt werden. Die Traditionen des Bodhisattvayana und Shravakayana haben eine je andere Sichtweise. Sie sehen den Geist als ausschließliches Gefäß des Dharma an, und auch wenn sie zustimmen, dass er gezähmt werden muss, bestehen sie darauf, dass der Körper nur ein Diener des Geistes ist und sie empfehlen uns, ihn so zu behandeln, wie ein Meister seine Sklaven behandeln würde. Als Gegenleistung für ihre Arbeit würde eine Sklavin Verpflegung und Unterkunft bekommen, aber der Meister muss darauf achten, nicht übermäßig nachgiebig zu sein, falls sie versucht, ihn zu übervorteilen. Shantideva hat dies in Verse gefasst, die in diesem Buch bereits aufgetaucht sind, aber durchaus wiederholt werden können:

> Wenn Diener, die nicht zur Arbeit angetrieben werden können,
> nicht belohnt werden mit Speise und Kleidung,
> warum hältst du dann unter so großen Schmerzen
> diesen Körper aufrecht, der – obwohl er genährt wird – dich
> verlassen wird?

Entlohne diesen Körper mit gebührendem Honorar,
und stelle dann sicher, dass er für dich arbeitet.
aber verschwende nicht alles
auf etwas, das keinen perfekten Nutzen bringen wird.[18]

Aus der Sicht des Vajrayana jedoch ist unser Körper der greifbarste und offensichtlichste Teil von uns, daher kann er auf jeder Stufe des Weges als Werkzeug benutzt werden und wird nicht nur als Sklave oder Gefäß angesehen. Deshalb ist der Aufbau unseres Körpers, seine Empfindungen, sein Wohlergehen und die Ernährung jedes inneren oder äußeren Körperteils von entscheidender Wichtigkeit auf dem Weg zur Befreiung.

Trübungen und Verunreinigungen: Schlechtes Karma

Das *Jatakamala Sutra*[19] sagt uns, dass Dämonen ihre größten Ängste erleiden, wenn sie jemanden sehen, der sich dem Pfad zur Befreiung widmet. Neue Dharma-Praktizierende entdecken zwangsläufig viele unschätzbare Juwelen auf dem Pfad, aber ebenso wahrscheinlich ist es, dass sie jede Menge Hindernisse aufrühren werden – was uns zum Thema ‚schlechtes Karma' bringt.

‚Schlechtes Karma' ist eine von vielen Arten, wie der Dharma die Verdunklungen und Verunreinigungen beschreibt, die sich allgemein als Hindernisse manifestieren und die wir klären müssen. Ob eine unwillkommene kleine Verzögerung in unseren Plänen wirklich ein Hindernis ist oder ein Segen, das ist allerdings oft schwer zu sagen. Manchmal durchleiden Praktizierende lange Perioden, in denen ihre Praxis keine Auswirkung zu haben scheint auf das, was besonders hartnäckige Hindernisse zu sein scheinen, und daraus schließen sie, dass ihre Praxis nicht funktioniert. Sie liegen aber falsch. In der Rückschau realisieren sie, dass das ‚Hindernis', das sie so verzweifelt beseitigen wollten, eigent-

18 Padmakara Translation Group, The Way of the Bodhisattva, Kap. 5, Stanza 68-69
19 Aryasura, Garland of Rebirths (skt. Jatakamala; tib. Skye pa`irabs gyi phrengba, T 4150) http://rywiki.tsadra.org/index.php/skye_pa%271_rabs_gyi_phreng_ba

lich das Beste war, das ihnen je begegnet ist. Diese Art von Umkehrung ist recht häufig, und mit der Erfahrung beginnen Praktizierende wertzuschätzen, dass ‚schlechte' Umstände einen viel fruchtbareren Boden für die Praxis bilden als ‚gute'.

Was also klären wir mit der Vajrasattva-Praxis? Am entscheidendsten ist die Verunreinigung des Klammerns am Selbst. Obwohl keine unserer Verunreinigungen besonders schwer zu klären ist, weil sie alle von Natur aus befristet sind, waren sie so lange Teil unserer karmischen Aufmachung und sind so tief verwurzelte Gewohnheiten, dass die Trennung von ‚mir' und ‚meiner Verunreinigung' unmöglich erscheinen kann. Schon die Tatsache, dass eine solche Abgrenzung so schwierig ist, zeigt, dass es von entscheidender Wichtigkeit ist alles aufzubieten, um sie zu klären.

Für einen Vajrayana-Praktizierenden vergegenwärtigt der Name Vajrasattva automatisch die Prinzipien der Klärung und Reinigung. Beide Worte beinhalten die Anwesenheit von ‚Schmutz' – Begriffe, die wir nicht loswerden, weil uns eine präzisere Form der Sprache fehlt – und sie neigen dazu, extreme Paranoia hervorzurufen, weil möglicherweise all unsere Verunreinigungen und Verdunklungen aufgedeckt werden könnten, eine Tortur, welche die meisten von uns um jeden Preis vermeiden möchten. Wir ziehen es ganz klar vor, uns auf unsere guten Qualitäten auszurichten. Doch das Klären von Verunreinigungen bedeutet das Aufdecken unserer Buddha-Natur, und wäre die Buddha-Natur nicht ein inhärenter Teil von uns, wäre es sinnlos zu versuchen, unsere Verunreinigungen zu klären. Das ist ein ziemlich wichtiger Punkt, denn wenn wir das einmal verstanden haben, können wir aufhören, uns über unsere Misserfolge zu ärgern. Aber es ist ein Aspekt der Reinigung, den viele Praktizierende übersehen. Sie legen all ihre Energie in das Vermeiden zuzugeben, überhaupt irgendeine persönliche Verschmutzung aufzuweisen, ganz zu schweigen von dem Ärger, der Eifersucht und der Gier, von der sie beherrscht sind. Statt dass man sich also Sorgen macht über alles, was der Reinigung bedarf, ist es sehr viel nutzbringender, sich auf das Aufdecken der Buddha-Natur durch die Praxis von Vajrasattva auszurichten.

Dieser Punkt wird am besten durch das Beispiel vom Abwaschen einer Kaffeetasse veranschaulicht. Warum soll man die Tasse überhaupt abwaschen? Weil du sie sauber haben möchtest. Wenn die Tasse aber dauerhaft schmutzig wäre, könntest du den Schmutz niemals entfernen, wie sehr du dich auch anstrengen würdest, und der ganze Prozess würde sowohl frustrierend als auch extrem schmerzhaft werden. Deshalb denken wir in Begriffen wie ‚Aufdecken' der Buddha-Natur, dem wichtigsten Punkt der Praxis von Vajrasattva, statt dem ‚Reinigen' von Verschmutzungen. Behalte im Sinn, dass buddhistische Lehren, besonders die des Vajrayana, nichts gegen Schmutz haben und dass der Schmutz nicht die Tasse ist, sondern ein vollständig eigenes Gebilde.

Warum visualisieren wir den Guru als Vajrasattva?

Dein Guru ist die Spiegelung deiner Hingabe und deines Verdienstes und Hingabe ist eine Manifestation deiner Buddha-Natur und deines Verdienstes. Ohne Verdienst wirst du deinen Guru nicht erkennen, wenn du ihm begegnest oder du wirst, wie Devadatta, keine einzige seiner Qualitäten wahrnehmen. Deshalb spielt Verdienst eine wichtige Rolle bei deiner Fähigkeit, deinen Guru zu erkennen, und Hingabe ist ein Ausdruck dieses Verdienstes.

Die Rolle des Guru verändert sich während des Ngöndro in gleicher Weise, wie sich die Rolle einer Frau ändert, je nach der Aufgabe, die sie innerhalb unterschiedlicher Beziehungsrahmen einnimmt. Für ihre Mutter ist sie die Tochter, für den Ehemann die Ehefrau und für ihren Arbeitgeber ist sie die Frau, die sein Haus sauber macht. Ebenso sind alle Buddhas und Bodhisattvas im Kern exakt gleich, aber da wir dualistische Geschöpfe sind, helfen uns der Name, die Farbe und die Erscheinungsform jedes einzelnen, uns auf seine besonderen Aufgaben auszurichten. In dieser Praxis ist es dein Guru, visualisiert als Vajrasattva, der deine Verunreinigungen klärt.

Technisch gesehen wäre es eine perfekte, wirksame Form der Reinigungspraxis, eher Guru Rinpoche als Vajrasattva über deinem Kopf zu visualisieren, und entweder das hundert-silbige oder das sechs-silbige Vajrasattva-Mantra oder das zwölf-silbige Guru-Rinpoche-Mantra zu chanten – Vajrayana ist ein Schatz unglaublicher Methoden. Die Kraft zur Klärung und Reinigung war allerdings immer schon mit Vajrasattva verknüpft und diese Praxis wird als höchste Methode der Reinigung gesehen. Die Geschichte des Buddhismus erzählt, dass Vajrasattvas gewaltige Kraft in dem Wunschgebet wurzelt, das er als Bodhisattva machte: dass allein sein Name die ungeheuerlichsten Verschmutzungen reinigen möge, sobald er Buddhaschaft erlangt habe.

In dieser Praxis stellst du dir deinen Guru als Vajrasattva vor, und auch hier fragen Schüler häufig: „Warum visualisieren wir den Guru nicht einfach, wie er ist?" Wenn du dir deinen Guru als gewöhnlichen Menschen vorstellst, kann hier eines der Risiken sein, dass du beim Bekenntnis versucht bist, etwas zurückzuhalten. Schließlich ist dein Guru nur eine gewöhnliche Person, woher soll er also wissen, ob du völlig ehrlich warst oder nicht? Hat er nicht unzählige Male bewiesen, dass er einen großen Teil dessen, was du getan hast, gar nicht weiß, und sind diese offensichtlichen Lücken in seinem Wissen nicht irgendwie beruhigend? Wir sind darauf konditioniert, uns vor dem Guru nicht schlecht zu benehmen, aber wir wären fürchterlich beschämt, wenn er dahinterkäme, was wir alles tun, wenn wir nicht bei ihm sind. Dies alles erschwert es sehr, eine starke Hingabe für ihn zu entwickeln oder ihn als Buddha anzusehen. Deshalb visualisieren wir den Guru in der Form des allwissenden Buddha Vajrasattva, der alles weiß, was es über Vergangenheit, Gegenwart und Zukunft zu wissen gibt, und vor dem wir nichts verstecken können. Das ist eine großartige Gelegenheit, die ganze Bandbreite unserer beschämenden, negativen Aktivitäten zu enthüllen, und das zu tun, erweist sich oft als ungeheure Erleichterung.

Hingabe: Dem Mantra und der Visualisierung Vertrauen schenken

Mipham Rinpoche sagt in seiner Erläuterung zum *Guhyagarbha Tantra*, dass deine Visualisierung sowohl deutlich als auch lebendig sein sollte, unabhängig davon, welche Gottheit des Mandalas du praktizierst. Denjenigen, die Visualisierung als schwierig ansehen und die nur eine verschwommene, abstrakte Verallgemeinerung zustande bringen, sei jedoch versichert: Wenn du echte Hingabe für und Vertrauen in den Guru, den Pfad und die Wirksamkeit des Mantra empfindest, gibt es keinen Zweifel daran, dass du alle gewöhnlichen und höchsten spirituellen Errungenschaften erreichen wirst.

Es gibt viele Ebenen der Hingabe. Höchste Hingabe ist die absolute Überzeugung, dass die Gottheit und das Mantra untrennbar sind. Wenn du nicht fähig bist, höchste Hingabe zu bewerkstelligen, versuche unerschütterliche Hingabe zu entwickeln, das ist ein unausgesprochenes Vertrauen in die Lehren des Buddha und in deinen Meister und das erfüllt die Pfade von Mantra und Visualisierung vollständig.

Vertrauen und Hingabe in die Kraft des Mantra sind ebenfalls sehr wichtig. Wenn du als Ngöndro-Praktizierender das Vajrasattva-Mantra singst, solltest du mit einsgerichtetem Vertrauen und mit Hingabe daran glauben, dass das Mantra Buddha Vajrasattva ist – selbst wenn dein Geist während der Sitzungen wild und chaotisch ist. Wie Mipham Rinpoche schrieb, bleibt Vollendung denen verwehrt, denen die Weisheit fehlt, die tiefe Bedeutung des Mantrayana zu verstehen und deren sturer, zweifelnder und unentwegt analytischer Geist innere Hindernisse erschafft. Selbst wenn der Geist zerstreut ist und in alle Richtungen wirbelt, sollten Mantra-Praktizierende der Macht des Mantra völlig vertrauen, denn sie ist so groß, dass sie selbst dann weiter bestehen wird, wenn der Himmel aufhören würde zu existieren.

Die Vier Kräfte

Gewisse Bestandteile sind entscheidend, wenn die Praxis von Vajrasattva funktionieren soll:

1. der Glaube, dass Vajrasattva die Macht hat, dich zu reinigen
2. ehrliches Bedauern und Reue für all deine negativen Handlungen aus Vergangenheit, Gegenwart und Zukunft
3. der Entschluss und die Entschlossenheit, diese negativen Handlungen nie wieder zu begehen und

4. absolute Überzeugung in die Kraft der Praxis.

Fast kann ich hören, wie du denkst: „Sicher werde ich dann doch wieder negativ handeln. Ich werde einfach nicht anders können! Vielleicht ist es besser, wenn ich Vajrasattva gar nicht erst praktiziere." Aber solche Gedanken zeigen nur, dass du diese Informationen zu wörtlich nimmst. Erinnere dich, du bist ein ‚Praktizierender', was bedeutet, dass du dich an eine neue Art des Seins und des Denkens gewöhnst – niemand erwartet, dass du auf Anhieb all deine Versprechen halten kannst (auch wenn du immer dein Bestes geben solltest!).

Vielleicht erinnerst du dich an nichts, was du in diesem Leben falsch gemacht hast oder was du bedauerst, aber bist du sicher, dass es niemals so sein wird? Oder dass du in vergangenen Leben niemals schlecht gehandelt hast? Ob du dir deines unheilsamen Verhaltens bewusst bist oder nicht – es ist wichtig, dass du Reue entwickelst, und zwar für jede einzelne deiner negativen Aktivitäten seit anfangsloser Zeit, und dass du beschließt, nie wieder schlecht zu handeln. Du solltest auch glauben, dass Guru Vajrasattva wirklich allwissend ist, allmächtig, ungeheuer machtvoll und mitfühlend, dass er tatsächlich direkt vor dir ist, während du praktizierst und dass die Praxis als solche funktionieren wird.

Die Visualisierung

Sieh dich selbst in deiner gewöhnlichen Form mitsamt Verunreinigungen und so weiter und visualisiere deinen Guru in der Form von Vajrasattva über deinem Kopf. Er sollte erscheinen wie eine Spiegelung im Wasser, anfänglich vielleicht etwas leblos und leer, dann langsam wird er immer lebendiger. (Um eine Vorstellung davon zu bekommen, wie eine Spiegelung erscheint, wirf einen Blick in den Spiegel: Wenn du dich bewegst, bewegt sich auch dein Spiegelbild.)

Vajrasattva ist von weißer Farbe, mit allen Sambhogakaya-Ornamenten geschmückt und umarmt seine Gefährtin. In seiner rechten Hand hält er einen Vajra vor seinem Herz-Chakra, in seiner Linken eine Glocke, die auf seiner linken Hüfte ruht. In seinem Herzen erscheint ein kleiner Mondscheibensitz, darauf steht mittig die Silbe

HUM. Sei überzeugt und ohne Zweifel, dass Vajrasattva die Manifestation des Geistes aller Buddhas ist und rufe ihn so eindringlich und mit absoluter Zuversicht an, dass er wirklich über deinem Kopf sitzt.

DER NEKTARFLUSS

Während du das hundert-silbige Vajrasattva-Mantra singst, stellst du dir vor, dass von der Silbe HUM enorme Lichtstrahlen in alle zehn Richtungen ausstrahlen und unendlich viele Opfergaben ausströmen: Blumen, Räucherwerk, indische Badehäuser, elegante Villen, Lustgärten, Pfauen, Elefanten und alle wunderbaren und begehrenswerten Dinge, die du dir nur vorstellen kannst. Diese Opfergaben werden von Lichtstrahlen getragen, allen Buddhas und Bodhisattvas der zehn Richtungen dargebracht und versammeln sich dann wieder in der Silbe HUM in deinem Herzen. Indem du das Mantra weiter singst, fließt Nektar in der Form von Licht oder als milchige Flüssigkeit aus dem HUM, füllt Vajrasattvas Körper an, fließt dann durch seinen geheimen Ort in den Körper seiner Gefährtin und füllt sie ebenfalls. Der Nektar fließt ununterbrochen aus der Silbe und strömt aus jeder Pore der beiden Gottheiten, insbesondere aus ihren geheimen Orten, stürzt wie ein Wasserfall hinab in die Fontanelle auf unserem Scheitel.

Während der Nektar unseren Kopf durchströmt und ihn vom Scheitel bis zur Stirn anfüllt, schwemmt er alle Krankheiten heraus, Verdunklungen, Verunreinigungen und schlechte Energie, er treibt sie durch unseren Körper und aus ihm hinaus, durch den Anus, den geheimen Ort und die Zehen. Alle physischen Krankheiten verlassen unseren Körper in Form von Eiter und Blut und du kannst dir vorstellen, dass alle Verunreinigungen, die mit körperlicher Aktivität verknüpft sind, anders gesagt: das schlechte Karma, das durch Töten, Stehlen oder sexuelles Fehlverhalten entsteht, als auch alle körperlichen Krankheiten und Symptome, wie Kopfschmerzen, Magenschmerzen – im Grunde alles, was in die Kategorie von Verunreinigungen der ‚Nadis' fällt – gereinigt werden. Nadis sind die Energiezentren und -kanäle, die durch unseren Körper laufen. Sie werden verunreinigt, wenn wir Menschen töten, wenn wir mit Samaya-Brechern oder verblendeten Wesen verkehren, uns an ihrem Orten aufhalten oder auch Nahrung zu uns nehmen, die von ihnen zubereitet wurde. Wir reinigen unsere blockierten und eingerosteten Kanäle und Chakren mit der Vajrasattva-Praxis ebenso, wie wir ein starkes Bleichmittel verwenden, um die Toilette zu reinigen.

Sei kreativ bei deiner Visualisierung. Stell dir beispielsweise vor, wie dein Körper tatsächlich die Farbe wechselt, während der Nektar dich durchströmt und reinigt. Sobald der Nektar deine Stirn erreicht hat, erscheint die obere Hälfte deines Schädels rein und weiß, während der Rest deines Körpers dunkler und schmutziger aussieht. Diese Methode verstärkt die Kraft der Visualisierung, und wenn du dir vorstellen kannst, es könnte helfen, solltest du es einfach versuchen.

Denke noch einmal daran, dass du ein Anfänger bist und es töricht wäre, zu erwarten, man könne alle Details der Visualisierung in einer Sitzung aufbauen. Obwohl – wenn es dir allerdings möglich ist, solltest du es natürlich tun. Ansonsten gib einfach dein Bestes.

Wenn du 100.000 Rezitationen des hundert-silbigen Vajrasattva-Mantras ansammelst, richte dich bei jeder Praxissitzung auf einen anderen Aspekt der Visualisierung aus. Du kannst zum Beispiel an einem Tag das Mantra singen und dich dabei auf die Visualisierung von Vajrasattva über deinem Kopf konzentrieren und am nächsten Tag konzentrierst du dich auf das HUM in seinem Herzen, wobei der Rest der Visualisierung nur sanft im Fokus bleibt. Am dritten Tag konzentrierst du dich auf den Nektarfluss und am vierten machst du alles zusammen. Wenn du viel Zeit hast, visualisiere den Fluss des Nektars für eine Woche oder einen Monat bis zur Stirn, dann stell dir für eine weitere Woche oder einen Monat vor, wie er bis zur Kehle fließt. Wenn du keine Zeit hast, verwende eine halbe Stunde auf deine Stirn und dann auf deine Kehle. Alternativ kannst du versuchen, jede der verschiedenen Phasen fünfzehn Minuten lang zu praktizieren, oder auch fünf oder zwei Minuten – das ist ganz dir überlassen. Aber sei dabei bitte flexibel.

Während der Nektar hinabfließt bis zur Kehle reinigt er streng genommen alle Verunreinigungen, aber du kannst dir vorstellen, wie er besonders die Verunreinigungen angeht, die mit der Sprache zu tun haben, wie Lügen, Beleidigungen, Drohungen, schroffe Sprache, Geschwätz und Fehler bei deiner Mantra-Rezitation (beispielsweise das Auslassen oder zusätzliche Einfügen von Worten oder eine schlechte Aussprache). Er reinigt auch schlechte Energie und Störungen der Sprache, wie falsch verstanden zu werden: Wenn du beispielsweise ‚rechts' sagst, meinen die Leute, du hättest ‚links' gesagt oder ganz gleich, was für ein gutes Herz du hast, wirkt alles was du sagst, verärgernd oder irritierend auf Andere, weil deine Worte und Anordnungen nicht kraftvoll sind, oder nicht verführerisch genug, oder sogar zu verführerisch.

Besonders für Vajrayana-Praktizierende ist es wichtig, mit den Verunreinigungen von Prana, der inneren Luft, umzugehen und die Vajrasattva-Praxis ist eine sehr gute Methode genau dafür. Wir können unser Prana auf viele Arten beschädigen und verdunkeln, wenn wir zum Beispiel schlechte Luft einatmen, Haschisch rauchen oder Zigarren, wenn wir Alkohol trinken oder schlecht über Vajrayana-Meistern reden, wenn wir dualistische Urteile über reine Phänomene abgeben oder sogar dann, wenn wir den Rauch von falschem Räucherwerks einatmen. Tag für Tag atmen wir alle Arten von Unreinheiten ein, die unser Prana verdunkeln, und all das muss geklärt und gereinigt werden.

Eine wirklich kraftvolle Visualisierung ist es, sich vorzustellen, dass der Nektar, nachdem er alle Verunreinigungen des Prana durch deinen Körper getragen hat, in der Form einer schwarzen Flüssigkeit aus deinem Anus, deinem geheimen Ort und deinen Zehen austritt. Dann verlässt all die schlechte Energie des Prana deinen Körper in der Form von Schmetterlingen, Skorpionen, Insekten und Tieren.

Während du weiterhin das hundert-silbige Mantra von Vajrasattva chantest, fließt der Nektar weiter bis zu deinem Herz-Chakra und reinigt alle Verdunklungen des Geistes, eingeschlossen beispielsweise dem schlechten Karma, das durch Eifersucht geschaffen wurde, oder durch Konkurrenzdenken, Aggression, Selbstsucht, Stolz, Habsucht, wenn wir anderen Übles wünschen oder falsche Ansichten haben – einschließlich extremer Ansichten, wie das Opfern lebender Wesen im Namen spiritueller Praktiken. Wir haben sicherlich im Lauf unserer vergangenen Leben viele solcher Verunreinigungen angesammelt und sind noch immer von ihnen beschmutzt. Außerdem gibt es noch viele Geistesstörungen, die ein Ergebnis der Verunreinigung des ‚Bindu' sind, das bedeutet ‚Tropfen' oder Bodhicitta. Beispiele hierfür sind Depressionen, Unruhe, Nervosität oder Bulimie, ebenso zwanghafter Ehrgeiz, der an Wahnsinn grenzt und uns ermuntert, Erleuchtung schneller als alle anderen erreichen zu wollen. Und das sind bloß die offensichtlichen Beispiele. Es gibt noch viel mehr subtile, durch Bindu bedingte Verunreinigungen – wir sind völlig mit ihnen beladen – die im Wesentlichen Subjekt und Objekt trennen. Und unsere Unfähigkeit, Subjekt und Objekt, Erscheinung und Leerheit zu vereinen – das ist die subtilste Art von Verunreinigung.

Man kann mit dieser Praxis auf viele Arten kreativ sein. Du kannst Schritt für Schritt von der Fontanelle zur Stirn, zur Kehle etc. vorgehen, du kannst die gesamte Visualisierung auf einmal machen oder in Stufen praktizieren, einen Tag reinigst du die Verunreinigungen der Nadis und empfängst die Vasenermächtigung, am nächsten reinigst du die Verunreinigungen des Prana und empfängst die geheime Ermächtigung, am dritten Tag reinigst du die Verunreinigungen des Bindu und empfängst die dritte und vierte Ermächtigung. Es ist dir überlassen, wie du praktizierst.

Obwohl die wichtigsten Einweihungen während des Guru Yoga passieren, möchte ich dich eindringlich ermutigen, nach dem Reinigen der körperlichen Verunreinigungen und Verdunklungen der Nadis auch die Vasenermächtigung zu empfangen. Während der Nektar durch deine Kehle fließt, empfängst du die geheime Ermächtigung und wenn er dein Herz erreicht, empfängst du die Weisheitsermächtigung und die Wortermächtigung. (Eine umfassendere Darstellung der vier Abhishekas oder Ermächtigungen folgt in Kapitel 13.)

Stelle dir schließlich vor, dass all der schmutzige Nektar sich entweder in der Erde auflöst oder in der Leerheit von Shunyata.

AUFLÖSUNG DER VISUALISIERUNG

Sobald du die Menge an Hundert-Silben-Mantren gesagt hast, die du rezitieren wolltest, verschmilzt Vajrasattva mit dir. Informationen zum

Prozess der Auflösung gibt es in Kapitel 5, ich merke hier nur folgendes an: Weil es eine so kraftvolle Methode ist, könntest du immer und immer wieder erwägen, die Auflösung auszuführen und dann die Untrennbarkeit zu betrachten. Indem du das tust, zeigst du, dass du ein Buddha bist und zwar seit anfangsloser Zeit. Du musst für die Auflösung auch nicht bis zum Ende der Praxis warten; du kannst sie zum Beispiel nach jeder Mala machen und dann die Visualisierung wiederherstellen, bevor du mit der nächsten Mala beginnst. Das ist eine ausgezeichnete Methode, die ich allen empfehle, die viel Zeit zum Praktizieren haben.

Am Ende der Sitzung verschmilzt Vajrasattva ein letztes Mal untrennbar mit dir. Verweile in diesem Zustand und betrachte die Untrennbarkeit.

Wenn du das Longchen Nyingthik Ngöndro machst, singst du danach – immer noch als Vajrasattva – das sechssilbige Mantra OM VAJRA SATTVA HUM. In kürzeren Texten heißt es, nachdem du gereinigt und geklärt bist und während du das Mantra singst, ruhst du einfach in der Zuversicht, Vajrasattva zu sein. Mach dir keine Gedanken über das Auflösen dieses Zustandes, er wird sich automatisch von selbst auflösen – wenn du sehr viel Glück hast, kannst du vielleicht eine halbe Sekunde darin verweilen.

Samaya

Die meisten Praxistexte beinhalten einen Hinweis auf den Samaya beim Bekenntnis. Für Vajrasattva-Praktizierende gibt es drei allgemeine Samayas, die beachtet werden müssen: Schade anderen nicht, hilf ihnen stattdessen und bewahre eine reine Sichtweise, insbesondere bei der Wahrnehmung deines Guru.

Was ist denn eigentlich ‚Samaya'? Als Vajrayana-Praktizierende praktizieren wir alle drei Fahrzeuge gleichzeitig - das Shravakayana, das Bodhisattvayana und das Vajrayana – und deshalb ist es vielleicht hilfreich, etwas über die Theorie des Samayas jedes einzelnen Fahrzeugs zu wissen.

Im Shravakayana sieht man den Samaya als Zaun oder Einfriedung und das basiert auf dem Prinzip, niemandem zu schaden. Das wenden wir an, indem wir Töten, Lügen und Stehlen vermeiden. Diesem System zufolge wirst du, wenn du dem spirituellen Pfad zur Bergspitze der Erleuchtung folgst, stets von einem Samaya-Zaun beschützt sein, der sicherstellt, dass du niemals in Versuchung gerätst, dich auf Abwege zu begeben.

Die Sicht des Bodhisattvayana ist umfassender und mehr an der Motivation orientiert als das Shravakayana, konsequenterweise sind seine Zäune höher und weiter. Falls das Stehlen jemandem nützen würde, würdest du bei dieser Sichtweise den Samaya brechen, wenn du nicht stiehlst. Gleichzeitig aber geht es beim Nutzen für Andere nicht darum, so etwas wie ein moderner Robin Hood zu werden – denn Anderen wirklich aufrichtig zu nutzen bedeutet, sie zur Erleuchtung zu führen.

Die Einfriedungen, die Vajrayana-Schüler schützen, sind sogar noch ausgeklügelter, weil sie auf der Entwicklung und Erhaltung der reinen Sicht begründet sind. Es gibt im Vajrayana viele Samayas, nicht zuletzt die ‚vierzehn Wurzel-Samayas', alle sind sehr schwer einzuhalten. Wenn du beispielsweise ein Mädchen als schön beurteilst und das andere als hässlich, brichst du die ‚Samayas des Vajra-Körpers'. Wenn du sie allerdings einhalten könntest, hättest du auch ein für alle Mal abgeschlossen mit allen dualistischen Gedanken. Der achte Samaya verbietet, deinen Körper schlecht zu behandeln, dessen Essenz die fünf Buddha-Familien sind. Deinen Körper gering zu schätzen oder ihn schlecht zu behandeln ist deshalb ein Bruch des Samaya. Ich sollte noch hinzufügen, dass diejenigen, die sich als wertlose, nutzlose Wesen ansehen, als untauglich, auch nur den kleinsten Raum in der Welt einzunehmen, ebenfalls diesen Samaya brechen.

Der siebte Wurzel-Samaya schreibt vor, deinen Guru, deine Praxis und alle Ritualobjekte geheim zu halten, was moderne Menschen sehr schwierig finden. Selbst der Zweck des profansten Geheimnisses, wie das des Datums oder des Ortes einer Unterweisung wird so extrem missverstanden, dass die, die nicht dabei sind, eifersüchtig werden und sich ausgeschlossen fühlen. Wenn ein tantrischer Meister einen Schüler anweist, eine Unterweisung geheim zu halten, ist es auf einer etwas subtileren Ebene so, dass ihre eigene Praxis eher wachsen und reifen kann, aber der Schüler begreift das oft nicht und wenn sie dann herumquatschen und es Hinz und Kunz erzählen, werden sie wahrscheinlich die Art wenig sachkundiger Reaktionen erfahren, die den Hindernissen Tor und Tür öffnen.

Das Pratimoksha-Gelübde ist wie ein Lehmkrug; wenn er einmal zerbricht, ist er schwer zu reparieren. Wenn also ein Shravaka-Mönch, der seine Gelübde nicht zurückgegeben hat, mit einer Frau schläft, um seine Lust zu befriedigen, darf er in diesem Leben seine Mönchsgelübde nicht erneuern. Die Bodhisattvayana- und Vajrayana-Gelübde sind dagegen wie goldene Gefäße. Ein Anfänger der Vajrayana-Praxis wird zweifellos jeden Tag diese Gelübde und Samayas brechen, trotzdem können sie mit etwas Sorgfalt und Aufmerksamkeit leicht wieder hergestellt werden (beispielsweise durch das Rezitieren des Hundert-Silben-Mantras) und sie sind am Ende wie ein goldenes Gefäß, das von einem Goldschmiedemeister instand gesetzt wird, möglicherweise noch schöner.

Guru Rinpoche sagte, dass die Sicht eines Vajrayana-Praktizierenden so unermesslich sein sollte wie der Himmel und seine Taten so verfeinert wie Mehlstaub. Wie aber können wir diese Regeln trotz aller Widersprüche einhalten? Das Beste, was wir tun können, ist zu versuchen, die Pratimoksha- und Bodhisattvayana-Regeln zu befolgen und uns zumindest zu bemühen, die Regeln des Vajrayana zu verstehen. Für Anfänger ist es praktisch unmöglich, alle Vajrayana-Gelübde und -Samayas einzuhalten. Konzentriert euch daher darauf zu versuchen, niemandem zu schaden, zu helfen, wo immer es geht und anzustreben, den Samaya zu halten.

10

Darbringen des Mandala

Nachdem wir uns mit der Vajrasattva-Praxis gereinigt haben, müssen wir uns jetzt mit allen Werkzeugen ausstatten, die wir zur Ansammlung von Verdienst brauchen; das tun wir mit dem Darbringen von Mandalas.

Verdienst

Was ist ‚Verdienst'? Aus einer Perspektive ist Verdienst ‚Fähigkeit'; tatsächlich sind es alle Fähigkeiten, die es uns ermöglichen, zu hören, zu kontemplieren, über den Dharma zu meditieren und ihn zu praktizieren, einschließlich der Fähigkeit zur Neugierde. Heutzutage ist unser Verdienst so begrenzt, dass die große Mehrheit der Menschen nicht erkennen kann, wie außerordentlich der Dharma ist. Es fehlt uns nicht nur das Verdienst, den Dharma zu praktizieren, wir haben so wenig Verdienst, dass wir noch nicht einmal das samsarische Leben genießen können.

Wie wir Informationen und unsere Erfahrungen der Welt deuten, hängt vollkommen davon ab, wie viel Verdienst wir angesammelt haben. Was bedeutet beispielsweise das Wort *unbeständig*? Auf der allergröbsten Ebene glauben diejenigen mit sehr geringem Verdienst, dass ‚unbeständig' Verfall und Tod bedeutet oder den Wechsel der Jahreszeiten. Sobald wir beginnen Verdienst anzusammeln, wird unser Verständnis subtiler. Stell dir vor, du erlebst einen Moment des Glücks.

Wenn du ein wenig Verdienst hast, wirst du bis zu einem bestimmten Grad fähig sein, ‚Unbeständigkeit' zu deuten und zu verstehen und deinen Stimmungswandel von Unglück zu Glück – und wieder zurück – zu beobachten, was die möglicherweise gefühlte Enttäuschung oder Hoffnung abschwächt.

Ein Weg für das Ansammeln von Verdienst ist es, Opfergaben in Form von Nahrung, Geld, Blumen, Musik etc. darzubringen. Allerdings bevorzugen es die meisten modernen Menschen, Geld für ‚nützliche' Dinge auszugeben und Verschwendung zu vermeiden. Es ist leicht zu verstehen, dass das Darbringen von Butterlampen und großen Mengen teurer Nahrungsmittel und Getränke beim Tsok verschwenderisch erscheinen können.

Nyoshul Khen Rinpoche erzählte mir einmal eine Geschichte von einer Französin, die ihn bat, ihr eine Mahasandhi-Unterweisung zu geben und sie in die Natur des Geistes einzuführen. Es war eine ziemlich beiläufige Bitte und vermutlich ein spontaner Entschluss, aber da sie Khen Rinpoche zu der Entdeckung inspirierte, dass es selbst in diesen degenerierten Zeiten noch Menschen gibt, die sich für solch tiefgründige Unterweisungen interessieren, stimmte er zu. Da Mahasandhi eine äußerst kostbare Unterweisung ist, brauchen Schüler eine Menge Verdienst, um sie empfangen, hören und richtig verstehen zu können. Um daher ihren Bedarf an Verdienst zu würdigen, schlug Nyoshul Khen ihr vor, ein Tsok-Opfer zu machen. Entzückt von der Idee, begleitete die Frau Khenpo bei einer Einkaufstour.

Paris ist ein wunderbarer Ort zum Einkaufen, in wenigen Minuten hatte sie auch schon Schokolade gekauft, die etwa einen Euro kostete. Sie zeigte Khenpo die Schokolade und fragte ihn, ob das für das Tsok-Opfer ausreichend sei. Nun, dies ist eine schwer zu beantwortende Frage. Der Dharma und insbesondere die Mahasandhi-Unterweisungen sind unbezahlbar – selbst dreitausend Weltsysteme und alles darin Enthaltene wären nicht annähernd ein angemessenes Opfer für ein einziges Wort von Mahasandhi. Was sollte also Khenpo zu einer Tafel Schokolade sagen? Er dachte aber, dass sie vielleicht nicht viel Geld habe, sagte nichts und sie gingen weiter einkaufen. Kurz darauf landeten sie in der

Parfumabteilung eines schicken Pariser Kaufhauses und zu Khenpos Erstaunen gab die Frau ohne Zögern zehn Euro für eine Flasche ihres Lieblingsparfums aus, das sie für sich behielt.

Modernen Menschen fehlt das Verdienst, sowohl zuzuhören als auch zu hören, was wirklich gesagt wird, und bei den Dharma-Unterweisungen, die wir schon oft erhalten haben, begreifen wir oft nicht das Wesentliche dessen, was gelehrt wird. Wir können nicht aufmerksam zuhören und manchmal können wir gar nicht zuhören, weil der Geist so leicht abgelenkt ist. Selbst wenn wir zuhören, können wir nicht wahrhaft verstehen, interpretieren oder das, was wir gelernt haben, aus verschiedenen Blickwinkeln betrachten. Entsprechend nehmen wir die Informationsfetzen extrem ernst, die sich mehr oder weniger zufällig in unserem siebartigen Geist einnisten.

Leider haben wir nicht mehr genug Verdienst, um große Meister zu treffen oder von ihnen Unterweisungen zu erhalten. Dass die heutigen Objekte unserer Hingabe sich nicht mit den großen Meistern vergangener Zeiten vergleichen lassen, wäre allerdings bedeutungslos, wenn wir nur unseren Vorrat an Verdienst vergrößern könnten. Patrul Rinpoche verdeutlicht in seiner Geschichte vom Hundezahn, wie das funktioniert. Eine alte Frau bat ihren Sohn, ihr als Objekt für ihre Praxis der Hingabe eine Reliquie des Buddha mitzubringen. Bedauerlicherweise vergaß der Sohn sein Versprechen, und um sie nicht zu enttäuschen, blieb ihm nichts anderes übrig, als den Zahn eines toten Hundes – den er in der Gosse fand – als einen Zahn des Buddha auszugeben. Ihre Hingabe an den Zahn und das Verdienst dadurch waren jedoch so groß, dass der Hundezahn sich in einen echten Zahn des Buddha verwandelte, von dem sogar auf übernatürlich Weise weitere Reliquien (Ringsel) entstanden.

Du kannst die Kraft des Verdienstes selbst prüfen und erfahren. Lies einen Dharma-Text einmal und mache dann einige Mandala-Opfer so sorgfältig und mit so viel Konzentration und Entschlossenheit, wie du aufbringen kannst. Und dann lies denselben Text noch einmal. Du wirst sehen, dass dein Verständnis sich verwandelt hat. Statt nur die Kernaussagen jedes Kapitels heraus zu ziehen, kannst du nun jedes einzelne Wort viel genauer deuten als zuvor. Du solltest auch versuchen, Unterweisungen von einem Lehrer zu erhalten, der dich zuvor gelangweilt hat; wenn du das Mandala einige Male dargebracht hast, wird deine Erfahrung völlig anders sein. Und wenn du deinen Geist vor dem Mandala-Opfer nicht zur Ruhe bringen kannst und frustriert bist, wie sehr er abwandert, versuche Shamatha-Meditation. Wiederum wird sich deine Erfahrung der Praxis transformieren.

Verdienst gesammelt zu haben, um Unterweisungen zu erhalten, ist eine Sache, aber genug Verdienst zu haben, um zuzuhören und richtig zu verstehen, ist eine ganz andere Sache. Deshalb wurde die Tradition eingeführt, am Anfang einer Dharma-Unterweisung ein Mandala darzubringen. Verdienst ist nicht nur wichtig, um den Dharma zu verstehen, sondern auch für jeden weiteren Schritt auf dem Pfad, was einschließt, unseren Guru wahrhaft schätzen zu können. Mit genügend Verdienst wirst du in der Lage sein, es auf günstige Weise zu deuten, wie der Guru aussieht, wenn er krank ist, wenn er gähnt oder die Fassung zu verlieren scheint. Ist das nicht das, was du willst? Wenn dir das Verdienst fehlt, kann sich dein Guru wie ein Engel benehmen, aber du wirst Gründe finden, ihn zu kritisieren und wirst letztendlich nicht von deiner Verbindung profitieren.

WIE VERDIENST ERZEUGT WIRD

Wie wir im Kapitel zur Zufluchtnahme bereits gesehen haben, gibt es zwei verschiedene Bereiche, durch die wir Verdienst ansammeln können und eines der einzigartigen Besonderheiten des Buddha-Dharma ist es, dass beide gleich wichtig sind.

Verdienst wird durch Handlungen oder Umstände erzeugt, die uns der Wahrheit näher bringen, nicht nur durch gute, förderliche Taten oder Tätigkeiten, die sich auf vorübergehende weltliche Erfolge richten, wie ein langes Leben oder eine höhere Wiedergeburt. Eine der Arten, wie es funktioniert, ist natürlich die, dass wir Reichtum im Übermaß empfangen werden, wenn wir materiell großzügig sind und dass wir auf andere körperlich anziehend wirken, wenn wir geduldig sind. Wenn jedoch streng genommen das Resultat konventionell guter Aktivitäten nicht der letztendlichen Erleuchtung aller fühlenden Wesen gewidmet wird und wenn es dich der Wahrheit in keiner Weise näher gebracht hat, mag sich das gute Karma, das hervorgebracht wurde, zwar großartig anfühlen, aber du wirst nicht die Art von Verdienst ansammeln, die so begehrt ist bei denen, die dem Pfad zur Erleuchtung folgen. Den Bruchteil einer Sekunde mit etwas Gutem zu verbringen, was dich auch der Wahrheit näher bringt, wie unangenehm oder unmodern es auch sein mag, ist viel wertvoller als sich für ein Spektakel erfreulicherer und demonstrativ nützlicher Aktivitäten zu engagieren, die doch nur in einer höheren Wiedergeburt oder anderen weltlichen Wohltaten resultieren.

Mit anderen Worten richtet sich die Menge und Qualität des Verdienstes, das du ansammelst, nicht nach der Methode des Ansammelns. Ob eine Handlung Verdienst ansammelt oder nur gutes Karma, wird dem Bodhisattvayana zufolge dadurch entschieden, ob sie mit dualistischer Sichtweise unternommen wird oder nicht. Beispielsweise wird das Darbringen von einem Kilo Gold bei dualistischer Sichtweise nicht notwendigerweise mehr Verdienst ansammeln, als das Opfern einer Weintraube. Chandrakirti sagte, das Geben ohne Rückbezug auf den Gebenden, das Geschenk oder den Empfänger des Geschenks wird bezeichnet als eine Paramita, ‚die die Welt übertrifft'. Und zu geben ohne die geringste Anhaftung an das Geben, das Geschenk und den Empfänger, das wird ‚die vollkommene Handlung der Weltlichen' genannt.

Was nun das Ansammeln von Verdienst angeht, stehen viele Methoden zur Verfügung. Sei beispielsweise großzügig, diszipliniert und geduldig, bringe Opfergaben dar – sowohl materielle als auch visualisierte, bekenne, freue dich über das Glück anderer Menschen und erwecke Liebe, Mitgefühl und Bodhicitta. Die Zufluchtnahme ist ebenfalls eine wichtige Methode. Das gilt auch dafür, erhabene Wesen zu ersuchen, das Rad des Dharma zu drehen und sie zu bitten, lange zu leben, was karmische Konsequenzen dessen reinigt, wenn man in vergangenen Leben Menschen daran behindert hat, Unterweisungen zu empfangen.

Das Mahayana bietet eine wunderbare Kombination von Weisheit und geschickten Mitteln an, die leicht auszuführen sind und doch erstaunliche Resultate bringen. Vielleicht meinst du, dass du für das Ansammeln unbegrenzten Verdienstes gewaltige Opfer bringen musst, die dein Vermögen völlig übersteigen, zum Beispiel dein eigen Fleisch und Blut darzubringen oder dein Zuhause, aber materielle Opfergaben sind nicht das einzige, was wir tun können. Wenn es so wäre, wäre am System etwas verkehrt, denn die meisten von uns können sich keine solch extravaganten Gesten leisten. Glücklicherweise hat der Mahayana-Pfad die Weisheit und das Geschick, allen Praktizierenden gerecht zu werden, nicht nur den Reichen, und bietet Methoden zum Visualisieren von Opfergaben, mit denen man genau so viel Verdienst ansammelt wie mit der entsprechenden Menge materieller Opfergaben. Um es anders auszudrücken: Der Mahayana-Pfad ist leicht, macht glückselig und ist ohne Schmerzen, seine Methoden jedoch bringen dieselbe Menge an Verdienst hervor wie materielle Opfergaben.

DAS SIEBEN-ZWEIGE-GEBET[20]

Ein Beispiel für eine der bestehenden außergewöhnlichen Methoden ist das Sieben-Zweige-Gebet, das verschiedene Arten des Ansammelns von Verdienst einbezieht und jede dieser Methoden hat ihren eigenen Sinn und Zweck. Die Opfergaben sind: Verbeugungen, Darbringen von Opfergaben, Bekenntnis, Freude, Bitte um das Drehen des Dharma-Rades, die Buddhas und Bodhisattvas bitten, nicht ins Parinirvana einzugehen und Widmung des Verdienstes. (Und man darf sich dabei aussuchen, irgend eines der unterschiedlichen Sieben-Zweige-Gebete zu rezitieren, die in den Sutras und buddhistischen Praktiken zu finden sind oder auch die Wurzeltexte und Kommentare der eigenen Tradition zurate ziehen, um herauszufinden, wo es in der Ngöndro-Praxis erscheint.)

---

20 Teile der folgenden Textpassagen wurden im Deutschen bereits veröffentlicht in: Dzongsar Jamyang Khyentse Rinpoche, *Was mache ich auf Pilgerreisen zu den heiligen buddhistischen Stätten in Indien?* Manjughosha Edition, Zeuthen 2010, ab S. 86. Die englische Version des Buches war lediglich im Internet verfügbar. (A.d.R.)

Verbeugung

Wir machen Verbeugungen, um eine unserer hartnäckigsten Schalen aufzubrechen – den Stolz. Wenn ein Mensch stolz ist, bleibt kein Raum zum Entwickeln der erleuchteten Qualitäten. Und ohne erleuchtete Qualitäten werden die Handlungen eines Bodhisattvas behindert. Außerdem ist ein stolzer Mensch von Natur aus unsicher, und das schlägt sich dann in vielen Arten von Heuchelei oder Scheinheiligkeit nieder.

Stell dir vor, du würdest deinen Körper vervielfältigen und die Billionen und Abermillionen deiner selbst verbeugen sich vor den Objekten der Zuflucht. Der Buddha sagte, indem du dies tust, wird jede der vorgestellten Verbeugungen genau die gleiche Menge an Verdienst ansammeln.

Darbringen von Opfergaben

Das Gegenmittel zu Geiz ist das Darbringen von Opfergaben. Geiz und Knauserigkeit ist in einer inneren Armutsmentalität begründet und dies hat nichts damit zu tun, wenig zu besitzen: Auf dieser Welt gibt es viele Menschen, die mit materiellem Reichtum überhäuft sind, und dennoch andauernd das Gefühl haben, ihnen würde etwas fehlen. Eine der Nebeneffekte des Geizes ist die Kleinlichkeit und eine kleinliche Person kann niemals die erhabenen Qualitäten entwickeln, die nötig sind, um andere für sich zu gewinnen oder in ihren Bann zu ziehen.

Du darfst so viele Opfergaben darbringen, wie du nur kannst, nach oben hin ist hier keine Grenze gesetzt. ‚Unermessliche' Opfergaben klingt für unsere Ohren so, als ob wir Berge von unglaublich schönen Opfergaben machen sollten, aber dies ist nicht gemeint; eine unermessliche Opfergabe kann auch ganz klein sein, wie die Gabe des kleinen Jungen Chandragomi zeigt.

Chandragomis Familie war so arm, dass seine Eltern, Brüder und Schwestern gezwungen waren betteln zu gehen, um nicht zu verhungern. Eines Tages ging Chandragomi dieser Beschäftigung nach und bemerkte eine Statue des Avalokiteshvara in einem Schrein am Straßenrand. Er war so sehr fasziniert von der mitfühlenden Ausstrahlung der

Statue, dass er einige der Reiskörner, die er am Morgen endlich erbettelt hatte, in die Hand der Statue legte. So sorgfältig er auch immer die Körner in die Hand legte – zu seiner Überraschung fielen die Körner immer wieder hinunter in den Staub. Er opferte einige Körner mehr und wieder fielen sie aus der Hand der Statue auf die Straße. Chandragomi begann sich zu sorgen, dass Avalokiteshvara aus irgendeinem Grund seine Opfergabe nicht akzeptieren wollte. Und er griff tiefer und tiefer in seinen Taschen, um mehr Reis herauszuholen, den er darbringen wollte, bis nichts mehr übrig war. Inzwischen war Chandragomi ganz aufgebracht und mit Tränen in den Augen sagte er mit großem Bedauern zu Avalokiteshvara, „Nun habe ich leider nichts mehr übrig, das ich geben könnte.“ In diesem Moment hatte die Kraft des eins gerichteten Vertrauens dieses Jungens gegenüber Avalokiteshvara tatsächlich die Statue vor ihm lebendig werden lassen und sie tröstete ihn mit einer überwältigenden Umarmung.

Wir alle sollten offensichtlich materielle Dinge darbringen, aber imaginäre Opfergaben sind für Anfänger vielleicht weniger riskant. Als Atisha Dipamkara nach Tibet ging, riet er den Tibetern, Wasser darzubringen (deshalb werden in buddhistischen Tempeln so viele Schalen mit Wasser geopfert) weil Opfergaben vollständig gegeben werden sollen und mit ganzem Herzen, ohne ein Bedauern oder Bedenken, wer sie bekommt und wie sie genutzt werden. Ein Anfänger kann das mit Wasser viel leichter erfolgreich tun.

Visualisiere vor deinem geistigen Auge bergeweise traditionelle Opfersubstanzen. Stell dir auch andere schöne, kostbare, begehrenswerte oder ungewöhnliche Dinge vor, wie zum Beispiel die Niagara-Fälle in Kanada oder die Verbotene Stadt in Beijing, eine elegante, verführerische Geisha-Tänzerin oder einen stämmigen, uniformierten US-Marineinfanteristen. Lass deiner Fantasie freien Lauf, und begrenze deine Opfergaben nicht auf das, was in deiner Kultur als begehrenswert angesehen wird.

Bekenntnis

Um den Unterschlupf des Ego zu zerlegen, bekennst und enthüllst du als nächstes deine negativen Handlungen. Dies ist einer der effektivsten

Wege, Aggression entgegen zu wirken. Wenn du deine Fehler an einem tiefen, dunklen Ort versteckt hältst, ist es, als ob du ernsthaft erkrankt wärest, aber dem Arzt verschweigst, wo es weh tut. Ohne diese entscheidende Information kann der Arzt keine zutreffende Diagnose stellen. Mach dir keine Sorgen, wenn du einige deiner begangenen Taten vergessen haben könntest, oder, wenn du nicht ganz sicher sein solltest, was aus buddhistischer Sicht eine negative Handlung sein könnte, versuche einfach dein Bestes zu tun. Stell dir vor, du bist in der Gegenwart aller Buddhas und Bodhisattvas, die bereits alles wissen, was jemals in der Vergangenheit geschehen ist, was in der Zukunft geschehen wird, und was gegenwärtig geschieht. Bekenne alle beschämenden Gedanken und Taten, die du begangen hast, sogar diejenigen, die du vielleicht in Zukunft begehen wirst, lege sie offen dar, ohne irgendetwas auszulassen.

Mitfreude

Eine sehr effektive und einfache Methode für das Ansammeln von Verdienst ist die Freude am Glück anderer. Komischerweise finden die meisten von uns das qualvoll und schwierig.

Es gibt drei hauptsächliche Anlässe für die Mitfreude.

1. Freude am Glück und den Ursachen des Glücks Anderer; wenn du beispielsweise eine attraktive Person siehst, freust du dich an ihrer Schönheit, statt neidisch zu werden.
2. Wenn du siehst, dass jemand etwas Gutes tut, freu dich darüber, statt dich dazu herabzulassen, sie aus Bosheit oder Eifersucht zu kritisieren.
3. Es ist am besten, nicht daran zu zweifeln, ob Erleuchtung möglich ist oder ob Buddhaschaft überhaupt existiert oder nicht, sondern sich an ihr und auch ihren Ursachen zu erfreuen. Und man kann sich auch daran erfreuen, dass andere Leute sich mit den Ursachen der Erleuchtung beschäftigen, wie dem Hören und Kontemplieren der Unterweisungen und der Praxis der Meditation.

Mitfreude an dem Erfolg anderer ist der vielleicht einfachste Weg, Verdienst anzusammeln: Da gibt es eine Menge von Verdienst, der nur darauf wartet, von dir mitgenommen zu werden. Wenn du jemanden siehst, der etwas Erstrebenswertes tut, brauchst du dich nur an seinen positiven Handlungen zu erfreuen und kannst damit Myriaden von Verdienst ansammeln. Dies ist ein kraftvolles Gegenmittel gegen eine der lächerlichsten und armseligsten emotionalen Reaktion, an der wir leiden: Eifersucht. Statt deiner Eifersucht zu frönen, freu dich, wenn du jemandem begegnest, der schön oder erfolgreich ist, und erinnere dich daran, dass beide Eigenschaften das Ergebnis von Geduld und Großzügigkeit in ihren früheren Leben sind. Denke an all die guten Eigenschaften, bei allen, die du kennst, und erfreue dich an den guten und nützlichen Handlungen, die sie begehen: von Menschen, die Krankenhäuser leiten, bis zu solchen, die wunderschöne Blumenarrangements gestalten können. Erfreue dich auch mit ihnen, wenn sie Erfolge genießen, von Ruhm und Anerkennung bis zu gutem Aussehen. Mitfreude an den Aktivitäten der Buddhas und Bodhisattvas ist besonders kraftvoll.

Bitte um das Drehen des Rades des Dharma

Wir leben in degenerierten Zeiten. Eines der kraftvollsten Mittel sowohl gegen die Degeneration als auch gegen die Unwissenheit (die Wurzel all unserer Probleme), besteht darin, die Buddhas und Bodhisattvas darum zu bitten, ‚das Rad des Dharma zu drehen'[21].

Vor mehr als zweieinhalb Jahrtausenden ging der Buddha ins Parinirvana ein und so fragst du dich vielleicht, warum man ihn auch heute noch immer wieder bitten soll uns zu lehren. Wann immer wir ein Problem haben, denken die meisten von uns im täglichen Leben als erstes daran, jemanden um Unterstützung zu bitten, den wir respektieren und dem wir vertrauen. In unserem Falle ist das alles durchdringende Problem, dem wir in Samsara begegnen, die grundlegende Unwissenheit. Und deshalb sollten wir jemanden um Hilfe bitten, von dem wir

21 ‚Das Rad des Dharma drehen' bedeutet, den Dharma zu lehren. (A.d.R.)

sicher sind, dass er weiß, wie diese Unwissenheit aufgelöst werden kann. „Aber warum und wie können wir den Buddha fragen?“, ist die unmittelbare Frage der meisten Leute. „Er lebt doch nicht mehr. Müssen wir darauf warten, dass der nächste Buddha erscheint, bevor wir unsere Antworten bekommen?“ Diese Fragen gehen leider völlig am entscheidenden Punkt vorbei.

Die Bitte, das Rad des Dharma zu drehen, ist nicht nur die Bitte um Belehrungen im konventionellen Sinne. Das Rad des Dharma drehen kann sehr viele Formen annehmen. Das Rad kann sich zum Beispiel drehen, während du etwas so Gewöhnliches tust, wie eine Folge deiner Lieblingsfernsehserie anzusehen, oder du liest einen Abschnitt in einem Buch oder beobachtest, wie ein Blatt vom Baum fällt. Denn alles, was dafür sorgt, dass dein Mitgefühl und die Erkenntnis der Vergänglichkeit dieses Lebens in dir wachruft, ist ein ‚Drehen des Rades'. Immer wieder sind Dharma-Schüler durch heilige Texte verwirrt worden, die sie auf den ersten Blick nicht begreifen konnten. Wenn sie nach einiger Zeit jedoch etwas mehr Verdienst angesammelt hatten und den gleichen Text erneut gelesen haben, konnten sie ihn relativ leicht verstehen. Dies ist eine weitere Art und Weise, wie Buddhas und Bodhisattvas das Rad der Lehren drehen.

Der Buddha versprach, wann immer wir genügend Hingabe haben, wird er sofort bei uns sein. Er dreht das Rad des Dharma also kontinuierlich und solche Lehren können niemals angehalten werden.

Die Buddhas und Bodhisattvas bitten, nicht ins Parinirvana einzugehen

Indem wir die Buddhas und Bodhisattvas bitten, in Samsara zu verbleiben und nicht ins Parinirvana einzugehen, treten wir falschen Sichtweisen und Zweifeln entgegen. Der Geist eines samsarischen Wesens ist dualistisch, und ein dualistischer Geist ist von Natur aus voller Zweifel, was wiederum erneut falsche Sichtweisen erzeugt. Spirituell Suchende sind da nicht anders. Wir verbringen übertrieben viel Zeit damit, uns mit Zweifeln in Bezug auf die Praxis, unseren Pfad und eine spirituelle Art des Lebens herum zu schlagen; dies ist wahrscheinlich die größte

Herausforderung für die meisten von uns und ein Gefühl, das uns bis zum Ende unserer spirituellen Reise begleiten wird. Es wird gesagt, unsere Zweifel würden umso stärker, je mehr unsere Intelligenz zunimmt. Das macht viel Sinn, denn je intelligenter wir werden, desto intelligenter werden auch unsere Zweifel. Die Tatsache, dass wir viele Zweifel haben, ist eines der größten Hindernisse, und ganz besonders weil sie so viel unserer Zeit stehlen. Je schwieriger es wird, desto öfter befinden wir uns in einer verfahrenen Lage von ständigen Selbstverurteilungen, die wiederum unsere Aufmerksamkeit von der rechten Sicht ablenken, und Vertrauensverlust in das Gesetz von Ursache, Bedingung und Wirkung (Karma) auslösen, und unseren Glauben in die letztendliche Wahrheit von gegenseitig abhängiger Wirklichkeit, Leerheit und die drei Juwelen zersetzen.

Zweifel befallen den Geist auf sehr verschiedene Art und Weise. Du magst dich wundern warum deine Gesundheit so schwach ist, nachdem du Hunderte von Dharma-Praktiken abgeschlossen hast. Oder, wenn doch die Buddhas allwissend sind, was hält sie dann davon ab AIDS abzuschaffen oder Armut oder Massenvernichtungswaffen? Haben sie überhaupt irgendeine Macht? Gibt es tatsächlich ein ‚nächstes Leben'? Hat wirklich jemand von uns Buddha-Natur? Viele dieser Zweifel können einfach durch das Anhören von Belehrungen aufgelöst werden, aber um Vertrauen zu finden, brauchen die meisten Menschen auch eine Form der Inspiration, die nichts mit Begründungen oder Logik zu tun hat, zum Beispiel eine außerordentliche Erfahrung, oder die Begegnung mit einer inspirierenden Person. Da oft erst die Erfahrung uns glauben macht, ist es normalerweise die Begegnung mit einem buddhistischen Meister – einer physische Manifestation von Körper, Sprache und Geist des Buddhas, die wir sehen, berühren und hören können – die uns die wichtigste Inspiration vermittelt.

Und wir bitten nicht nur vollständige, mit allen 32 Haupt- und 80 Nebenmerkmalen versehene Buddhas, in Samsara zu verweilen; wir bitten auch jene, die alle großen Qualitäten der Buddhas und Bodhisattvas – die eine Quelle der Inspiration für andere sind und die die Lehren verkörpern – darum, in dieser Welt zu verbleiben, mit all den Aktivitäten und Unternehmungen, die uns ermutigen und erheben – wie unlogisch oder unpraktisch sie auch immer sein mögen.

Widmung

Am Ende sollten wir stets unsere Praxis und guten Taten rasch widmen, so dass wir nichts von dem gesammelten Verdienst verlieren. Indem wir unser Verdienst dem letztendlichen Glück und der Erleuchtung aller fühlenden Wesen widmen, sichern wir nicht nur das Verdienst, sondern wir ermöglichen, dass es weiterhin anwachsen wird – genauso wie Zinsen für weise angelegtes Geld. Auf diese Art werden unsere guten Handlungen zu unserem Pfad zur Erleuchtung. Wenn wir das Verdienst nicht unverzüglich widmen, könnte es durch einen plötzlichen Wutanfall oder irgendeine andere starke negative Handlung, der wir zum Opfer fallen, wieder zerstört werden.

VERDIENST: DIE RÜSTUNG, DIE UNS VOR HINDERNISSEN BESCHÜTZT

Es heißt, der Dharma sei absolut unbezahlbar und könne wie ein Diamant alle Arten dualistischer Netze durchschneiden. Demgegenüber sind wir eher wie mittellose, unwissende Bettler, denen jeglicher Unternehmensgeist fehlt und wenn uns plötzlich ein kostbarer Diamant in die Hände fällt, wissen wir nicht, was wir damit anfangen sollen. Wir haben so wenig Ahnung von seinem wahren Wert, dass wir ihn vielleicht gegen ein Butterbrot eintauschen oder sogar achtlos verlieren. Solche Situationen entstehen überraschend oft, denn wo immer der kostbare Dharma zu finden ist, gibt es auch stets Hindernisse. Wenn Dharma-Praktizierende Hindernisse anziehen, ist das eigentlich ein gutes Zeichen, es bedeutet, dass die Praxis wirkt – wäre dem nicht so, warum sollten die Hindernisse beunruhigt sein? Sie brauchen niemanden anzugreifen, dessen Praxis nicht gut läuft, solche Leute schaffen sich wahrscheinlich selbst genug eigene Probleme.

Davon abgesehen sind viele der Hindernisse, denen wir gegenüberstehen, stark und beunruhigend und deshalb versuchen wir, die Fähigkeit zu entwickeln, all die Hindernisse, die wir anziehen, zu beeinflussen, zu bestechen, zu verführen, zu verwandeln und zu ignorieren, indem wir viele der Methoden praktizieren, die der Buddha-Dharma anbietet. Die ‚höchste' dieser Methoden ist es, Hindernisse als Segnungen willkommen zu heißen, aber das aufrichtig tun zu können erfordert viel Verdienst. Glücklicherweise gibt uns der Buddha-Dharma auch die Praxis des Darbringens des Mandala, der tiefgründigsten aller verdienstbringenden Methoden.

Die Praxis

Karma Chagme sagte, wenn Anfänger wie wir einen Tempel bauen, können wir es nicht vermeiden, dass einige untugendhafte Gedanken oder Handlungen in unserem Geist entstehen. Im gesamten Prozess werden wir vielen Herausforderungen begegnen und wenn er fertig ist, werden wir zweifellos daran hängen und in der einen oder anderen Weise kleinlich werden. Die Praxis des Mandala-Opfers hat dagegen überhaupt nicht diesen Effekt und deshalb ist sie so wichtig.

WAS BRINGEN WIR DAR?

Was die Empfänger der Opfergaben angeht, sind die Opfergaben immateriell, daher sollten wir alles opfern, was wir selbst als kostbar empfinden.

Indem wir beispielsweise den Buddhas und Bodhisattvas der Vergangenheit unseren Körper darbringen, erzeugen wir eine glücksverheißende Verbindung zu Körper, Sprache, Geist, Qualität und Aktivität von Shakyamuni Buddha. Indem wir unseren Körper dem gegenwärtigen Buddha darbringen – unserem Guru – werden unser Körper, unsere Sprache und unser Geist zu einem perfekten Gefäß für Weisheit. Indem wir unseren Körper einem zukünftigen Buddha darbringen, vollenden wir die glücksverheißenden Umstände, die uns befähigen werden, allen fühlenden Wesen zu nützen.

Beim Darbringen des Mandala visualisieren wir vorzugsweise erhabene Wesen als unser Feld des Verdienstes. Bei der Frage, was du nun genau opfern solltest – sei so kreativ und erfinderisch, wie du kannst.

Wenn es dir schwerfällt, dir den Berg Meru und die Planeten rundum vorzustellen, dann opfere einfach einen riesigen und wunderschönen Berg. Oder stell dir Asien, Südamerika, Nordamerika und Australien vor, male dir all die wunderbaren Nationalparks aus, Paläste, Wasserfälle und den Reichtum, den sie enthalten.

Wenn es dir unangenehm ist, Dinge darzubringen, die dir nicht gehören, erinnere dich daran, dass deine Wahrnehmung der Welt gänzlich und vollständig deine eigene ist, sie gehört niemals einem anderen. Beziehe in deiner Visualisierung auch Quellen des Reichtums mit ein, wie die Deutsche Bank, Wälder, Eisenerz, Stahl, allen materiellen Reichtum, den menschliche Wesen gern anhäufen, auch den Reichtum der Götter (der üblicherweise als fliegende Teppiche und Sonnenschirme etc. dargestellt wird). Füge noch den Reichtum der Nagas hinzu (der manchmal in Form einer Muschel erscheint, die einen Krieg führen kann) oder eine kleine Muschel, die sich in ein Königreich oder in einen Palast verwandeln kann, wunscherfüllende Bäume und Kühe, sogar schöne Männer und Frauen. Du kannst das so weit ausführen, wie du möchtest, bemühe dich dabei stets, die Grenzen deiner Vorstellungskraft zu überschreiten. Um deine Visualisierung zu verbessern, nutze verschiedene Substanzen, die du als kostbar ansiehst: den Reis, den Tibeter häufig für ihr Opfergaben benutzen, Münzen und kostbare Metalle wie Silber und Gold.

Wenn du die Absicht hast, diese Praxis als Teil deiner Ngöndro-Ansammlungen auszuführen, brauchst du eine Mandala-Platte und möglichst viele Opfersubstanzen. Deshung Rinpoche zufolge darf die Mandala-Platte recht groß sein, aber wenn du eine kleine lieber magst, nimm eine kleine. Woraus die Platte gemacht ist, hängt davon ab, was du dir leisten kannst; es könnte Stein sein oder Sandelholz, Kupfer, Eisen, Stahl oder sogar Gold, wenn du das möchtest. Deine wichtigste rituelle Opfergabe sind allerdings Körner aller Art, nicht nur Reis, und was du noch hinzu gibst; all das wird als Konzentrationsobjekt dienen, um deine Praxis zu verstärken. Visualisiere jedes Korn als alles, was wir eben erwähnt haben, und wenn dich, so wie es mir geht, indische Darstellungen von Reichtum inspirieren, dann füge noch wunderschöne

Badehäuser voller anmutiger tanzender Mädchen hinzu und, um politisch korrekt zu bleiben, auch hübsche tanzende Jungs.

Auch wenn es in den Praxistexten häufig so klingt, als ob wir etwas darbringen, um die Buddhas und Bodhisattvas zu erfreuen, vergiss nicht, dass es darum absolut nicht geht. Buddha, Dharma und Sangha kann man mit unseren mickrigen Opfergaben nicht bestechen, kaufen, beeinflussen oder auch nur erfreuen. Bei näherem Hinsehen sind die traditionellen Opfergaben nicht so angelegt, dass sie den Buddhas und Bodhisattvas im gewöhnlichen Wortsinn nützlich wären. Tatsächlich ist ihre ‚Nützlichkeit' ziemlich unerheblich. Nimm beispielsweise die kostbare Kuh. Wie nützlich wäre wohl eine Kuh für jemanden, der mitten in New York lebt?

PRAKTISCHE TIPPS ZU DEN OPFERSUBSTANZEN

Wenn du ein paar Wochen Auszeit nehmen kannst, könntest du vielleicht ein intensives Retreat machen, um die 100.000 Mandala-Opfer in einem Rutsch anzusammeln. In diesem Fall brauchst du zwei Mandala-Platten, eine für den Schrein mit fünf Opferhäufchen, welche die fünf Buddha-Familien repräsentieren, und die andere, um während der Sitzungen darauf die Opfergaben zu machen. Das Mandala-Opfer auf dem Schrein wird dort relativ lange stehen bleiben, daher wird es schnell ranzig werden, wenn du den Reis mit Butter mischst – die traditionelle Art, um Reiskörner miteinander zu verbinden. Nimm stattdessen Opfermaterialien, die nicht verrotten, wie Halbedelsteine.

Beim täglichen Darbringen eines Mandala wäre es gut, wenn du es hin und wieder erneuerst, und zum Beispiel den alten Reis durch neuen ersetzt. Welche Menge an Opferungen du machst und wie oft du sie ersetzt, hängt von deinen finanziellen Mitteln ab. Wenn du für lange Zeit ins Retreat gehst, zum Beispiel für ein Jahr, solltest du die Opfergaben natürlich regelmäßig austauschen. Es gibt eine ungeschriebene Tradition, nach dem Abschließen der Ansammlungen die von dir verwendeten kostbaren Materialien deinem Lehrer oder einem Tempel darzubringen oder – wenn du das bevorzugst – sie still in einem Wald zu verstreuen, wo dir niemand dafür danken wird.

Bevor du mit der Praxis beginnst, reinigst du jeden Tag als erstes die Mandala-Platte mit Safranwasser, Rosenwasser oder irgendeiner Art von wohlriechendem Wasser. Dann benutzt du am Anfang jeder Sitzung die Unterkante deines Handgelenks, um die Oberfläche sauber zu reiben. Wenn du die Praxis etwas ausführlicher machen möchtest, stell dir vor, dass du alle Opfergaben, die du machen wirst, reinigst und säuberst, was natürlich deinen Körper, deine Sprache und deinen Geist einschließt. Du wirst viele solcher kleinen Details kennenlernen; fast jeder Tibeter oder Dharma-Praktizierende, den du kennenlernst, wird mit einer etwas anderen Variante ankommen und vermutlich hat jeder aus seiner Sicht recht. Schließlich gibt es vier Linien im tibetischen Buddhismus, die von Tausenden von Leuten praktiziert werden, den Lehren von Hunderten von Lamas folgend, von denen viele die traditionellen Anweisungen abgeändert haben. Letztendlich gibt es aber nicht den einen richtigen Weg, die Mandala-Platte zu reinigen, deshalb ist es am besten, nicht zu viel Zeit damit zu vertun.

DIE VISUALISIERUNG

In diesem Fall wirst du Guru Rinpoche oder Vajradhara Opfergaben darbringen; er wird vor dir visualisiert und ist umgeben von seinem Gefolge. (Weiterführende Einzelheiten zu dieser Visualisierung finden sich in Beschreibungen zum Feld des Verdienstes, die sich bei längeren Ngöndro-Texten normalerweise im Abschnitt zur Zufluchtnahme befinden.) Die Hauptgottheit des Mandala sitzt auf dem zentralen Ast eines wunscherfüllenden Baums, auf dem Ast vor ihm sitzt Shakyamuni Buddha mit allen Buddhas, auf dem Ast zu seiner Rechten alle Bodhisattvas, zu seiner Linken ist die edle Gemeinschaft von Shravakas und Pratyekabuddhas und hinter ihm sind riesige Stapel von Dharma-Texten.

Bei der Praxis der Zufluchtnahme bezeichnen wir die erhabenen Wesen in dieser Visualisierung als unsere ‚Zufluchtsobjekte', bei der Praxis von Bodhicitta werden sie zu Zeugen unseres Bodhicitta-Gelübdes, jetzt beim Darbringen des Mandalas werden sie zu Empfängern unserer Opfergaben.

Im Rahmen dieser Praxis repräsentiert das Rosenwasser oder Duftwasser für das Reinigen der Mandala-Platte, das Anwenden von Bodhicitta, und das bedeutet, dass du die Praxis für die Erleuchtung aller fühlenden Wesen machst. Indem du etwas Wasser auf die Platte sprenkelst, wendest du die ‚Feuchtigkeit von Bodhicitta' an, um die Tiefgründigkeit dieser Vajrayana-Praxis zu versinnbildlichen und sie über den banalen Akt hinauszuheben, den das Streuen von Reis auf eine Platte darstellt. Das Wasser hilft auch, den Reis auf der Platte zu halten, und selbst wenn du vielleicht nicht bei jedem Reinigen der Platte Wasser benutzen willst, wäre es gut, wenn du es ganz am Anfang machst.

Jetzt bist du soweit, das Mandala darzubringen.

DAS DARBRINGEN DES SIEBEN-PUNKTE-MANDALAS

Traditionell werden die Opfergaben auf der Platte im Uhrzeigersinn angeordnet, aber du kannst wählen, ob du auf der Mandala-Platte vorn beginnst (zwölf Uhr-Position) oder hinten (sechs Uhr-Position) (siehe Abbildung 1). Je nachdem, welcher Tradition du folgst, ist Osten entweder vor dir oder bei deinem Schrein. Ich beginne lieber hinten, deshalb ist die Methode hier so erklärt, mit der alternativen Ausführung in Klammern.

Abb. 1. Darbringen des Sieben-Punkte-Mandala

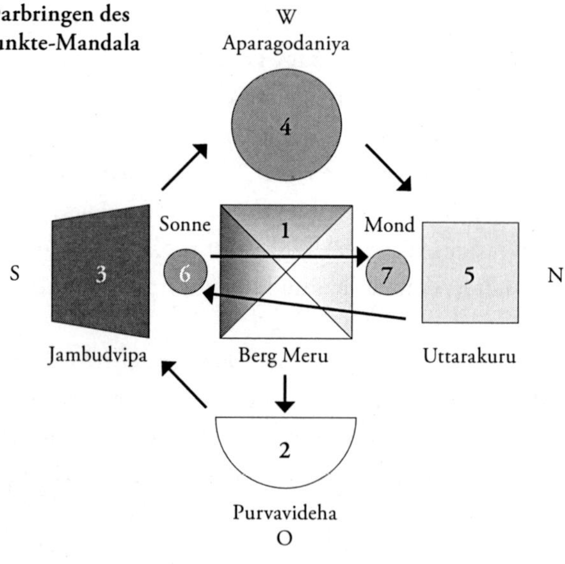

1. Lass Reis aus deiner rechten Hand in die Mitte der Mandala-Platte rieseln, so dass ein erster Haufen von Opfergaben entsteht.
2. Den zweiten Haufen setzt du vor dich auf die Position sechs Uhr (bzw. zwölf Uhr), an die Seite der Platte, die dir am nächsten ist.
3. Den dritten Haufen setzt du im Uhrzeigersinn im 90°-Winkel zum zweiten auf neun Uhr (bzw. drei Uhr).
4. Den vierten Haufen setzt du im Uhrzeigersinn um 90° versetzt auf zwölf Uhr (bzw. sechs Uhr).
5. Den fünften Haufen setzt du um 90°-Winkel zum vierten, im Uhrzeigersinn, auf drei Uhr (bzw. neun Uhr).
6. Den sechsten Haufen setzt du zwischen den mittleren Haufen und den auf neun Uhr (bzw. drei Uhr).
7. Den siebten Haufen setzt du zwischen den mittleren Haufen und den auf drei Uhr (bzw. neun Uhr).

Den dritten Haufen nennen wir den ‚Haufen von Jambudvipa'. Jambudvipa heißt der Planet, auf dem wir leben, unsere ‚Erde'. Wenn du also den zweiten Haufen auf sechs Uhr setzt, ist Jambudvipa auf neun Uhr (und wenn du den zweiten Haufen auf zwölf Uhr setzt, ist Jambudvipa auf drei Uhr). Sonne und Mond sind jeweils der sechste und siebte Haufen und da die Sonne an der Erde aufgehen muss, sollte der sechste Haufen ihr nahe sein.

Wenn du möchtest, kannst du noch einen achten Haufen hinzufügen, um den gesamten Reichtum der Götter und Menschen zu verkörpern.

Normalerweise hältst du die Mandala-Platte und die Mala in der linken Hand und setzt die Reishaufen mit deiner rechten Hand, aber wenn du Linkshänder bist und es anders herum machen willst, ist das auch in Ordnung.

Wenn du die sieben oder acht Häufchen aus Reis und Kostbarkeiten auf die Mandala-Platte gesetzt hast, wischst du sie mit deiner rechten Hand herunter. Das zählt als ein Mandala-Opfer. Dann musst du nur noch 99.999 weitere machen, plus zehn Prozent, um Fehler oder Nachlässigkeiten zu kompensieren – und schon ist die Praxis abgeschlossen. So einfach ist es!

Während du eine Opfergabe machst, sprichst du einmal oder dreimal das Gebet zum Darbringen des Mandala aus deiner Ngöndro-Praxis.

DAS 37-FACHE MANDALA-OPFER

Jeweils nach 100 kurzen Mandala-Opfern oder auch nach 21, wenn dir das lieber ist, bringst du ein 37-faches Mandala dar (siehe Abbildung 2).

Das Diagramm zeigt deutlich, wie die 37 Opferhäufchen angelegt werden sollten, aber ich rate, nicht zu viel Praxiszeit darauf zu verwenden, es zu hinterfragen und sich zu überlegen, ob man etwas falsch macht. Da ist es besser, wenn man einfach die Verse chantet und die 37 Häufchen übereinander setzt.

Ihr habt sicher schon traditionelle Sets für das Mandala-Opfer gesehen, bei denen mehrere Ringe benutzt werden, um einen turmähnlichen Aufbau zu bekommen. Das ist eine tibetische Erfindung; so etwas könnt ihr verwenden, wenn ihr möchtet, aber es ist für die Praxis nicht wesentlich. Es wurde nur dafür gemacht, damit die Opfergaben für das tibetische Auge schön aussehen.

Am Ende der Sitzung verschmilzt das Feld des Verdienstes mit dir und du bleibst so lange wie möglich im Zustand der Untrennbarkeit.

Der Umstand, dass du Reishäufchen und kostbare Materialien opferst, ist ein Produkt deiner eigenen Wahrnehmung, und als solches extrem begrenzt. Bringe daher absolut alles dar, auch das, was du für negativ hältst, wie deine eigenen wilden Gefühle, deren Essenz nichts als Weisheit ist.

Unterschiedliche kostbare Substanzen geistig zu opfern funktioniert extrem gut, denn wenn du beispielsweise an Blumen denkst, ist es dein Geist, der deine Blume erzeugt. Tatsächlich gibt es nichts, was nicht Produkt deiner eigenen Wahrnehmung wäre. Dies Universum, seine Atmosphäre, Sterne, Monde, Planeten und alles darin sind vom Geist erschaffen und solange der Geist existiert, existieren die unzähligen Unterschiede, die tatsächlich das Universum hervorgebracht haben.

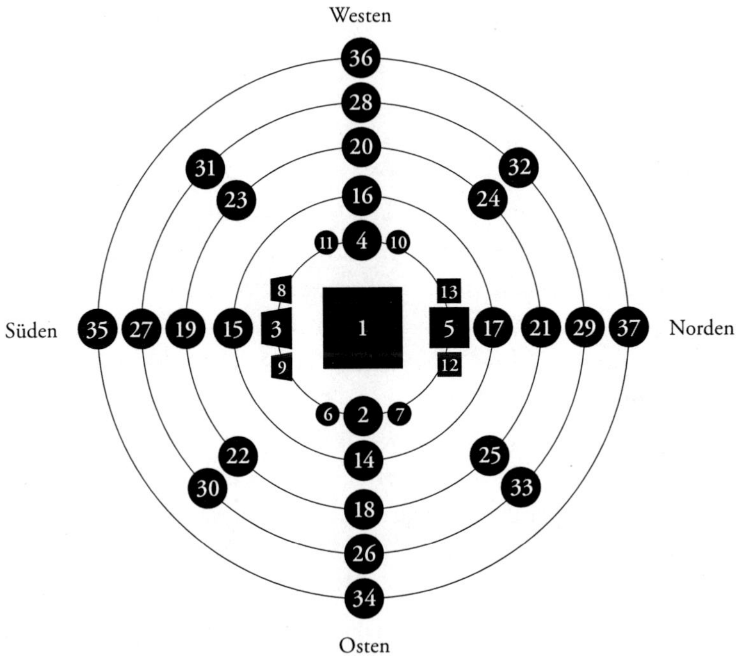

Abb. 2: 37-faches Mandala-Opfer

Übersicht:

1.	Der Berg Meru
2.—5.	Die vier Kontinente
6.—13.	Die acht Subkontinente
14.	Der Juwelenberg
15.	Der wunscherfüllende Baum
16.	Die wunscherfüllende Kuh
17.	Die Ernte, die nicht gesät werden muss
18.—24.	Die sieben königlichen Eigenschaften
25.	Die kostbare Schatzvase
26.—33.	Die acht Opfergöttinnen
34.	Die Sonne
35.	Der Mond
36.	Der kostbare Schirm
37.	Das in allen Richtungen siegreiche königliche Banner

Das Konzept des Darbringens basiert dem Buddha-Dharma zufolge auf der Sicht des abhängigen Entstehens. Tatsächlich basiert die gesamte buddhistische Praxis und Theorie auf genau dieser Sichtweise, deshalb ist das Darbringen von Lichtopfern eine wirklich gute Sache für alle, die den Pfad praktizieren wollen, der sich auf die Natur des Geistes bezieht oder die eine der Praktiken abschließen wollen, mit denen man Verdienst ansammelt. Da die Tätigkeit des ‚Darbringens' in engem Zusammenhang mit dem Erzeugen verheißungsvoller Verbindungen steht, wird das Darbringen einer Butterlampe dein Verständnis von der Natur des Geistes verbessern: So wie das Licht einer Butterlampe die Lampe selbst und alles um sie herum erhellt, erkennt der Geist sowohl sich selbst als auch all das, was ihm begegnet. Die Arbeitsweise der Lampe ähnelt also der des Geistes und kann daher als verheißungsvolle ‚Substanz' bezeichnet werden, mit der eine verheißungsvolle Verbindung zur Natur des Geistes geschaffen werden kann.

Alles wird vom Geist geschaffen. Die Natur des Geistes ist Dharmakaya, Sambhogakaya und Nirmanakaya und die Erkenntnis und Verwirklichung dessen nennen wir ‚Erleuchtung'. Erleuchtung zu erlangen ist allerdings keine leichte Aufgabe, weil wir unablässig von unzähligen Gewohnheitsmustern getäuscht werden. Wir brauchen daher alle möglichen Methoden und Fähigkeiten, um gegen diese alten Gewohnheiten anzugehen. Immer und immer wieder eine belanglose Substanz wie Reis aufzuhäufen ist nur eines dieser geschickten Mittel.

11

Kusali-Praxis

Die Kusali-Praxis gibt es nicht in allen Ngöndro-Traditionen, wohl aber in der langen Version des Longchen Nyingthik Ngöndro. Auch für diejenigen, die die kurze Version machen, wäre es gut, Kusali zu praktizieren, weil es eine ausgezeichnete Methode für das Ansammeln von Verdienst ist. Kusali-Praxis wird Praktizierenden empfohlen, die arm sind und sich keine Mandala-Platten, Opfergaben oder notwendige spezielle Opfersubstanzen leisten können. Wie Patrul Rinpoche betont, bedeutet Kusali wörtlich ‚Bettler'. Trotzdem rangiert diese Praxis aus der Sicht des Dharma unter den höchsten Belehrungen.

Visualisierung: Sieg über die vier Maras

Kusali-Praxis zielt ausdrücklich darauf ab, die vier Maras zu zerstören: Den Mara als Sohn der Götter, den Mara des Todes, den Mara der Verunreinigungen (d.h. aller Emotionen) und den Mara der Daseinsfaktoren. Khenpo Ngakchung sagte: Nicht zu verstehen, dass alle Erscheinungen ausschließlich die Projektion unseres eigenen Geistes sind, sei der Mara als Sohn der Götter. Dieser Körper, ein zusammengesetztes Phänomen, das sich ständig und von Natur aus unaufhaltsam verändert und ein Hindernis ist, das ist der Mara der Daseinsfaktoren. Anhaftung, Verlangen und Fixierung ist der Mara der Verunreinigungen, und der Daseinsfaktor, der Geburt und Tod beinhaltet, ist der Mara des Todes.

Beginne die Praxis mit dem Aussprechen der Silbe PHAT und visualisiere die vollständige Trennung von Körper und Geist, indem du dein Bewusstsein aus deinem Körper herauskatapultierst und ihn zurucklasst wie einen alten Sack, der zusammengefallen am Boden liegt. Im selben Moment, in dem dein Körper zusammenfällt, schwebst du als formloses Wesen aus reinem Bewusstsein über ihm, und du siehst, dass dein kostbarer Körper jetzt nur noch ein Leichnam ist.

Im Allgemeinen entsteht Stolz als Folge von zwei Faktoren, Geist und Körper, wenn du also einen Körper hast, fühlst du auch Stolz. Indem du also deinen Körper zerstörst, zerstörst du deinen Stolz, was einen Sieg über den Mara der Verunreinigungen bedeutet. In dem Moment, in dem du keine Anhaftung an deinen Körper mehr verspürst, hast du den Mara als Sohn der Götter zerstört. Anders als die Flamme einer ausgepusteten Kerze und obwohl der Körper zerlegt und zerstört wurde, bleibt der Geist bei Bewusstsein und nimmt weiterhin wahr, daher hast du den Sieg über den Mara des Todes errungen. Diesen dritten Sieg nennen wir ‚Khrodikali', und ihre Form nimmst du an, sobald du deinen Körper zerstört hast. Sie ist schwarz, wunderschön und mit allen Ornamenten einer Dakini geschmückt, einschließlich Kronen, Knochenarmbändern und einem Tigerfellrock. Sie schwingt außerdem ein geschwungenes Messer, um die Zerstörung des Mara der Verunreinigungen (Gefühle) zu versinnbildlichen.

Es ist Khrodikali, die den Mara der Daseinsfaktoren zerstören muss, indem sie langsam den Schädel, deinen Schädel, von deinem leblosen Körper abtrennt. Jetzt nennen wir den Schädel mitsamt Haaren ein *Kapala* oder eine ‚Schädelschale'. Sobald du die Schädelschale vor dir visualisiert hast, stell dir vor, dass sie größer wird, bis sie so riesengroß ist wie die drei Welten.

Sofort erscheint ein Dreifuß aus drei Menschenschädeln (sie repräsentieren die drei Kayas) und du legst das Kapala darauf. Kehre zu deinem Leichnam zurück und schneide seine Hände und Finger ab, schäle seine Haut ab, hole die Lunge, die Leber und alle Organe heraus und lass alles Blut herausfließen. Zerstückle deinen Körper immer weiter, vergiss nicht, Lippen und Nase abzuschneiden, rupfe mit deinem geschwungenen Messer beide Augen und all deine Zähne heraus und lege jedes Körperteil, eins nach dem anderen, in das Kapala.

Nun lodert ein ungeheuer heftiges Weisheitsfeuer von den drei Schädeln auf. Während du OM AH HUM singst, stell dir vor, wie deine Körperteile schmelzen und hochkochen wie ein fetter Eintopf, der auf dem Herd brodelt. Allmählich wird dieser Eintopf aus Körperteilen zu einem machtvollen, wunscherfüllenden Nektar, jeder Tropfen enthält alles, was dir Vergnügen bereitet: Gärten und Seen, Speisen und Getränke und so weiter. Der Nektar wird genau zu dem, was du dir als Objekt der Opfergabe wünschst, und eben das bringst du dar.

DIE GÄSTE UND IHRE OPFERGABEN

Wenn du diese Visualisierung etwas ausfeilen möchtest, dann stell dir vor, es sei ein Bankett. Die ersten Einladungen gehen an alle, die das Ego vernichtet haben, angefangen bei den Arhats bis hin zum Buddha selbst, getragen von funkelnden Lichtstrahlen eines Regenbogens, der aus dem kupferfarbenen Berg hervorbricht. Es gehen Einladungen in die Reiche von Amitabha und Akshobhya und in alle anderen Buddha-Bereiche. Danach schickst du Einladungen in die sechs Bereiche und deine Gäste kommen rasch und nehmen ihre Plätze ein.

Der erste Teil des Banketts wird den erhabenen Wesen angeboten. Im Gegenzug bekommst du alle gewöhnlichen Verwirklichungen, wie ein langes Leben und Freiheit von Hindernissen und Krankheiten – daher ist die Kusali-Praxis besonders denjenigen zu empfehlen, die ernste gesundheitliche oder finanzielle Probleme haben, ein Resultat ihrer karmischen Schuld aus früheren Leben. Du bekommst auch alle außergewöhnlichen Verwirklichungen, die in der Fähigkeit wurzeln, Liebe und Mitgefühl für andere zu empfinden, gewissenhaft zu sein, Hingabe zu haben und die Natur deines Geistes zu erkennen.

Als nächstes bedienst du die Gäste der sechs Bereiche. Stell dir vor, wie mit jedem Schluck Wein und jedem Mund voll Spargel, jedem Schlecken an einer Eiscreme und jedem Bissen Steak, jedem Löffel Crème Brulée und jedem Aussaugen eines Hummers ihr Leiden verschwindet, wie dadurch Liebe, Mitgefühl, Bodhicitta und Hingabe ihr

Wesen nährt, so dass sie ihrerseits fähig werden, anderen fühlenden Wesen zu helfen.

Es gibt zwei besondere Gruppen von Gästen. Die eine besteht aus denen, die dich stören oder die du als Feinde ansiehst. Wenn sie deine Opfergaben empfangen, betrachten sie alle alten Schulden als beglichen. Die zweite Gruppe ist die größte, denn es sind diejenigen, bei denen wir karmische Schulden haben. Es gibt viele Arten karmischer Schuld, zum Beispiel die karmische Schuld gegenüber unseren Vätern und Müttern, unseren Freunden oder denen, die uns mit Nahrung, Obdach und Schutz versorgt haben. Es gibt die Schuld bei denen, deren Raum wir eingenommen haben oder die uns bedient haben. Wir alle haben solche Schulden bei unermesslich vielen Leuten.

AUFLÖSUNG

Wenn das Bankett seinem Ende zugeht, begreifst du, dass dies alles von deinem eigenen Geist geschaffen wurde. Alle lösen sich in dich auf; der Gastgeber, die Gäste und das Festmahl werden untrennbar und du verweilst so lange wie möglich in diesem Zustand der Untrennbarkeit.

12

Guru Yoga

In der Vajrayana-Praxis geht es um das Umwandeln der Wahrnehmung; wir beginnen mit dieser Transformation während der Ngöndro-Praxis, insbesondere beim Guru Yoga. Deshalb empfehlen fast alle Ngöndro-Traditionen, dass wir die Praxis beginnen, indem wir unsere gewöhnliche, unreine Umgebung in einen reinen Bereich verwandeln und unsere gewöhnliche, unreine Form in ein reines Wesen.

Wenn du das Guru Yoga des Longchen Nyingthik Ngöndro praktizierst, visualisierst du dich als Vajrayogini. Warum als Vajrayogini? Zwischen dem ersten Schritt auf dem spirituellen Pfad und seinem krönenden Abschluss gibt es einen Punkt, an dem du die Natur des Geistes erkennst und verwirklichst. Sobald das geschehen ist, wirst du zu einem Gefäß, in dem sich der Segen deines Guru sammelt. Als eine Möglichkeit, um diesen Segen wirksamer einzuladen und um gegenseitig verflochtene glücksverheißende Umstände hervorzurufen, visualisierst du dich in der erhabenen Form der weiblichen Gottheit, Vajrayogini.

(Details zur folgenden Visualisierung basieren auf dem Longchen Nyingthik Ngöndro und unterscheiden sich von anderen, je entsprechend der Ngöndro-Tradition, der du folgst.)

Die Visualisierung

Visualisiere dich als Vajrayogini. Du bist von roter Farbe, deine rechte Hand schwingt ein gebogenes Messer und deine linke hält ein Kapala.

Du bist halbzornvoll, schön und schlank, mit erlesenen Juwelen, einem Tigerfell-Rock und Knochenornamenten geschmückt. Deine drei Augen sind fest in den Himmel gerichtet, auf eine Lotosblüte mit hunderttausend Blütenblättern, auf deren Mitte eine horizontale Sonnenscheibe liegt und darauf wiederum eine Mondscheibe.

Auf dieser Mondscheibe sitzt dein Wurzel-Guru, die Verkörperung aller Quellen der Zuflucht und Essenz aller Buddhas in der Form von Padmakara, dem Lotos-Geborenen. Er sieht nicht wie eine gewöhnliche Person aus und zeigt keine Anzeichen von Alter oder Schwäche. Im Gegenteil: Er ist jung, majestätisch, sprühend voller Leben und mit königlichen Insignien geschmückt.

Guru Rinpoche, dein Guru, sitzt in einer großen Lichtkugel aus Regenbogenlicht, umgeben von seinen fünfundzwanzig Schülern, angefangen mit König Trison Deutsen, umringt von Millionen weiterer Sphären von Regenbogenlicht. Im Bereich über dem Guru sitzen alle Mahasiddhas der Mahasandhi- (oder Mahamudra-) Übertragungslinien – Vimalamitra, Jnanasutra, Shri Singha, Prahevajra (Garab Dorje) und so weiter. Der Raum zwischen ihnen wird von Gottheiten verschiedener Linien eingenommen, von Dakinis und Dharmapalas. So besteht der gesamte Raum, insbesondere direkt vor dir, aus einer riesigen Wolke, in der es von Objekten der Zuflucht nur so wimmelt.

Wenn du deine Zufluchtsobjekte betrachtest, versuche sie dir strahlend lebendig vorzustellen, und behalte dabei immer im Hinterkopf, dass sie – wie die Spiegelung des Vollmondes in sauberem, ruhigem Wasser – nicht wirklich existieren. Wie strahlend klar der Mond auf der Wasseroberfläche auch erscheinen mag, er ist dennoch nur eine Spiegelung, und genau so sollte die Versammlung der Zufluchtsobjekte in diesem Guru Yoga erscheinen, wenn sie vor dir sitzt.

Wenn du ein Mahamudra-Ngöndro machst, oder auch ein Sakya- oder Gelug-Ngöndro, dann wirst du höchstwahrscheinlich deinen Guru als Vajradhara visualisieren, umgeben von allen Linienmeistern, die mit der Praxis verbunden sind, die du machst. Die einbezogenen Gottheiten könnten variieren, beispielsweise sind in Mahamudra-Ngöndros Gottheiten wie Chakrasamvara führend, während in den Sakya-

oder Gelug-Ngöndros Gottheiten wie Chakrasamvara, Guhyasamaja und Kalachakra auftauchen.

DIE MANTRA-VISUALISIERUNG

Mit einem Herz, das dir vor Hingabe schier überfließt, lädst du deinen Guru ein, indem du das Sieben-Zeilen-Gebet an Guru Rinpoche rezitierst, gefolgt vom Vajra-Guru-Mantra.

Während du ein Gebet zur Anrufung sprichst, konzentrierst du dich auf das Mandala, das du visualisiert hast, und speziell auf deinen Guru. Schau so lange wie möglich in sein Gesicht. Die Meister der Vergangenheit warnen uns, weil man während der Mantra-Rezitation leicht gelangweilt ist und raten dir, sobald du es überdrüssig bist, das Gesicht deines Guru anzuschauen, deinen Fokus auf seine gesamte Form oder auf seine Aktivität zu richten, auf das Licht, das von ihm ausstrahlt oder auf deine Hingabe zu ihm, auf den Klang des Mantra oder auf das Gefolge von Gottheiten, das ihn umgibt. Dann änderst du wieder deinen Fokus – immer und immer wieder.

Oft fragen Schüler, ob sie den Lehrer ausschließlich im Rahmen ihrer formellen täglichen Praxis anrufen sollen oder ob man das überall machen kann. Die Antwort hängt vom Schüler ab. Dharma-Faulenzer, die durch die Straßen von Kathmandu ziehen, Haschisch rauchen und mit einer halbleeren Tasse Cappuccino einen Großteil des Tages in Cafés herumsitzen, sollten sich wahrscheinlich formell hinsetzen und 10 Millionen oder 100 Millionen Mantren rezitieren. Menschen, die fordernde Jobs in London, New York oder Paris haben, würden jedoch vielleicht mehr davon profitieren, wenn sie das Mantra auf dem Weg zur Arbeit rezitieren oder während sie auf den Bus warten. Welche Methode dem Schüler gegeben wird, hängt völlig von seiner persönlichen Situation ab und davon, wie diszipliniert er ist.

Das Herz des Guru-Yoga

Ganz allgemein gesprochen hilft uns Guru Yoga, Hingabe zu entwickeln und zu verstärken. Das eigentliche Herz der Praxis aber ist es, deinen Geist mit dem Geist des Guru zu verbinden und zu vermischen. Genau genommen beschränkt sich dieser ‚Vermischungs'-Prozess nicht auf den Geist, er umfasst unser ganzes Sein – Körper, Sprache und Geist. Deshalb sollten wir versuchen, jeden Teil unserer selbst mit unserem Guru zu vermischen, unsere Identität, unsere physische Form, die Töne, die wir machen, bis hin zu unserem Geruchs- und Geschmackssinn.

Wie bereits erwähnt können Terminologie und Sprache in die Irre führen. In diesem Fall impliziert ‚vermischen' automatisch, dass zwei verschiedene Wesen existieren und dass es möglich ist, sie miteinander zu verbinden. Samantabhadra aber sagt uns, die Essenz des Geistes ist von Natur aus leer, ebenso die Essenz aller Phänomene, und auch wenn es aus der Perspektive der Weite der erscheinenden Existenz so aussehen mag, als ob es zwei verschiedene Wesen gäbe, die zu vermischen sind – da der äußere Guru nichts anderes ist als die Spiegelung deiner Hingabe, ist dieser ‚Vermischungs'-Prozess eigentlich tiefgreifender als die bloße Kombination zweier Zutaten. In Wahrheit etablierst du die Erkenntnis, dass es niemals ein getrenntes Wesen – einen Guru – gab, mit dem du deinen Geist verbindest. Anders gesagt, dein Geist und der des Guru waren niemals voneinander getrennt.

DER ÄUSSERE GURU

Wie wir bereits festgestellt haben, ist der äußere, innere und geheime Guru niemand anderes als die Natur unseres Geistes. Allerdings halten Anfänger wie wir nach Vorbildern Ausschau, die uns inspirieren und anleiten, zu denen wir Zuflucht nehmen können und bei denen wir durch Opfergaben unsere Wertschätzung für den Pfad des Dharma ausdrücken können. Viele von uns haben einen Drang, jemanden zu finden – irgendjemanden, dem wir von all unseren Gefühlsschwankungen erzählen können, mit den einzigen Kommunikationsmethoden, die uns zur Verfügung stehen: Winseln, Jammern, Betteln und Flehen. Um dieses Bedürfnis zu befriedigen, versorgt uns der Pfad – der aus Vajrayana-Sicht ‚Verwirrung' ist – mit einem äußeren Guru.

Letztendlich müssen natürlich alle Pfade verworfen werden, aber zwischenzeitlich solltest du nicht aufhören, deinem äußeren Guru gegenüber Hingabe zu bekunden, einhergehend mit Bewunderung und unbeirrbarer reiner Wahrnehmung. Dann versuchst du allmählich, Schritt für Schritt, dein Wesen auch mit deinen inneren und geheimen Gurus zu vermischen, und mit der Zeit realisierst du, dass deine äußeren, inneren und geheimen Gurus niemals von dir getrennt waren.

DIE SEHNSUCHT, DICH MIT DEINEM GURU VERBUNDEN ZU FÜHLEN

Viele Schüler sprechen gern darüber, mit welchen Gefühlen sie an ihren Guru denken. Manche haben das Gefühl eines erfüllten Herzens und unterschiedliche Empfindungen im Brustbereich, auch haben sie die Wahrnehmung, geliebt zu werden und dadurch vollständig zu sein. Ich meine, was diese Schüler auszudrücken versuchen, ist ihre Sehnsucht, sich mit dem Guru verbunden zu fühlen. Es ist wahr, es können starke Gefühle und Empfindungen entstehen, wenn wir an ihn denken, wichtig ist es aber auch, sich klar zu machen, wie unbeständig Gefühle und Empfindungen sind. Gefühle gehören zur diesseitigen Welt und sind als solche nur eine Schicht, die schlussendlich abgestreift werden muss.

Eine emotionale Verbindung zu einer Person, unserem Guru, ist nicht das einzige Ergebnis, auf die wir auf unserem spirituellen Weg hinarbeiten sollten. Bisher ist der Guru offenbar von uns getrennt, aber während wir auf dem Pfad voran schreiten, ist es eine seiner geschickten Methoden, uns daran zu erinnern, dass dies absolut nicht der Fall ist. Keine einzige der Unterweisungen, die wir erhalten, behauptet auch nur für eine Millisekunde, dass der Guru eine separate Entität sei. Die Vorstellung von einem ‚Guru' und einem ‚Schüler' ist ein Fehler, den wir völlig selbstständig gemacht und dann durch Gewohnheit verstärkt haben. Wenn wir uns erfolgreich selbst überzeugt hätten, dass der Guru untrennbar von uns war und immer sein wird, wäre Guru Yoga ganz und gar überflüssig. An der Vorstellung festzuhalten, dass wir eine Verbindung zu ihm haben, obwohl das Gefühl der Verbundenheit sein Dasein als separate Entität voraussetzt, ist genau das Konzept, das uns an die Dualität fesselt.

Die Bestätigung, dass unser Guru untrennbar von uns ist, wird die einzige Erkenntnis und Verwirklichung sein, die wir je haben werden, und die nicht abgestreift werden kann oder wird.

Praktische Hinweise

DEINEN GEIST MIT DEM DES GURU VERMISCHEN

Ich empfehle wärmstens, deinen Geist immer und immer wieder mit dem deines Guru zu vereinen. Visualisiere Guru Rinpoche, während du das Vajra-Guru-Mantra rezitierst, und nach jeweils hundert Mantren löst du Guru Rinpoche in dich auf. Je häufiger du diesen Prozess durchläufst, desto besser. Versuche daher, die Auflösung alle zehn oder zwanzig Mantren auszuführen und betrachte danach einfach die Untrennbarkeit. Unnötig zu erwähnen, dass diese Erfahrung dein Leben nicht unverändert lässt.

Der Schlüssel zur Betrachtung des Geistes ist es, deinen Geist mit dem des Guru zu vermischen und das ist eine Praxis, die du in allen möglichen gewöhnlichen Situation ausführen kannst. Während du auf einer Rolltreppe stehst und gerade einen Zug erreichen möchtest zum Beispiel, in einem Warenhaus oder im Kino – versuche, deinen Geist mit seinem zu vermischen, bis es weitergeht. Das verschlingt überhaupt keine Zeit und du kannst im Anschluss daran sehr leicht zu dem zurückkehren, was du gerade machst, ob es das Einkaufen ist oder einen Film ansehen oder ein Fußballspiel.

Nimm dir also jeden Tag ein wenig Zeit, vermische deinen Geist mit dem des Guru und betrachte dann für einen kurzen Moment die Untrennbarkeit. Wenn du das tust, ist es eine der Segnungen der Praxis, dass bald danach nichts von dem, was in deinem Leben passiert, mehr als eine große Sache erscheint. Erwarte aber keine sofortigen Resultate. Sei geduldig und praktiziere einfach. Du hast so viele Gewohnheitsmuster, Blockaden und Ablenkungen, durch die du dich durcharbeiten musst, daher wird es vielleicht etwas dauern, bis du eine Wirkung verspürst. Und wenn es dauert, beschwere dich nicht! Wenn man ein rohes Ei einfach auf einem Tisch gelegt hat, beschwert man sich doch auch nicht, wenn es nicht gar wird. Ein Ei wird nur gar, wenn du es in eine Pfanne schlägst und auf einem Herd erhitzt. Wenn du schon daran scheiterst, das Ei in eine Pfanne zu schlagen, hast du keinen Grund, dich zu beschweren, dass es nicht gar wird, und wenn du es doch tust, zeigt das, dass du Ursache, Bedingungen und Resultat erst noch verstehen musst. Die meisten modernen Menschen geraten in diese Falle. Obwohl es unglaubliche Leistungen in naturwissenschaftlichen Entdeckungen gibt, wie Menschen auf dem Mond schicken oder die Entdeckung, dass die Erde rund ist (einige Tibeter meinen immer noch, sie sei eine Scheibe) fehlt den Menschen weiterhin dieses grundlegende Verständnis.

Was wäre, wenn du zehn Jahre praktizieren musst, bis du eine Veränderung bemerkst? Verglichen mit den Millionen und Abermillionen von Jahren, die du verlebt hast, ohne ein Ei auch nur aus einem Eierkarton zu nehmen, sind zehn Jahre rein gar nichts! Letztendlich machst du Fortschritte, weil du endlich weißt, dass es das Ei gibt und es aus dem Karton genommen werden und in die Pfanne geschlagen werden muss, wenn es jemals gar werden soll. Und das ist bereits für sich genommen ein großartiger Fortschritt. Man muss eine Menge Verdienst angesammelt haben, nur um das zu wissen.

DREI ARTEN VON GIFTEN, DIE PRAKTIZIERENDE ENTFERNEN MÜSSEN

Praktizierende müssen drei verschiedene Arten von Giften entfernen. Das erste ist das Gift einer irrigen oder ‚falschen Sichtweise'. Um dieses Gift zu entfernen, musst du dich damit beschäftigen, die Lehren zu hören und darüber nachzudenken. Selbst wenn du scheinbar die richtige Sichtweise heraus gebildet hast, wirst du in diesem Prozess unweigerlich mit weiteren Giften verunreinigt werden, mit Konzepten und Zweifeln, die ihrerseits entfernt werden müssen. Zu diesem Zweck wird als Gegenmittel die Meditation angewandt, beispielsweise die Praxis von Shamatha, die für alle Arten ‚geistiger Vergiftung' (tib. *namtok*) tödlich ist. Das dritte zu entfernende Gift ist die dualistische ‚Erfahrung' von Subjekt und Objekt– solange du Erfahrungen machst, wird dein Pfad immer vergiftet sein – um dieses Gift herauszusaugen, musst du dich der Meditation von Einsicht in Weisheit (Vipashyana) widmen.

Jeder Grad des mühevoll errungenen Verständnisses muss letztendlich wieder verworfen werden, denn wie uns die großen Meister der Vergangenheit viele Male gesagt haben: „Verstehen ist wie ein Flicken, der früher oder später abfallen wird; Erfahrung ist wie Nebel, der sich früher oder später auflösen wird." Diejenigen von uns, die dazu erzogen wurden, einen stufenweisen Fortschritt wertzuschätzen, werden sich besonders schwer tun mit der Vorstellung, dass wir an einem bestimmten Punkt des spirituellen Pfades zwangsläufig all unsere Errungenschaften ablegen müssen.

DIE DREI NYAMS

Da Guru Yoga einen so machtvollen Segen heraufbeschwört, wirst du vielleicht feststellen, dass dein Leben durch unerwartete Veränderungen in deiner Stimmung und in deinem Geist erheblich in Aufruhr gerät, sei also gewappnet. Guru Yoga führt vor allem dazu, verschiedene Erfahrungen hervorzurufen – auch wenn ‚Erfahrungen' nicht die beste Übersetzung des tibetischen Wortes nyam ist.

Im Zusammenhang mit Guru Yoga gibt es drei Arten von Nyams. Eins ist das Gefühl einer solchen Glückseligkeit, dass du überzeugt bist, alles bewältigen zu können, was dein Leben dir aufbürdet. So wie Tasse und Untertasse perfekt zueinander passen, fügt sich alles im Leben so wunderbar zusammen, dass du meinst, du könntest alles schaffen: sogar einen Elefanten auf einem Fingerhut balancieren. Nichts ist unannehmbar oder unerträglich, selbst wenn du hörst, dass Frankfurt gerade auf den Kopf gestellt wurde, würdest du das bedenkenlos akzeptieren. Du bist nicht nur in der Lage, das Unglaubliche zu glauben, du erfährst zusätzlich noch enorme körperliche Glückseligkeit. Und auch wenn die wenigsten von uns jemals dieses spezielle Nyam erleben, ist es auf rührende Weise das eine, nach dem wir alle streben.

Eine andere Art von Nyam ist die Erfahrung der Nicht-Begrifflichkeit. Du hast keine Gedanken, fühlst keine Aggression, keine Leidenschaft, wertest nicht, vergleichst nicht und fühlst keine Unsicherheit, aber alles, was du wahrnimmst, ist lebhaft und gegenwärtig. Das kann ein paar Minuten dauern oder auch ein paar Stunden oder Tage. Lasst uns über diese Erfahrung nicht zu viel reden, es ist weit besser, wenn ihr das selbst entdeckt.

Das dritte Nyam ist die Erfahrung ungewöhnlicher Klarheit. Alles was du auch wahrnimmst, ist so makellos klar, dass du beispielsweise jedes Blatt an jedem Baum sehen kannst und deine Intuition sich so schärft, dass es sich anfühlt, als könntest du in den Geist anderer Leute blicken.

Diese drei Nyams werden sich irgendwann wie Nebel auflösen und sind daher nicht dein letztendliches Ziel. Keines davon wirst du voraussichtlich in naher Zukunft erfahren. Die meisten von uns warten immer noch auf ihren ersten guten Traum, daher ist die Aussicht darauf, sich mit Nyams abgeben zu müssen, noch sehr weit weg.

WENN DIR LANGWEILIG WIRD

Ganz gleich, welche Praxis wir ausführen, uns allen wird langweilig. Gerade heutzutage ist der Pegel unserer Langeweile höher als je zuvor. Wer von uns wäre wohl mit nur einem Fernsehsender zufrieden? Wenn du also merkst, dass dein Geist wandert und nach etwas Neuem sucht, wechsle einfach den Fokus.

Stell dir beispielsweise vor, Guru Rinpoche ist überall, er füllt jeden Zentimeter des Raums. Während du das Vajra-Guru-Mantra rezitierst, verwandeln sich auf der Stelle sechs Lichtkugeln in sechs Guru Rinpoches. In einem Augenblick erscheint eine blaue Flagge, dann ein weiterer Guru Rinpoche, und plötzlich hat sich jeder Mensch in deiner Umgebung in einen Guru Rinpoche verwandelt, so auch deine Thermoskanne, dein Kuli, Bleistift, deine Armbanduhr, Bücher, ein Taschentuch, Windeln und Papiertücher. Draußen nehmen alle Bäume, Berge, Seen, Bahnschienen und Autos schlagartig die Form von Guru Rinpoche an; selbst eine erfrischende Brise wird zu seiner Manifestation.

Versuch dir Guru Rinpoche über deinem Kopf oder vor dir sitzend vorzustellen, oder auch in deinem Herzen. (Wie erwähnt, gibt es eine Visualisierung für jede Situation.)

- Während du das Mantra chantest, stell dir vor, wie ein beständiger Strom von Nektar vom Guru herab fließt und sich in dir auflöst.
- Nachts visualisiere deinen Guru auf einem Lotos in deinem Herzen sitzend.
- Wenn du isst, stell dir deinen Guru in deiner Kehle vor.
- Wenn du auf ein Hindernis triffst, einem Streit in der Familie vielleicht, oder wenn du depressiv bist, visualisiere deinen Guru auf deiner Schulter, wie er zornvoll seine Fangzähne fletscht.
- Praktizierende des Longchen Nyingthik Ngöndro können sich vorstellen, wie Funken und Skorpione aus Guru Rinpoches Vajra herausschießen und wie die Skorpione jedes einzelne Hindernis schnappen und hinunterschlucken, bis sie alle vollkommen vernichtet sind.
- Wenn der Tod naht, visualisiere deinen Guru in der Form eines roten Amitabha und transferiere dich immer und immer wieder in Amitabhas Herz.

Stell dir vor, dass jeder und alles, was dir den Tag über begegnet, niemand anderes ist als Guru Rinpoche.

Dies ist eine recht tiefgründige Praxis und Anfänger können sie anfänglich etwas schwierig finden, beginne daher auf der Stufe des Wünschens. Im Prinzip ist alles – Buddha, Dharma, Sangha, Gottheiten, Dakinis, Dharmapalas – eine Manifestation deines Guru. Wenn du also eine Dharmapala-Praxis machst, bringe die Opfergaben dar und betrachte den Schützer als Manifestation von Guru Rinpoche in der Form eines Dharmapala. So wird die Opfergabe, die du dem Dharmapala darbringst, gleichzeitig eine Opfergabe für deinen Guru.

Du musst deine Opfergaben nicht auf das begrenzen, was gut und begehrenswert ist. Bringe alles dar, auch Krankheiten, schlechte Nachrichten und Verluste, und erinnere dich daran, dass *alles* als Manifestation deines Guru und seines Segens gesehen werden muss.

VERPFLICHTE DICH NICHT FÜR ZU VIELE PRAKTIKEN

Wie ich bereits erwähnt habe, ist es in diesen degenerierten Zeiten selten und kostbar, vom Dharma zu hören, so kostbar, dass ich euch natürlich immer ermutigen werde, so viele Unterweisungen zu empfangen, wie ihr nur erhalten könnt. Wenn ihr aber begierig seid, Einweihungen zu bekommen, empfehle ich wärmstens, dass ihr erst einmal prüft, welche Verpflichtungen ihr damit eingeht. Fragt euch selbst, ob ihr wirklich die Zeit habt, jeden Tag viele Seiten von Sadhana-Praxis zu machen. Wenn ihr schon ein ziemlich volles Leben habt, denkt zweimal über das Ansammeln von Einweihungen nach; denn auch wenn eine Praxis kurz aussieht, kommt am Ende doch einiges zusammen. Wenn du allerdings Zeit hast und es dir ein gutes Gefühl gibt, Einweihungen zu bekommen und Verpflichtungen anzusammeln, bist du herzlich eingeladen – besonders wenn du kein Schuldgefühl hast, sobald du deine Verpflichtungen nicht mehr ordentlich erfüllen kannst.

Zu Beginn ihrer spirituellen Reise sind Praktizierende in der Regel extrem enthusiastisch und überschlagen sich dabei, einfach alles zu praktizieren, was sie in die Hände bekommen. Aber dann wird sich sicher auch wieder Langeweile einschleichen, häufig gerade dann, wenn du das letzte Stück erreicht hast. Wenn du dann auf einen anderen Pfad wechselst, mag dich die neue Praxis für ein paar Tage oder gar Wochen inspirieren, aber was die spirituelle Entwicklung angeht, fängst du wieder beim Nullpunkt an. Paradoxerweise wirst du bei der neuen Praxis bald wieder ebenso gelangweilt sein wie mit der alten.

Treff so viele Lamas wie möglich, höre so viele Dharma-Unterweisungen wie möglich, besonders wenn du darauf brennst, die höheren Pfade zu beschreiten. Versuche, mit Menschen Umgang zu pflegen, die derselben Linie folgen wie du selbst. Aber versuche zu vermeiden, dich von anderen Praktiken ablenken zu lassen, die auf den ersten Blick attraktiver wirken als die, mit denen du dich bereits beschäftigst.

Zeichen der Reife bei einem Praktizierenden

Tsele Natsok Rangdrol sagte, je weiter sich das Verständnis eines Praktizierenden für die Sicht entwickelt, desto kleinlicher wird er in Bezug auf scheinbar triviale Ursachen und Bedingungen. Während seine Erfahrung und Verwirklichung wächst, wird er weniger wagemutig, eine falsche Verrücktheit zur Schau zu stellen. Je mehr er seinen Geist zähmt, desto reiner wird seine Wahrnehmung von anderen. Nicht nur sein Guru, einfach alle, sogar seine Vajra-Brüder und -Schwestern werden in seiner Sichtweise ‚gut' sein, und das ist ein Zeichen dafür, dass sein Geist gezähmt wurde.

Vielleicht vermutest du, je gebändigter dein eigener Geist sei, umso leichter könntest du die Wildheit in anderen erkennen, aber es passiert ziemlich genau das Gegenteil. Ein gereifter Praktizierender hat in der Regel eine viel reinere Wahrnehmung von anderen als ein Anfänger. Je mehr erleuchtete Qualitäten ein Praktizierender erwirbt, desto demütiger wird er werden; je mehr Zeit er mit seinem Guru verbringt, desto größer wird seine Hingabe und je mehr er den Dharma hört und praktiziert, desto rascher werden sein Stolz und seine Arroganz nachlassen.

Das höchste Zeichen eines großartigen Praktizierenden ist nicht, dass ihm ein Heiligenschein sprießt, er besonders glücksverheißende Träume hat, andauernd Glückseligkeit empfindet oder unsere erbärmliche Zukunft voraussehen kann. Das höchste Zeichen ist es, wenn er absolut kein Interesse mehr an materiellem Gewinn hat, an Ruhm, am Respekt anderer oder daran, im Mittelpunkt zu stehen.

Gebete und worum wir beten

Vater Lama, Verkörperung aller Buddhas der drei Zeiten,
hörе mich an!
Das unablässige Verändern der Phänomene habe ich erfahren,
Fühle eine Dringlichkeit, die mich zur Praxis zwingt –
Dank dir, Edler Guru!
Und Dank für den Segen, der mich die Vergänglichkeit
erinnern lässt.

Dies ist eine sehr freie Übersetzung eines der vielen wunderbaren Gebete von Jamgön Kongtrul Lodrö Thaye.

Wir alle müssen um Geduld beten, aber wir sollten auch beten, dass der Dharma sich angemessen manifestiert.

Segne mich, edler Guru!
Möge mein Geist in den Dharma eintreten
Und möge der Dharma in meinen Geist eintreten.
Segne mich, edler Guru!
Möge die Dharma-Praxis nicht zu hart mit mir sein.
Segne mich! Mögen die Verunreinigungen auf dem Pfad vertrieben werden.
Segne mich! Möge alle Verwirrung und aller Wahn als Weisheit erscheinen.
Segne mich! Mögen alle Gedanken, die nicht dem Dharma entsprechen, in diesem Augenblick verlöschen!
Wenn mich starke Gewohnheiten treiben oder vergangenes Karma reif wird
Und unwürdiger Ehrgeiz auftaucht
Segne mich, edler Guru! Mögen meine Handlungen
Immer scheitern und keine Früchte tragen.

Statt darum zu bitten, dass unsere weltlichen Begierden erfüllt werden, verlangen wir in diesem letzten Gebet das Gegenteil, indem wir den Guru bitten, unsere Wünsche *nicht* zu erfüllen, falls wir um weltliche Wohltaten beten sollten.

Segne mich! Mögen Liebe, Mitgefühl und Bodhicitta in mir gedeihen.
Segne mich! Mögen relatives und absolutes Bodhicitta in meinem Geist entstehen.
Segne mich! Möge wahre Hingabe in meinem Herzen erblühen.
Segne mich! Möge die Inspiration niemals verebben, sondern stets anwachsen.

Segne mich! Möge mein nächstes Abschweifen mich nicht ablenken.
Segne mich! Mögen vergangenes Karma und Gewohnheiten mich niemals überwältigen.
Segne mich! Möge das Erscheinen von Gutem mich niemals irreleiten.

Häufig entstehen Situationen, bei denen wir uns ganz sicher sind, dass sie das positive Ergebnis unserer Dharma-Praxis sind. Das Problem dabei ist, dass wir uns dort so hinein verrennen, dass das scheinbar positive Ergebnis sich in ein negatives verwandeln kann. Deshalb sollten wir darum beten, niemals abgelenkt zu werden, was auch passieren mag.

Segne mich! Möge ich gesund sein, um vielen Wesen helfen zu können.
Segne mich! Möge mich alles, was mir in den Sinn kommt, zum Dharma führen.

Diese letzte Zeile ist besonders schön. Obwohl unsere Gedanken und Handlungen banal und weltlich erscheinen, bitten wir um Segen, damit genau diese Handlungen in der Zukunft anderen irgendwie nützlich sein werden. Dir schießt beispielsweise ein Glas Guinness durch den Kopf und du hast plötzlich ein starkes Bedürfnis etwas trinken zu wollen. Also gehst du in eine Kneipe, wo du ganz unerwartet einen Fremden triffst, mit dem du über den Dharma sprichst. Der Fremde ist so sehr an dem interessiert, was du zu sagen hast, dass er sich noch vor dem Ende des Abends die Adresse des nächsten Dharma-Zentrums aufschreibt und so hat dein sehr gewöhnliches Bedürfnis nach einem Bier diesen Fremden dazu gebracht, eine karmische Verbindung zum Dharma zu knüpfen.

Segne mich! Möge mir Armut erspart bleiben, möge ich immer erfolgreich sein.
Segne mich! Möge ich ein langes Leben haben, mit der Freiheit, den Dharma zu praktizieren.

Kongtrul Rinpoche schrieb in ‚Den Guru aus der Ferne anrufen' :

> Gewähre deinen Segen! Möge ich den erhabenen Dharma vollständig vervollkommnen.
> Gewähre deinen Segen! Möge mein Geist tiefe Traurigkeit hervorbringen.
> Gewähre deinen Segen! Mögen meine wertlosen Pläne beschränkt werden.
> Gewähre deinen Segen! Möge ich mir die Gewissheit des Todes zu Herzen nehmen.
> Gewähre deinen Segen! Möge Zuversicht in die Wirklichkeit von Karma in mir entstehen.
> Gewähre deinen Segen! Möge mein spiritueller Pfad frei von Hindernissen sein.
> Gewähre deinen Segen! Möge ich mich bemühen, zu praktizieren.
> Gewähre deinen Segen! Möge ich widrige Umstände in den Pfad einbringen.
> Gewähre deinen Segen! Möge ich beständig die Gegenmittel anwenden.
> Gewähre deinen Segen! Möge echte Hingabe in mir entstehen.
> Gewähre deinen Segen! Möge ich den natürlichen Zustand erblicken.
> Gewähre deinen Segen! Möge Einsicht in meinem Herzen erwachen.
> Gewähre deinen Segen! Möge meine Verwirrung vollständig ausgerottet werden.
> Gewähre deinen Segen! Möge ich Buddhaschaft in einem einzigen Leben erlangen.[22]

---

22 Nalanda Translation Committee (Übersetzer), übernommen aus: *Intensifying Devotion in One's Heart: The Supplication "Crying to the Gurus from Afar,"* von Jamgön Kongtrul Lodrö Taye, http://nalandatranslation.org/media/Intensifying-Devotion.pdf

13

Abhisheka und die vier Ermächtigungen im Guru Yoga

Abhisheka: Eine Einführung in die Buddha-Natur

Anhänger des Bodhisattvayana werden normalerweise durch philosophische und kontemplative Analyse stufenweise an die Buddha-Natur herangeführt, aber das ist eine Herangehensweise, die nur einen flüchtigen, unvollständigen Blick in die Buddha-Natur vermittelt. Um sie vollständig zu entdecken, müssen der Dharma und insbesondere die sechs oder zehn Paramitas für drei unermessliche Weltzeitalter kontempliert und praktiziert werden. Demgegenüber werden Schüler des Vajrayana unmittelbar in die Buddha-Natur eingeführt; ihnen werden ein Pfad und eine Methode angeboten, mit denen man die Buddha-Natur in einer einzigen Praxissitzung entdecken kann. Diese Methode wird manchmal die ‚erste Tür zum tantrischen Pfad' genannt, oder etwas geläufiger ‚Abhisheka'.

Zwar werden von diesen beiden Fahrzeugen unterschiedliche Methoden benutzt, um Schüler in ihre Buddha-Natur einzuführen, es wäre jedoch verkehrt anzunehmen, eine der Methoden sei besser als die andere, eine sei gut und die andere schlecht. Der Hauptunterschied besteht darin, dass die Bodhisattvayana-Lehren den Schwerpunkt direkt auf den Geist legen, während das Vajrayana sich auch mit Körper und Sprache beschäftigt, weshalb Praktizierende des Vajrayana die Buddha-

Natur mithilfe des Abhisheka wachrufen. Die Manifestation von ‚Körper, Sprache und Geist', die verwendet wird, hat immer einen Namen, zum Beispiel Tara oder Manjushri oder Avalokiteshvara, deshalb sagt dir der Abhisheka in gewisser Weise bereits, dass du die Buddha-Natur hast.

Wenn deine Hingabe später genug Verdienst erzeugt hat, wird dein Guru dich in deine Buddha-Natur einführen; aber ob du sie erkennst oder nicht, hängt ab von der karmischen Verbindung zwischen dir als Empfänger des Abhisheka und dem Guru als demjenigen, der sie gewährt. Idealerweise sollte der Empfänger des Abhisheka also felsenfestes Vertrauen in die Person haben, die sie gewährt, und auch in den gesamten Pfad – diese Art von Hingabe ist allerdings nicht leicht zu erzeugen.

WAS BEDEUTET ABHISHEKA?

Sanskrit ist eine immens reichhaltige Sprache. Jedes Wort hat feine Nuancen mit vielen Bedeutungsebenen und ist deshalb offen für verschiedene Interpretationen. *Abhisheka* ist ein Begriff aus dem Sanskrit; seine beiden grundlegenden Bedeutungen wurden in das Tibetische als *torwa* und *lugpa* übertragen. *Torwa* wird üblicherweise mit ‚demontieren' oder ‚auflösen' übersetzt, und bezieht sich hier auf den Kokon der Unwissenheit, der uns einhüllt und der aufgebrochen werden muss. *Lugpa* wird mit ‚gießen' übersetzt wie in ‚Segen ausgießen' – und noch indirekter als ‚unsere Buddha-Natur entdecken'. Wie dem auch sei, wenn wir versuchen, alle Bedeutungsebenen dieses Wortes zu begreifen, können solche Übersetzungen etwas in die Irre führen, insbesondere das ‚Gießen', was sehr eng mit der Vorstellung verknüpft ist, eine Ermächtigung zu erhalten.

Abhisheka wird üblicherweise als eine zeremonielle Macht- oder Kraft-Übertragung beschrieben, die den Empfängern die Befugnis gibt, die Lehren des Vajrayana zu hören, zu studieren und zu praktizieren; also wir ‚empfangen eine Ermächtigung'. Problematisch dabei ist es, dass das Empfangen einer Ermächtigung suggeriert, jemand gäbe uns eine Macht, die uns vorher fehlte, so wie Königin Elisabeth einen

Untertan mit dem Titel ‚Ritter des Königreichs' ausstattet, und das liegt weit entfernt vom wahren Geist einer tantrischen Initiation.

Während einer Einweihung werden wir einem Aspekt unserer selbst vorgestellt, der bereits in uns vorhanden ist, den wir aber erst noch erkennen müssen; das Aktivieren dieses Erkenntnisprozesses nennen wir ‚Ermächtigung' oder ‚Einweihung'. Das ist die wahre Bedeutung von Abhisheka.

Abhisheka: Die Theorie

Gemäß dem höchsten Yoga-Tantra gibt es vier Hauptklassen von Abhishekas (plus einige andere Arten, die jeweils wieder vielfach unterteilt werden können). Jeder Abhisheka ist darauf zugeschnitten, eine der vier Arten von Unwissenheit oder Verunreinigung aufzulösen:

1. die Verunreinigung von Nadi, Adern oder Kanälen
2. die Verunreinigung von Prana, Sprache oder Energie der inneren Winde
3. die Verunreinigung von Bindu, was mehr oder weniger eine Verunreinigung des Geistes ist, und
4. die Verunreinigung der Überreste der ersten drei Verunreinigungen (so etwas wie ‚Alaya') was manchmal als die Verunreinigung des ‚Ur-Grundes von allem' beschrieben wird.

RITUELLE GERÄTSCHAFTEN

Ein Abhisheka beinhaltet fast immer den Gebrauch ritueller Objekte, Gerätschaften oder Substanzen, um tiefe spirituelle Verwandlung zu symbolisieren. Der Meister, der die Ermächtigung oder ‚Einweihung' gewährt, setzt zuerst eine Vase auf den Kopf eines jeden Einzuweihenden, gießt dann einen Tropfen Safranwasser (die erste Einweihungssubstanz) in seine Hand und sagt: „Trink dies Safranwasser". Als nächstes gibt er ihm einen Löffel Flüssigkeit aus dem Kapala, das mit Nektar gefüllt ist, *Amrita* in Sanskrit (die zweite Einweihungssubstanz), was im Vajrayana als Mischung der Essenzen von Vater- und Mutter-Gefährten gilt. Die rituelle Substanz der dritten Einweihung hat mit der Gefährtin zu tun, heutzutage ist das meistens das Bild irgendeiner Dakini. Die letzte Substanz, die von Nyingmapas und Kagyupas bei der vierten oder ‚Wort-Einweihung' verwendet wird (die nicht immer notwendig ist), ist ein Kristall, der die Natur des Geistes symbolisiert.

Jeder Abschnitt des Abhisheka kann sehr ausführlich oder sehr einfach durchgeführt werden, wobei allerlei Substanzen, Mantren, Mudras und Samadhi zum Einsatz kommen können.

WASSER ALS TANTRISCHE SUBSTANZ

Die buddhistischen Lehren stammen aus Indien, wo es seit Jahrtausenden üblich war, den Körper mit Wasser zu reinigen. Das ist ein Brauch, der leicht in die Gegenwart übertragen werden kann, weil auch wir gewöhnlich das Waschen mit Wasser mit dem Säubern und der Reinigung verbinden. Daher ist es relativ leicht anzuerkennen, dass wir beim Waschen zumindest nicht mehr Schmutz ansammeln.

Gewöhnliches, alltägliches Wasser wird aus vielerlei Gründen auch als exotische tantrische Substanz benutzt. Zuallererst werden gerade gewöhnliche menschliche Gewohnheiten regelmäßig in den Vajrayana-Pfad integriert. Tatsächlich besteht der gesamte Vajrayana-Pfad aus geschickten Methoden, in denen sich Gewohnheiten und tägliche Routine widerspiegeln. Wasser zu verwenden, um ein T-Shirt zu waschen, ist beispielsweise eine extrem gängige Gepflogenheit und niemand würde auch nur erwägen, Matsch aus dem Garten dafür zu nutzen.

Indessen weisen die Vajrayana-Lehren auch darauf hin, dass das, was wir ‚Wasser' nennen, sich auf unterschiedlichste Art manifestiert. Nur wenige von uns würden zögern, Leitungswasser zum Waschen zu benutzen, wir würden aber davor zurückschrecken, uns mit Wasser aus einer Toilette zu waschen. Natürlich gibt es auch Orte wie Singapur, wo man Techniken entwickelt hat, um Wasser aufzubereiten, was unter anderem bereits für die Toilettenspülung benutzt worden ist und wenn wir es dann aus dem Duschkopf spritzen sehen, vergessen wir seine Geschichte komplett, weil es nun zu Wasser geworden ist, mit dem wir unseren Körper waschen. In ähnlicher Weise wird Wasser, sobald es in eine Opferschale gegossen wird, sofort zu Opferwasser. Während also der Oberbegriff für alle farblose Flüssigkeit, die aus einem Atom Sauerstoff und zwei Atomen Wasserstoff besteht, ‚Wasser' heißt, ändert sich unsere Wahrnehmung davon, sobald es mit anderen Objekten und Situationen in Verbindung steht: Wasser mit Sprudel ist Trinkwasser, Wasser in einer Wanne ist Personenwaschwasser, Wasser in einer alten Metallwanne im Garten ist Hundewaschwasser, Wasser, das wir in den Kühler unseres Autos gießen, wird zu Kühlwasser und Wasser im Pool ist zum Schwimmen da. Das kann auf die Spitze getrieben werden, wenn es beispielsweise in der Welt des abgefüllten Trinkwassers eine Marke aus Japan gibt, bei der eine 200 ml-Flasche mehr als 100 US-Dollar kostet!

Da wir Wasser gewohnheitsmäßig auf all diese Arten verwandeln und die Logik, mit der wir Trinkwasser und Toilettenspülwasser unterscheiden, dieselbe ist, die dieses Wasser als ‚rein' ist und jenes als ‚gewöhnlich' ansieht – warum sollte man es nicht auch als tantrische Substanz nutzen? Deshalb wird Wasser beim Abhisheka als Opfersubstanz benutzt – und manchmal wird jeder einzelne Tropfen als Mandala der Hauptgottheit angesehen. Auch Alkohol und Torma werden benutzt und all diese Opfergaben werden als Gaben mit verschiedenen Funktionen visualisiert.

Die Praxis: Selbstermächtigung

Offensichtlich brauchen wir für unsere tägliche Praxis diese gesamten rituellen Substanzen nicht vorzubereiten. Tatsächlich ist das Ausführen der Selbstermächtigung durch Meditations- und Visualisierungs-Praxis ebenso kraftvoll, wenn nicht kraftvoller, als die Ermächtigung in komplizierten Ritualen.

Die vier Abhishekas haben normalerweise am Ende der Guru-Yoga-Praxis ihren Platz, und je häufiger du sie erhältst, umso besser. Vielleicht gelingt es dir sogar, die Visualisierungen und Rezitationen des Abhisheka nach jeder Rezitation einer Mantra-Mala zu wiederholen.

Vielleicht möchtest du alle vier Abhishekas im Verlauf einer Praxissitzung erhalten, eine nach der anderen, oder du konzentrierst dich für eine bestimmte Zeit (z. B. einen Monat oder ein Jahr) auf jeweils eine der Einweihungen, bevor du dich der nächsten zuwendest. Also könntest du während des ersten Jahres deiner Guru-Yoga-Praxis weißes Licht visualisieren, das von der Stirn des Guru ausstrahlt, im zweiten Jahr rotes Licht, das von der Kehle ausstrahlt und so weiter. Falls du dich dafür entscheidest, so zu praktizieren, vergiss nicht, die weiteren Abhishekas auch abzuschließen, was du abkürzen kannst, wenn du in Zeitnot bist.

1. DER VASEN-ABHISHEKA

Visualisiere die Silbe OM auf der Stirn des Guru. Mach dir keine Sorgen, wenn es dir schwer fällt, diesen Buchstaben klar zu visualisieren. Stell dir einfach ein intensives, lebendiges, strahlend weißes Licht vor, das von der Stirn des Guru ausstrahlt und sich in deiner Stirn auflöst – das ist so ähnlich wie bei der Vajrasattva-Praxis. Das weiße Licht reinigt deine Verunreinigungen, insbesondere die der Nadis (subtilen Kanäle) und der fünf Chakren (Energiezentren), als auch aller negativen Aktivitäten, die du mit deinem Körper begangen hast. Stell dir dann vor, wie der Körper des Guru mit deinem Körper untrennbar wird, was etwas anders ausgedrückt bedeutet, dass dein Körper zum ‚unzerstörbaren Vajra-Körper' wird.

Nun hast du den Vasen-Abhisheka erhalten, das Tor zur Erzeugungsmeditation (Utpattikrama) wurde in dir geöffnet, und sobald das weiße Licht deinen Körper füllt, ist dir der Same des Nirmanakaya eingepflanzt worden.

2. DER GEHEIME ABHISHEKA

Visualisiere eine rote Silbe AH an der Kehle des Guru, von der brillante rote Lichtstrahlen ausströmen und sich in deiner Stirn auflösen, wobei sie die unreinen Aktivitäten deiner Sprache und die Verdunklungen deines Prana (der inneren Luft) reinigen. Wenn das rote Licht sich in dir auflöst, stell dir vor, wie deine Sprache mit der des Guru (‚Vajra-Sprache') untrennbar wird.

Jetzt hast du den geheimen Abhisheka bekommen, das Tor zur Vollendungsmeditation (Sampannakrama) wurde geöffnet, und der Same des Sambhogakaya wurde dir eingepflanzt.

3. DER WEISHEITS-ABHISHEKA

Visualisiere eine blaue Silbe HUM im Zentrum des Herzens des Guru, von ihr geht blendend helles blaues Licht aus, das sich im Zentrum deines Herzens auflöst, alle Verunreinigungen des Geistes vertreibt und alle Verdunklungen von Bindu (Energie) reinigt. Dein Geist ist untrennbar vom Geist des Guru (‚Vajra-Geist').

Jetzt hast du den Weisheits-Abhisheka erhalten, das Tor zum Trekchö (die erste der beiden formlosen Praktiken der Vollendungsmeditation) wurde geöffnet, und der Same des Dharmakaya wurde in deinen Geist eingepflanzt.

4. DER WORT-ABHISHEKA

Visualisiere eine weitere blaue Silbe HUM im Herzen des Guru; von ihr geht wiederum blaues Licht aus, das sich in deine Stirn, Kehle, Herz und in den ganzen Körper auflöst, alle Verunreinigungen vertreibt, alle Überreste deiner Verunreinigungen und alle übrigen Gewohnheitsmuster. Du erhältst den Segen von Körper, Sprache und Geist des Guru; dein Körper, deine Sprache und dein Geist werden untrennbar vom Geist des Guru (‚Vajra-Weisheit').

Jetzt hast du den Wort-Abhisheka erhalten, wodurch Alaya zerstört wurde und damit alle Spuren von ‚Geist'. Das Tor zur selbst-entstehenden Weisheit ist geöffnet und der Same des Svabhavikakaya wurde dir eingepflanzt.

Theoretisch zerstören wir in diesem abschließenden Abhisheka die Wurzel aller Verunreinigungen und bekommen den Segen von Körper, Sprache und Geist des Guru, indem wir noch mehr blaues Licht visualisieren, das von der Silbe HUM im Herzzentrum des Guru ausstrahlt.

Falls der Text der Ngöndro-Praxis, der du folgst, etwas abweichende Details enthält, mach dir keine Sorgen, folge einfach deinem Text.

Wie erkennt man, ob man den Abhisheka empfangen hat oder nicht? Wir neigen dazu, anzunehmen, dass wir den Abhisheka empfangen haben, sobald wir das Ritual einmal mitgemacht haben. Am gesegneten

Wasser genippt zu haben usw. könnte von einer symbolischen Warte aus gesehen ausreichen, aber in Wirklichkeit hängt da viel mehr dran. Tsele Natsok Rangdrol sagte, wenn du die Phänomene (den äußeren Behälter und den inneren Inhalt) als ‚gewöhnlich' erfährst, dann hast du den Vasen-Abhisheka nicht empfangen, wenn es dir nicht gelingt, allen Klang als Mantra zu erfahren, hast du den geheimen Abhisheka nicht empfangen, wenn du alle geistigen Faktoren und abschweifende Gedanken nicht als Weisheit erfährst, hast du den Weisheits-Abhisheka nicht empfangen und wenn du nicht alles als Dharmakaya verstehst, hast du den Wort-Abhisheka nicht empfangen.

Die Natur des Geistes erkennen

Gegen Ende des vierten Abhisheka, nachdem du deinen Geist mit dem des Guru vereint hast, erhältst du eine großartige Gelegenheit, die Technik des Enthüllens der Natur des Geistes zu praktizieren und dieses Erkennen zu stabilisieren. Das ist der einzige Weg, rasch Erleuchtung zu erlangen und Dilgo Khyentse Rinpoche zufolge ist es die schnellste Methode, die Natur des Geistes zu erkennen. Betrachte unentwegt die Einheit von Klarheit und Leerheit, wie sie immer schon war, ohne einen Moment von dir getrennt gewesen zu sein, und verbleibe unabgelenkt in diesem Erkennen. Kein einziges fühlendes Wesen, so sagte er, war auch nur für einen kurzen Moment von der Natur des Geistes getrennt, aber weil wir uns dessen nicht bewusst sind, jagen wir allen Arten von Wahnvorstellungen hinterher. Entwickle daher Mitgefühl und wünsche dir: „Mögen alle fühlenden Wesen die absolute Wahrheit verstehen, dass der ‚ungekünstelte Geist der Gewahrsein-Leerheit' der absolute Dharmakaya ist und niemals von einem von uns getrennt war und sein wird." Bete zur Natur des Geistes, vertraue nur ihr und sehne dich danach, sie zu erkennen und zu verwirklichen.

Dilgo Khyentse Rinpoche sagte auch, wenn du aus tiefstem Herzen zur gütigen Mutter Yeshe Tsogyal betest, gibt es keinen Zweifel, dass sie dich mit ihrem Mitgefühl umarmen wird und in diesem Leben, im nächsten und während du die Bardos durchlebst, untrennbar von dir sein wird. Während du also Lehren und Abhishekas empfängst, nimm an, dass du sie von der Mutter empfängst, von Yeshe Tsogyal.

Utpattikrama und Sampannakrama

Auch wenn dieser Text meistens Vorschläge enthält, wie man Ngöndro praktiziert, könntest du ein paar Informationen über Utpattikrama und Sampannakrama hilfreich finden. Möglicherweise ist das dann sogar ein Appetitanreger für Schüler, die diese Art der Praxis inspiriert.

Das Vajrayana lehrt zwei Hauptarten von Meditationspraxis: die Erzeugungs- oder Entwicklungsmeditation (Utpattikrama) und die Vollendungsmeditation (Sampannakrama). Beide Meditationsformen spiegeln die Tatsache, dass alle Phänomene einen Anfang und ein Ende haben, ein Entstehen und Vergehen, eine Geburt und einen Tod. Um den Anfang zu reinigen, wenden wir Utpattikrama an, um das Ende zu reinigen, benutzen wir Sampannakrama. Der Grund für diese beiden Meditationsstufen ist unermesslich und weitreichend. Auch wenn es nur eine sehr grobe Verallgemeinerung ist: Der Grund für die Erzeugungsmeditation ist es, die Essenz aller Erscheinung und Existenz zu erkennen und zu verwirklichen und der Grund für die Vollendungsmeditation ist es, die Essenz von Leerheit, Shunyata zu erkennen und zu verwirklichen.

Üblicherweise geben die Termini *Erscheinung* und *Leerheit* den Eindruck, dass es sich um zwei verschiedene Gebilde handelt, aber im Vajrayana-Buddhisten werden sie nicht getrennt. Die Trennung von *Erscheinung* und *Leerheit* stellt eine ‚fundamentale Unwissenheit' dar, daher vermittelt uns das Vajrayana die Techniken der Erzeugungs- und Vollendung-Meditation, um diese beiden zu vereinen. Wenn wir einen Regenbogen bewundern, sind wir uns bis zu einem gewissen Grade bewusst, dass er zwar wunderschön erscheint, aber doch leer von jeglicher Existenz ist. Wenn wir andererseits unser eigenes Fleisch und unsere Knochen ansehen, fehlt uns die Fähigkeit, zu verstehen, dass es genau wie beim Regenbogen ist: Was wir sehen, ist einfach die Einheit von Erscheinung und Leerheit.

Erzeugungsmeditation umfasst verschiedene tantrische Methoden, einschließlich der Visualisierung unserer selbst als Gottheit, einen Lotos, einen Sitz aus Sonnen- und Mond-Scheiben und das Ausstrahlen und Rückkehren von Lichtstrahlen aus dem Herzen der Gottheit. Die Vollendungsmeditation beinhaltet zwei Arten von Meditation: die ‚Vollendungsmeditation der Form' und die ‚formlose Vollendungsmeditation'. Die Vollendungsmeditation der Form beinhaltet viele Anuyoga-Praktiken, wie das Meditieren über Chakren und Kanäle, das Kontrollieren des Prana, indem es bewusst im Zentrum des Avadhuti (des Zentralkanals) versammelt wird, als auch Traum-Yoga, Praktiken für die Bardos und Kundalini-Praktiken. All diese gehören zu den Vollendungsmeditationen der Form und auf sie folgt die formlose Vollendungsmeditation, die höchste Vipashyana-Praxis.

Je Konchok Lhundrub sagte, wenn Erzeugungsmeditation praktiziert wird, können Praktizierende alle weltlichen Objekte als den Pfad benutzen und das Praktizieren der Vollendungsmeditation macht es möglich, alle Gefühle zu transformieren und sie als Pfad zu nutzen.

Tsok-Opfer

Auch wenn Tsok nicht wirklich Teil des Ngöndro ist, haben viele Vajrayana-Gruppen heutzutage die Tsok-Praxis als eine Art monatliches Fest angenommen. Es ist allerdings viel mehr als eine tolle Ausrede für eine Party.

Einen ‚ordentlichen' Tsok durchzuführen ist in vielerlei Hinsicht recht schwierig. Allein schon die angemessene Gruppierung zu versammeln ist schwer genug, aber wenn es daran geht, die richtigen Opfersubstanzen zu finden, wird es richtig schwierig.

Die höchste und angesehenste Kaste in Indien ist die der Brahmanen. In der Zeit des Buddha, als brahmanische Befindlichkeiten die indische Gesellschaft dominierten, wurde jegliche Art von Fleisch als die schlimmste, schmutzigste und unerwünschteste Substanz angesehen. Selbst heutzutage würde ein Mitglied einer strikt brahmanischen Familie freiwillig keine fleischessenden, ledertragenden Westler für eine

Mahlzeit in ihr Haus einladen, denn seine Familie betrachtet Leute wie dich und mich quasi als Tiere. Wie dem auch sei, zielen die Methoden der höchsten Lehren des Buddha darauf ab, den gewohnheitsmäßigen Tabus und Vorurteilen der Brahmanen entgegen zu wirken, daher sind all die durch sie tabuisierten Substanzen nun Teil des Tsok-Festes.

Heutzutage werden von vielen Dharma-Schülern Champagner und das beste Steak beim Tsok geopfert, aber solche Opfergaben sollten sorgfältig ausgeführt werden. Für jemanden, der nicht in einer brahmanischen Kultur lebt, sind Fleisch und Alkohol ziemlich normale Bestandteile einer Mahlzeit und werden ganz und gar nicht abgelehnt. Daher geht der Aspekt, Substanzen zu benutzen, welche die gegenwärtige Gesellschaft als nicht akzeptabel und unerwünscht ansieht, völlig verloren. Wir sollten idealerweise Teller mit Scheiße anrichten, weil Bakterien und Fäkalien von einem modernen aufgeklärten Geist fast allgemeingültig als ‚schmutzig' kategorisiert werden, wenn nicht sogar als geradezu gefährlich. Technisch gesehen geht es beim Tsok-Opfer darum, dass der Praktizierende keine Vorlieben mehr hat bei dem, was er isst; ein Teller Scheiße oder ein Stück leckerer Käsekuchen sollte mit exakt demselben Genuss verzehrt werden.

Noch ein Problem, dem wir uns als moderne Vajrayana-Praktizierende stellen müssen, ist, dass unsere Tsoks häufig extrem chaotische, wilde Partys werden. Die Disziplinlosigkeit, die sowohl von Meistern als auch von Schülern zur Schau gestellt wird, hat nicht nur den Ruf einer sowieso sehr verdächtig wirkenden Tradition geschädigt, sondern verletzt auch die meisten Vajrayana-Samayas zum Tsok.

Vielen Schülern wurde gesagt, sie sollten die allerbesten und teuersten Nahrungsmittel und Getränke darbringen, um uns so zu helfen, unsere Geldgier zu beenden. Es funktioniert auch, aber wir dürfen dabei die Nicht-Dualität nicht ignorieren. So wie Scheiße und Steak für einen Vajrayana-Praktizierenden essentiell gleich sind, so sollte ein Tsok Opfer nicht nur das sauberste Gourmet-Essen beinhalten. Auch wenn ich das jetzt gesagt habe, würde ich euch niemals anraten, Scheiße bei einem Tsok zu opfern, denn der Ekel, denn die meisten von uns fühlen würden, wenn wir es riechen, würde einen heftigen Samaya-Bruch zur Folge haben.

Die ausführliche Methode der Praxis des Tsok wäre vielleicht etwas überwältigend für diejenigen, für die auch die Ngöndro-Praxis noch neu ist, deshalb gibt es für dich eine sehr einfache Methode. Rezitiere einfach irgendeines der vielen Tsok-Gebete, das du magst, beispielsweise *Shower of Blessings (Segensregen)* von Mipham Rinpoche, bei deiner normalen Mahlzeit. Oder nimm ein paar Kekse und Früchte für das Opfer und rezitiere ebenfalls ein Tsok-Gebet.

14

Empfehlungen für die Praxis

Emotionen als Pfad nehmen

Im *Vimalakirti*-Sutra betont Manjushri, dass ein Lotos nicht auf trockener Erde wachsen kann und nur blühen wird, wenn er in nassem Schlamm wurzelt. Ebenso kann Annuttara-Samyak-Sambodhi nur in denen wachsen, deren Egos und Emotionen so groß sind wie der Berg Meru.

Gefühle macht man sich auf jeder Stufe des spirituellen Pfades zunutze. Wenn du beispielsweise dazu neigst, ‚gewaltige Leidenschaften' zu entwickeln, könntest du dich bemühen, dem Pfad zu folgen, der absichtlich vermeidet, auf diese Leidenschaften einzuwirken. Alternativ könntest du versuchen, deinen Leidenschaften zu erlauben, deine Handlungen zu lenken, ohne dich von den Trübungen beschränken zu lassen, die sie begleiten. Wie der Buddha es ausdrückte: Emotionen gehören zum Lebensweg des Tathagata.

Lass dich niemals entmutigen oder überwältigen vom schieren Ausmaß an Emotionen, die du erfährst, und halte dich nicht damit auf, wie schwierig oder sogar unmöglich es ist, sie alle zu durchwaten, bis man schließlich die Natur des Geistes erkennt. Wie schon Khenpo Ngaga sagte, sind alle Verunreinigungen vergänglich. Und er hatte recht. Unsere Verunreinigungen sind vergänglich und daher relativ leicht aufzugeben und zu reinigen. Wir werden sie allerdings nicht bemerken, wenn wir nicht praktizieren, weil sie uns so vertraut sind, und genau deswegen werden sie nicht von allein verschwinden – das sollte man sich gut merken. Wie dem auch sei, da Emotionen zweifellos vergänglich sind, wird schon das Anwenden der kleinsten Dosis von Meditationspraxis sie ziemlich leicht dazu bringen, sich in Wohlgefallen aufzulösen.

Vajrayana-Schüler können ein wenig chauvinistisch sein. Wie ein Papagei wiederholen sie ‚Emotionen als Pfad nehmen" bei jeder sich bietenden Gelegenheit, weil sei meinen, das sei ausschließlich eine Vajrayana-Methode. Sie haben aber Unrecht. Jamgön Kongtrul Lodrö Thaye zufolge enthalten alle drei Fahrzeuge Lehren, wie man Emotionen auf dem Pfad nutzt.

DIE DREI YANAS: AUFGEBEN, TRANSFORMIEREN UND WISSEN

Jamgön Kongtrul Lodrö Thaye lehrte die drei Yanas, basierend auf den drei Aktivitäten von ‚Aufgeben, Transformieren und Wissen'. Seine Lehren geben nicht nur praktische Hinweise, wie man den Dharma praktiziert, sondern definieren auch eindeutig Shravakayana, Bodhisattvayana und Vajrayana, und bieten drei prinzipielle Arten an, wie man mit ‚Leidenschaft' umgehen kann.

1. Die Shravakayana-Methode gibt die Leidenschaft insgesamt auf, indem sie unterdrückt, enttarnt und entmutigt wird.
2. Die Bodhisattvayana-Methode wandelt Leidenschaft um, daher musst du sie nicht unbedingt aufgeben, allerdings ist es nicht erlaubt, sie willkürlich auf eine wilde, ungezähmte oder schädliche Weise auszudrücken.
3. Die Vajrayana Methode besteht darin, die Essenz aller Leidenschaft zu erkennen. Dieses Wissen wird vervollständigt, indem man rein gar nichts tut; insofern als man den Gefühlen nicht nachgibt. Fühle gleichzeitig keine Feindseligkeit gegenüber den Leidenschaften und versuche auf keinen Fall, sie aufzugeben oder zu korrigieren, indem du sie umwandelst. Ihrer einfach gewahr zu sein wird sicherstellen, dass du dich nicht in ihrem Spiel verfängst.

Die Methode des geheimen Mantrayana ist es, nicht zu fabrizieren und in diesem Zustand der Nichtfabrikation einfach zu erkennen.

Das Shravakayana: Aufgeben

Wenn ein Gefühl entsteht, versuchst du, es zu entmutigen und aufzugeben. Erinnere dich an die Vergänglichkeit des samsarischen Lebens und analysiere den Schmerz und das Leiden, das die Gefühlsduselei mit sich bringt. Wenn du beginnst zu realisieren, dass den Gefühlen nachzugeben letztlich überhaupt keine wahre Freude bringt, und du dich selbst ermutigst, eine Abneigung gegen sie zu entwickeln, beginnst du schrittweise mit der Entwicklung eines Gespürs für den ‚Entsagungsgeist'.

In der Praxis verursacht eine Leidenschaft im selben Moment Leiden, in dem sie auftaucht. Obwohl einige Aspekte recht angenehm erscheinen, *verursachen* letztendlich *alle Emotionen Leid.* Leidenschaft scheint vielleicht Glückseligkeit oder zumindest Befriedigung zu verschaffen, aber sie vermehrt auch die Hoffnung, dass weitere, ähnliche Erfahrungen kommen, und die Angst, dass so etwas nie wieder passieren wird, und all das macht Leiden unausweichlich.

Praktizierende des Shravakayana versuchen, Gefühle aufzugeben, indem sie Methoden anwenden, wie die Meditation über Hässlichkeit, auch als ‚Meditation über Vergänglichkeit' bekannt. Stell dir vor, du schaust jemanden an, der berauschend schön ist und deine Begierde weckt. Während deine Leidenschaft sich steigert, analysierst du das Objekt deiner Begierde und spaltest es in jeden einzelnen seiner oder ihrer Körperteile auf. Zieh im Geiste die Haut ab und enthülle das Blut, den Eiter und Schleim, die dahinter liegen, schneide die Eingeweide auf, um ihren Darminhalt anzusehen. Du wirst schnell merken, dass bei einer solchen Prüfung kein Wesen ‚schön' bleiben kann und dass das Objekt deiner Begierde dich ganz plötzlich nicht länger anzieht oder fasziniert, denn nichts an ihm ist grundsätzlich begehrenswert oder kostbar.

Buddhistische Meditationen über Vergänglichkeit und Hässlichkeit sollten niemals verwechselt werden mit einer rechthaberischen Verachtung oder Geringschätzung des menschlichen Körpers oder gegenüber

Frauen. Sie sind dafür entwickelt worden, unser Begehren zu stillen, indem wir ein wunderschönes Ganzes herunter brechen auf seine eher unschönen und sehr spezifischen Einzelteile (Blut, Eiter etc.). Dies sind Praktiken ohne Risiko, weil sie uns einfach dazu bringen, ausschließlich mit der rohen, ungeschminkten Wahrheit über die Objekte unserer Begierde umzugehen – nur finden wir diese Wahrheit normalerweise schwer verdaulich.

Häufig ist es für uns angemessener, diese Shravakayana-Haltung zu praktizieren als die des geheimen Vajrayana, wo es vor Risiken und Fallstricken nur so wimmelt. Die Shravakayana-Lehren sind nicht nur einfach, direkt und ehrlich, sie beschäftigen sich auch mit den unveränderlichen Wahrheiten des täglichen Lebens, dass zum Beispiel alle Phänomene vergänglich sind und jede einzelne Emotion schmerzhaft ist.

Das Bodhisattvayana: Transformieren

Als Ergänzung zu den Shravakayana-Methoden betont das Bodhisattvayana Wege zur Umwandlung von Emotionen. Wie das? Indem man beispielsweise anstrebt, die Eifersucht aller fühlenden Wesen zu absorbieren, damit sie völlig frei davon sind. Mit der Anwendung dieser Methode können alle unsere Emotionen umgewandelt werden.

Als Buddhist weißt du, dass Aggression grundsätzlich als negative Emotion angesehen wird. Deshalb ist deine unmittelbare Reaktion auf eine aggressive Tendenz oder auf einen in deinem Geist auftauchenden Gedanken von Wut, dass du ihn zurückweisen musst. Du weist ihn zurück, weil du in dein ‚Selbst' verliebt bist, was dich zu einem Egoisten macht. Als Egoist magst du keine aggressiven Gefühle oder Eifersucht oder irgendeines der anderen negativen Emotionen, die deine Chancen verpfuschen, als ‚guter' Buddhist anerkannt zu werden.

Der größeren Sichtweise des Bodhisattvayana zufolge ist es allerdings eine Schwäche, deine Aggression zurückzuweisen. Das Schlechte zurückzuweisen und nur das Gute anzunehmen zeigt, dass du noch von der Anhaftung an das Selbst befleckt bist, das wir ‚Ego' nennen. Wenn daher eine Bodhisattvayana-Praktizierende ihre aggressiven Gefühle bemerkt, sollte sie denken: ‚Aggression ist wirklich übel! Ich bin allerdings nicht die einzige, die darunter leidet – *alle* fühlenden Wesen leiden darunter! Möge ich die Aggression, die Eifersucht und den Stolz aller fühlenden Wesen auf mich nehmen."

Wenn du von einem relativen Gesichtspunkt aus das Leiden anderer auf diese Weise auf dich nimmst – was passiert da? Du wendest dich ganz grundlegend gegen die Wünsche deines Ego. Wenn also dein Ego das Heiligste und Erhabenste aller Wesen sein möchte, damit es damit angeben kann, dass es keine Begierde oder Eifersucht hat, brauchst du genau diese Praxis, um ihm entgegenzutreten und zu widerstehen. Bei regelmäßiger Anwendung wird das Ego immer kleiner und hat schließlich gar keinen Raum mehr. Was wird dann aus deinen Emotionen? Sie werden an dem Punkt gerade noch mal so lebendig sein wie eine Vogelscheuche oder eine Fata Morgana. Kannst du dir vorstellen, wie es wäre, wenn es kein ‚Selbst' oder ‚Ich' mehr gäbe? Wo wären all deine Aggressionen und Leidenschaften? Und was könntest du mit ihnen noch anfangen?

Ein Bodhisattva ist sich auch bewusst, dass Emotionen zusammengesetzte Phänomene sind und sich daher irgendwann erschöpfen. Da eine Emotion letztendlich kein wahres oder dauerhaft existierendes Wesen hat, ist sie auch leer von Charakteristika. Wenn Emotionen nicht inhärent leer wären, wäre eine Transformation nicht möglich, denn sie wären ja ‚wirklich". Ausgestattet mit diesem Wissen sind Bodhisattvas in der Lage, ihre Emotionen zu transformieren.

Das Vajrayana: Wissen

Sobald eine Emotion wie Begierde entsteht, weist uns das Vajrayana an, sie einfach zu betrachten und nichts zu tun – ‚fabriziere nicht'. Diese Anweisung kann aber leicht missverstanden werden. Wenn die Emotion aufsteigt, bedeutet ‚fabriziere nicht' einfach, rein gar nichts zu tun. Es bedeutet nicht, dass du, wenn du gerade die Straße entlanggehst, stehen bleiben, eine Bank finden und dich im Schneidersitz hinsetzen sollst, um zu versuchen das Gefühl ‚zu betrachten'. Es geht hier darum, dass die meisten von uns dazu tendieren, ein Gefühl nicht zu betrachten, sondern: ihm zu folgen. Wir empfinden Begierde, also folgen wir der

Begierde, wir fühlen Wut, und so folgen wir unserer Wut, bestenfalls unterdrücken wir sie nur.

Wie sollten wir nun mit Emotionen umgehen? Indem wir überhaupt nicht fabrizieren, nur betrachten. Im selben Moment, in dem du das Gefühl ansiehst, wird es verschwinden. Anfänger werden herausfinden, dass das Gefühl ziemlich bald zurückkehrt, aber das macht nichts. Das Wichtige ist hierbei, wie die Gefühle im selben Moment verschwinden, in dem du beginnst, sie zu betrachten. Selbst wenn sie nur für den Bruchteil einer Sekunde verschwinden, bedeutet das Verschwinden einer Emotion, dass für einen Moment Weisheit aufgetaucht ist. Das ‚Wissen' bezieht sich auf das Erkennen dieses nackten Gewahrseins.

Die Emotion zu ‚kennen' bedeutet, zu verstehen, dass sie keine Wurzeln hat und daher gibt es keine Emotion und es hat sie nie gegeben. Manche Leute reden über Gefühle, speziell über negative Gefühle, als wären sie eine Art schrecklicher dämonischer Kräfte, die willentlich in dein Wesen eindringen, aber so sind sie überhaupt nicht.

Wenn du wütend bist, betrachte einfach deine Wut. Nicht die Ursache oder das Resultat deiner Wut, nur das Gefühl von Wut. Wenn du die Wut anstarrst, wirst du entdecken, dass du auf nichts zeigen und sagen könntest: „Das hier ist meine Wut." Und dies Verständnis, dass da absolut gar nichts ist, das nennen wir ‚Morgenröte der Weisheit'.

Wende Aufgeben, Transformieren und Wissen gleichzeitig an

Man kann alle drei Methoden zusammen praktizieren. Wenn du beispielsweise sehr wütend bist, während du auf der Straße entlang gehst, dann wende Aufgeben, Transformieren und Wissen gleichzeitig an.

1. Erinnere dich daran, dass Aggression nur noch mehr Leiden mit sich bringt, weshalb also wütend werden? Was auch immer deine Wut ausgelöst hat, ist ausschließlich ein Produkt deiner eigenen Wahrnehmung, und die Sinnlosigkeit der von dir empfundenen Emotionen in einem einzigen Moment zu erkennen, ist ein Zeichen dafür, dass du Shravakayana praktizierst.

2. Wünsche dir, die Wut aller fühlenden Wesen auf dich zu nehmen, um sie völlig davon frei zu machen; indem du das tust, praktizierst du das *Bodhisattvayana*.
3. Betrachte deine Emotion ganz ohne künstliches Fabrizieren oder Urteil. Diese Praxis ist mit dem *Vajrayana* verbunden.

Abschließende Empfehlungen

UNTERSCHIEDLICHE ARTEN DER PRAXIS

Wenn das Ngöndro deine tägliche Praxis ist und du dabei bist, für jeden Teil der Praxis die traditionelle Zahl an Wiederholungen anzusammeln, folgst du dem Text in seiner vorgegebenen Gliederung, verbringst aber die meiste Zeit mit der spezifischen Praxis, die du gerade vervollständigen möchtest. Wenn du Verbeugungen ansammelst, verbringst du die meiste Zeit mit der Zufluchtnahme, danach rezitierst du den Rest der Praktiken, das Erwecken von Bodhicitta, die Reinigung durch Vajrasattva, das Darbringen des Mandala und Guru Yoga. Wenn du 100.000 Verbeugungen abgeschlossen hast, beginnst du deine tägliche Praxis weiterhin mit der Zufluchtnahme, widmest aber den größten Teil der Sitzung dem Erwecken von Bodhicitta, und schließt die Praxis dann wieder ab mit dem Rezitieren der Reinigung durch Vajrasattva, dem Darbringen des Mandala und Guru Yoga. Fahre auf diese Weise fort, dich mit jedem Ngöndro-Element zu beschäftigen, bis du alle Ansammlungen abgeschlossen hast.

Normalerweise wird vorausgesetzt, dass ein Praktizierender zumindest 100.000 Wiederholungen jeder Praxis ansammelt, sowie mehr als eine Million Vajra-Guru-Mantren, und dass er das in der Reihenfolge macht, in der die Praktiken im Text erscheinen. Es kann allerdings sein, dass dein Guru dir nahelegt, stattdessen jede Praxis für eine bestimmte Zeit durchzuführen, beispielsweise für vier Monate oder für einhundert Stunden.

Wenn du es wirklich willst, kannst du dich auch für eine andere Reihenfolge entscheiden. Wenn du Zeit und jede Menge Energie hast, könntest du beispielsweise morgens Verbeugungen machen und abends

Mandala-Opfer. Noch später, wenn du körperlich nicht mehr so aktiv sein willst, möchtest du vielleicht lieber still sitzen und das Hundert-Silben-Mantra von Vajrasattva ansammeln. Wie du dich auch entscheidest, es sollte dein Ziel sein, zumindest 100.000 Wiederholungen jeder Praxis anzusammeln. Das nennt man das ‚Abschließen des Ngöndro'.

Fange stets mit der Zufluchtnahme und dem Erwecken von Bodhicitta an, und beende deine Praxis, indem du sie dem letztendlichen Glück und der Erleuchtung aller fühlenden Wesen widmest.

Wenn du ein Ngöndro-Retreat machst, praktizierst du auf die gleiche Weise, nur dass du deinen Tag in drei oder vier Sitzungen aufteilst und in jeder Sitzung das gesamte Ngöndro rezitierst.

RETREAT

Ein Retreat kann jede beliebige Dauer haben, von einem Wochenende bis zu einem ganzen Leben; wie strikt du das zeitlich festlegst, hängt völlig von deinen Umständen ab.

Bei einem Ngöndro-Retreat braucht man keine aufwändigen Mandalas zu machen, und die wenigen Ritualgegenstände und Substanzen, die du brauchst, wurden bereits erwähnt.

Bei einem langen Retreat (ein bis drei Jahre) ist es gut, sich einen etwas entspannteren Zeitplan festzulegen. Wenn dein Retreat relativ kurz ist (ein paar Tage oder eine Woche), mache einen intensiveren Zeitplan, denn wenn du nur wenig Zeit hast, solltest du jeden Moment bestmöglich ausnutzen.

Wie eng du deine Grenzen setzt, hängt ausschließlich von deinen eigenen Bedürfnissen und Umständen ab. Wenn dein Retreat länger dauert als einen Monat, schließe in deine Grenzen immer auch einen Arzt ein sowie einen Elektriker, einen Installateur, Zahnarzt und alle, an die du dich vielleicht im Notfall wenden musst.

Weder das Schließen noch das Öffnen der Retreat-Grenzen erfordert eine besondere Zeremonie. Mir ist aufgefallen, dass gerade diejenigen, die viel Wind um dieses bestimmte Ritual machen, es selten schaffen, die Grenzen einzuhalten. Eine Grenze um deinen Praxisraum setzt du, um dich zu an das Ziel des Retreats zu erinnern: dich von der Ablenkung zurückzuziehen – und nur du hast die Befugnis dazu, diese Art von Rückzug anzutreten, kein anderer kann oder sollte dir das aufzwingen.

Ein sehr striktes Retreat würde wahrscheinlich mit sehr langen Sitzungen einhergehen, mit sehr kurzen Pausen und absolut keiner Kommunikation, weder persönlich noch im Cyberspace über Email oder SMS oder wie auch immer... Und auf keinen Fall solltest du im Fernsehen oder im Radio die Nachrichten aktiv verfolgen.

Falls du dich für ein kurzes, striktes Retreat entscheidest, könnte deine erste Sitzung um drei Uhr nachts beginnen. Du frühstückst um sieben Uhr, danach folgt die zweite Sitzung. Mittagessen könnte gegen zwölf Uhr sein, danach machst du deine dritte Sitzung; die vierte Sitzung machst du nach dem Abendbrot. Wann genau du das Abendbrot einnimmst, ist dir überlassen. Ebenso entscheidest du über die Länge der Pausen und sie werden abhängen von deiner Willenskraft und deinem Eifer.

Bei einem längeren Retreat ist es gut, jemanden einzubeziehen, der nicht im Retreat ist – der dir zum Beispiel Essen bringt, Medikamente besorgt, unvermeidliche Einkäufe erledigt und so weiter.

Wenn du durchaus so penibel sein willst und mehr Retreat-Utensilien benutzen willst, stell deine Fragen einem Retreat-Meister, jemandem, der bereits ein Retreat durchgeführt hat oder lies ein Handbuch über Retreats.

Es ist hierbei sehr wichtig, alle Versprechen zu halten, die du am ersten Tag deines Retreats machst. Ein sehr guter Rat ist es, anfangs nicht zu viel zu versprechen, um dann die Regeln während des Retreats zurechtbiegen zu müssen. Viel besser ist es, ein flexibles Versprechen abzulegen, das man dann auch einhält, und sich dann Tag für Tag ein wenig mehr Disziplin aufzuerlegen. Wenn du dein Retreat auf diese Weise abhältst, wirst du dich nicht mit dem Karma gebrochener Gelübde besudeln und sogar noch Verdienste ansammeln, weil du mehr als ursprünglich versprochen geleistet hast.

TRAUM-YOGA UND AUFWACH-YOGA

Wer die banale Aktivität des Schlafens in etwas Wertvolles verwandeln will, könnte es mit Traum-Yoga versuchen. Wenn du dich niederlegst, visualisierst du und konzentrierst du dich auf Guru Rinpoche in deinem Herzzentrum. Mehr ist zu diesem Zeitpunkt nicht erforderlich.

Morgens steigt Guru Rinpoche durch deinen Zentralkanal auf und sitzt dann auf deinem Scheitelpunkt. Wenn du magst, kannst du das folgende Gebet aus dem Longchen Nyingthik Ngöndro chanten, um den Guru herbeizurufen, du kannst auch eines aus einer anderen Quelle wählen.

> „Aus dem blühenden Lotos der Hingabe inmitten meines Herzens
> Erhebe dich, Meister voller Mitgefühl, meine einzige Zuflucht!
> Vergangene Taten und stürmische Gefühle verfolgen und plagen mich:
> Um mir in meinem Unglück beizustehen,
> verweile als Juwelenschmuck auf dem Scheitel meines Kopfes,
> dem Mandala großer Glückseligkeit,
> und erwecke all meine Achtsamkeit und Bewusstheit, darum bitte ich!“[23]

Die Vorstellung, dass der Guru sich während deines Schlafs in deinem Herzen befindet, ist eine symbolische Lehre, die dir zeigt, dass der äußere Guru eigentlich deine Buddha-Natur ist. Wenn du am nächsten Tag aufwachst, wirst du als dualistisches Wesen den Guru immer noch als außerhalb deiner selbst sehen; das Vajrayana erlaubt dir das, indem es vorschlägt, den Guru aus deinem Herzen heraus bis zu deiner Scheitelkrone zu bewegen.

Vielen Leuten fällt die Praxis leichter, wenn sie einen vorgefertigten Zeitplan dafür haben. Sie möchten auch mit einer Glocke zur Praxis gerufen werden. Für einige funktioniert ein Zeitplan gut. Und obwohl Gruppenpraxis wichtig ist, denke daran, dass deren Sinn und Zweck darin liegt, die individuelle Praxis zu inspirieren.

---

23 Sogyal Rinpoche, Das Tibetische Buch vom Leben und vom Sterben, O.W. Barth Verlag, Bern, München, Wien 1993, S. 168

Individuelle Praxis ist entscheidend, und wenn du Zeit findest, solltest du versuchen, ein formelles Ngöndro-Retreat mit drei bis vier Sitzungen täglich zu absolvieren. Das Ngöndro anzusammeln kann auch deine tägliche Praxis sein; und wenn du nicht alle 100.000 Verbeugungen am Stück machen willst, bevor du mit Vajrasattva anfängst, kannst du auch erst einmal mit 20.000 Verbeugungen beginnen und dann 20.000 Vajrasattva-Mantren machen, bevor du mit den Verbeugungen weiter machst. Eine Alternative ist auch, alle vier Grundlagen-Praktiken gleichzeitig anzusammeln. Wie du dich auch entscheidest, ich rate dir, dich mit größter Aufmerksamkeit der Auflösung jeder Praxis zu widmen. Verweile dann nach dem Vermischen deines Geistes mit dem des Guru so lange wie möglich im Zustand der Untrennbarkeit.

ZEICHEN DES FORTSCHRITTS

Was sind die Zeichen des Fortschritts bei unserer Praxis? Was dürfen wir erwarten? Sollten wir auf ein Signal des Guru warten – oder eine Auszeichnung? Karma Chagme Rinpoche zufolge werden wir keine Erfahrungen haben, keine besonderen Träume, keine reinen Visionen. Der ‚König aller Zeichen', auch als das ‚Zeichen des Nicht-Zeichens' bekannt – von Kagyüpa-Meistern vergangener Zeiten sehr wertgeschätzt – besteht darin, wenn Entsagungsgeist, Traurigkeit und Hingabe in deinem Geist erstrahlen. Die meist geschätzten Zeichen sind ein zunehmender Appetit auf Dharma-Praxis, die Erkenntnis der Sinnlosigkeit deiner Beschäftigungen, immer mehr Konflikte als Resultat alter Gewohnheiten, und obwohl du vielleicht noch einen Drang haben könntest, mit deinen Freunden zu feiern, wird dich das unliebsame Gefühl quälen, dass das alles eine nutzlose Zeitverschwendung ist.

Strebe daher nicht ständig danach, die Praxis zu beenden. Versuche stattdessen zu akzeptieren, dass deine spirituelle Reise niemals enden wird. Deine Reise begann mit dem Wunsch, dass du eigenhändig alle fühlenden Wesen zur Erleuchtung führen möchtest, bis das also erfüllt ist, werden deine Aktivitäten als Bodhisattva nie aufhören.

Danksagungen

Wozu es auch immer gut sein mag – die Idee, sich dieses Geschwafel einfallen zu lassen, entstand erstmals am Gipfel des Machu Picchu und die letzten Worte wurden in meiner indischen Heimat in Bir geschrieben.

Dieser Text basiert auf Unterweisungen, die ich 2001 in Silz in Deutschland gegeben habe, woraufhin so viel Aufhebens um die Transskripte gemacht wurde (Schüler kopierten sie und haben sie überall verteilt), dass eine Version, die von Chanel Grubner redigiert worden war, schließlich von der Khyentse Foundation so publiziert wurde, dass man sie frei herunterladen konnte.

Wenn ich jedoch meine eigenen Unterweisungen später anhöre oder die Transskripte lese, kann ich das, was ich da gesagt habe, kaum verstehen. Schlimmer noch: Ich finde, dass ich meine Zuhörerschaft oft unbewusst durch falsche Informationen in die Irre geführt habe. In vielerlei Hinsicht ist es meine Furcht vor den karmischen Konsequenzen all dieser Fehler, die ich in Silz begangen habe, die mich dazu gedrängt hat, meine Unterweisungen zum Longchen Nyingthik Ngöndro neu zu strukturieren und zu korrigieren. Und das Resultat ist „Es geht nicht um Glück!“

Wenn man auch nur den geringsten Nutzen aus diesen Seiten ziehen kann, dann muss man dies in erster Linie meinen überragenden Gurus zuschreiben – obwohl ich immer noch verwundert bin über die Vorstellung, dass solch glorreiche Verkörperungen von Weisheit und Mitgefühl jemals auf dieser Erde gewandelt sind.

Wenn das Manuskript aber lesbar und verständlich ist, dann geht das auf die Bemühungen einer englischen Frau zurück, die in diesem Leben als Janine Schulz bekannt ist. Es gibt viele andere, die unter dem Joch meiner gewohnheitsmäßig bedingten Unfähigkeit zur Verlässlichkeit, meinen unvollständigen Sätzen und dem Hang zur Ungeduld versklavt wurden und noch weitere, die ihre Zeit geopfert haben, um am Manuskript konstruktive Kritik zu äußern oder Informationen zu ergänzen. Darunter sind Jing Rui, Dolma Gunther, Elise de Grande, Florence Koh, Noa Jones, Catherine Fordham, Alix Sharkey, Helena Wang, Nima Yangchen, Pema Abrahams, Alex Trisoglio, Sin Ming Shaw, Steve Cline, Kelly Roberts, Jacob Leschly, Adam Pearcey, Ann Benson, Larry Mermelstein, Carolyn Gimian und Ani Jinpa.

Da wir nun einmal in einer Welt leben, die ausschließlich durch Ursachen und Bedingungen geformt wird, war es nicht möglich, gewisse anfallende Kosten während des Schreibens an diesem Buch zu vermeiden, und ich fühle mich der Firma Rati Ltd. sehr verbunden und danke ihr für die großzügige Übernahme meiner Ausgaben.

Obwohl es eher unwahrscheinlich ist, dass diejenigen unter euch, denen es gelungen ist, sich auch nur durch wenige Seiten dieses Textes durchzupflügen, irgendeinen Nutzen aus den Worten ernten konnten – mögen alle, die es gelesen haben, zumindest irreversibel süchtig nach dem Dharma werden – in der einen oder anderen Form!

Dzongsar Khyentse lässt alle Einnahmen aus diesem Buch der Khyentse Foundation zugute kommen. Diese gemeinnützige Stiftung wurde 2001 gegründet, um ein effektives System zur Förderung von Studium und Praxis in allen buddhistischen Traditionen zu begründen. Die Stiftung hat neue, visionäre Impulse verbunden mit der traditionsübergreifenden Wahrung und Entwicklung buddhistischer Bildung und Praxis.

Seit 2012 unterstützt die Stiftung das Studium und die Praxis des Buddhismus in 30 Ländern. In den letzten 10 Jahren hat die Khyentse Foundation mehr als 6 Millionen US-Dollar für Stipendien gespendet und eine direkte Auswirkung auf das Leben von geschätzt ca. 10.000 Menschen gehabt. Es ist Rinpoches Hoffnung, dass die Lehren Buddhas durch die Bemühungen der Stipendiaten weiter verbreitet werden.

Durch die Stiftung wurden außerdem weitere Projekte finanziell mit unterstützt, so der Lehrstuhl zum Buddhismus an der University of California in Berkeley, die Digitalisierung der gesamten tibetisch-buddhistischen Schrifttradition, Schenkungen an traditionelle Kloster-universitäten in Asien, ein weltweites Programm mit Stipendien und eine Vielzahl weiterer innovativer Initiativen.

Andere laufende Projekte umfassen eine akademische Untersuchung der höheren buddhistischen Ausbildungssystemen auf der ganzen Welt und die Entwicklung von 84.000 – ‚Translating the Words of the Buddha' (Übersetzung der Worte des Buddha), ein auf 100 Jahre angelegtes Projekt, um die ungeheuer vielen Unterweisungen des Buddha in moderne Sprachen zu übertragen.

Mehr über die Khyentse Foundation und die Aktivitäten von Dzongsar Khyentse erfährt man über khyentsefoundation.org

KHYENTSE
FOUNDATION

Register

A

B

H

I

J

K

L

M

N

O

P

R

S